高等院校广告和艺术设计专业系列规划教材

广告法律法规

周晖 王桂霞 主编

清华大学出版社
北京

内 容 简 介

本书根据最新修订实施的《中华人民共和国广告法》,系统介绍广告法基础理论、广告活动主体、广告内容准则、广告活动行为、特定媒体广告的规范、广告行政管理、广告与知识产权法律制度、广告审查制度、广告行业自律、广告社会监督管理、广告法律责任、国际广告管理等广告法规及管理知识;并通过实例分析讲解,提高企业和读者对广告法律法规的认知与运用能力。

由于本书体现了国家广告法规和管理制度的改革精神,注重与时俱进、有所发展,具有内容翔实、案例丰富、实用性强、贴近实际需求,因此本书既可作为普通高等院校广告、经管等专业教学的首选教材,同时兼顾高职高专、应用型大学的教学;也可作为广告企业人员在岗培训用书,并可为广告从业者职业资格和职称考试提供指导。

图书在版编目(CIP)数据

广告法律法规/周晖,王桂霞主编. —北京:清华大学出版社,2018 (2024.10重印)
(高等院校广告和艺术设计专业系列规划教材)
ISBN 978-7-302-44503-6

Ⅰ. ①广… Ⅱ. ①周… ②王… Ⅲ. ①广告法－中国－高等学校－教材 Ⅳ. ①D922.294

中国版本图书馆 CIP 数据核字(2016)第 171805 号

责任编辑:张 弛 闫一平
封面设计:何凤霞
责任校对:刘 静
责任印制:丛怀宇

出版发行:清华大学出版社
    网　　址:https://www.tup.com.cn,https://www.wqxuetang.com
    地　　址:北京清华大学学研大厦 A 座　　　　邮　　编:100084
    社 总 机:010-83470000　　　　　　　　　邮　　购:010-62786544
    投稿与读者服务:010-62776969,c-service@tup.tsinghua.edu.cn
    质量反馈:010-62772015,zhiliang@tup.tsinghua.edu.cn
    课件下载:https://www.tup.com.cn,010-62770175-4278
印 装 者:三河市铭诚印务有限公司
经　　销:全国新华书店
开　　本:185mm×260mm　　印　　张:15.25　　　　字　　数:364 千字
版　　次:2018 年 7 月第 1 版　　　　　　　　　印　　次:2024 年 10 月第 7 次印刷
定　　价:49.00 元

产品编号:070550-02

编审委员会

随着我国改革开放进程的加快和市场经济的快速发展，广告和艺术设计产业也在迅速发展。广告和艺术设计作为文化创意产业的核心和关键支撑，在加强国际商务交往、丰富社会生活、塑造品牌、展示形象、引导消费、传播文明、拉动内需、解决就业、推动民族品牌创建、促进经济发展、构建和谐社会、弘扬古老中华文化等方面发挥着越来越大的作用，已经成为我国经济发展重要的"绿色朝阳"产业，在我国经济发展中占有极其重要的位置。

1979 年中国广告业从零开始，经历了起步、快速发展、高速增长等阶段，2017 年我国广告营业额达到 7 000 亿元，已跻身世界前列。商品销售离不开广告，企业形象也需要广告宣传，市场经济发展与广告业密不可分；广告不仅是国民经济发展的"晴雨表"、社会精神文明建设的"风向标"，也是构建社会主义和谐社会的"助推器"。由于历史原因，我国广告和艺术设计产业起步晚，但是发展飞快，目前广告行业中受过正规专业教育的从业人员严重缺乏，因此使得中国广告和艺术设计作品难以在世界上拔得头筹。广告设计专业人才缺乏，已经成为制约中国广告设计事业发展的主要瓶颈。

当前，随着世界经济的高度融合和中国经济国际化的发展趋势，我国广告设计业正面临着全球广告市场的激烈竞争，随着经济发达国家广告设计观念、产品营销、运营方式、管理手段及新媒体和网络广告的出现等巨大变化，我国广告艺术设计从业者急需更新观念、提高专业技术应用能力与服务水平、提升业务质量与道德素质，广告和艺术设计行业与企业也在呼唤"有知识、懂管理、会操作、能执行"的专业实用型人才。加强广告设计业经营管理模式的创新、加速广告和艺术设计专业技能型人才培养已成为当前亟待解决的问题。

为此，党和国家高度重视文化创意产业的发展，党的十七届六中全会明确提出"文化强国"的长远战略，发展壮大包括广告业在内的传统文化产业，迎来文化创意产业大发展的最佳时期；政府加大投入、鼓励新兴业态、发展创意文化、打造精品文化品牌、消除壁垒、完善市场准入制度，积极扶持文化产业进军国际市场。结合中国共产党第十九次全国代表大会提出的"坚定文化自信，建设文化强国"的号召，国家广告产业发展"十三五"规划纲要明确提出促进广告业健康发展。中央经济工作会议提出"稳中求进"的总体思路,强调扩大内需,发展实体经济,对做好广告工作提出新的更高要求。

针对我国高等教育广告和艺术设计专业知识老化、教材陈旧、重理论轻实践、缺乏实际操作技能训练等问题,为适应社会就业需求、满足日益增长的文化创意市场需求,我们组织多年从事广告和艺术设计教学与创作实践活动的国内知名专家教授及广告设计企业精英共同精心编撰了本系列教材,旨在迅速提高大学生和广告设计从业者的专业技能素质,更好地服务于我国已经形成规模化发展的文化创意事业。

本系列教材作为高等教育广告和艺术设计专业的特色教材,坚持以科学发展观为统领,力求严谨,注重与时俱进;在吸收国内外广告和艺术设计界权威专家学者最新科研成果的基础上,融入了广告设计运营与管理的最新实践教学理念;依照广告设计的基本过程和规律,根据广告业发展的新形势和新特点,全面贯彻国家新近颁布实施的广告法律、法规和行业管理规定;按照广告和艺术设计企业对用人的需求模式,结合解决学生就业、加强职业教育的实际要求;注重校企结合、贴近行业企业业务实际,强化理论与实践的紧密结合;注重管理方法、运作能力、实践技能与岗位应用的培养训练,并注重教学内容和教材结构的创新。

本系列教材包括《色彩》《素描》《中国工艺美术史》《中外美术作品鉴赏》《广告学概论》《广告设计》《广告摄影》《广告法律法规》《会展广告》《字体设计》《版式设计》《包装设计》《标志设计》《招贴设计》《会展设计》《书籍装帧设计》等。本系列教材的出版对帮助学生尽快熟悉广告设计操作规程与业务管理,以及帮助学生毕业后能够顺利走向社会就业具有特殊意义。

教材编委会

2018 年 5 月

前言

随着我国改革开放进程加快、市场经济体制得到进一步完善,我国经济凸显国际化特征,依法治国、依法办事、完善法律法规、优化内外部环境,对我国经济发展具有特别重要的作用。市场经济是法治经济,经济活动必须遵纪守法,加强法制观念、依法经营,对于树立企业形象、提升企业竞争力、有效进行自我保护具有积极的现实意义。

广告作为文化创意产业的关键支撑,在加强国际商务交往、丰富社会生活、推动民族品牌创建、促进经济发展、拉动内需、解决就业、构建和谐社会、弘扬古老中华文化等方面发挥着越来越大的作用,已经成为我国经济发展重要的"绿色朝阳"产业,在我国经济发展中占有极其重要的位置。

广告法已颁布实施了多年,但是由于利益驱动,广告市场的违法现象依然层出不穷,如明星代言引发消费者投诉或诉讼,虚假广告、恶意诋毁广告等违法违规情况经常在各种媒体上出现。不仅严重侵害了消费者的利益,而且损害企业的形象,更严重的是扰乱了广告行业和广告市场,阻碍了国家经济的发展。

法制国家就要依法办事,广告业持续稳定的发展离不开法律保障,广告从业人员需要不断地提高自身的法律意识和道德水平,广告行业也应该自觉地严格加强自律。随着全球经济的快速发展、面对国际广告业的激烈市场竞争,加强广告法宣传和广告监管、加速从业者道德规范教育已成为当前亟待解决的问题。为了培养社会急需的广告法律人才,我们组织多年从事广告法规教学与实践活动的专家教授共同精心编撰了此教材,旨在迅速提高学生及广告从业者的专业素质,更好地服务于我国广告事业。

本书作为高等教育广告法律法规的特色教材,全书共十二章,坚持科学发展观、以学习者应用能力培养为主线,严格按照国家教育部关于"加强职业教育、突出应用能力培养"的教学改革要求,依照广告活动的基本过程和规律,系统介绍广告法基础理论、广告活动主体、广告内容准则、广告活动行为、特定媒体广告的规范、广告行政管理、广告与知识产权法律制度、广告审查制度、广告行业自律、广告社会监督管理、广告法律责任、国际广告管理等广告法规及管理知识；并通过实例分析讲解，提高企业和读者对广告法律法规的认知与运用能力。

由于本书融入广告法律法规与管理的最新实践教学理念，力求严谨、注重与时俱进，体现了国家广告法规和管理制度的改革精神，具有选材新颖、知识系统、观点科学、案例真实、贴近实际、突出实用性、易于理解掌握等特点，因此本书既可作为普通高等院校广告、工商管理等专业教学的首选教材，同时兼顾高职高专、应用型大学的教学；也可作为广告企业人员在职培训用书，并可为广告从业者职业资格和职称考试提供指导。

本书由李大军策划并具体组织，周晖和王桂霞为主编，周晖统改稿，罗佩华、郭可、侯春平为副主编，李爱华审定。作者写作分工：牟惟仲（序言），周晖（第一章、第二章、第四章），郭可（第三章、第八章），王桂霞（第五章、第七章），孙勇（第六章），张武超（第九章），罗佩华（第十章），侯春平（第十一章、第十二章），随永华（附录），华燕萍、李晓新（文字修改、版式整理、课件制作）。

在教材编写过程中，我们参阅借鉴了国内外广告法律法规与管理的最新书刊资料和国家近年修订颁布实施的广告法及相关政策法规，收录了具有实用价值的典型案例，并得到业界专家教授的具体指导，在此一并致谢。为方便教学，特提供配套电子课件，读者可以从清华大学出版社网站（www.tup.com.cn）免费下载使用。因广告法涉及面广且作者水平有限，书中如有不妥之处，恳请专家、同行和广大读者予以批评指正。

编　者

2018 年 5 月

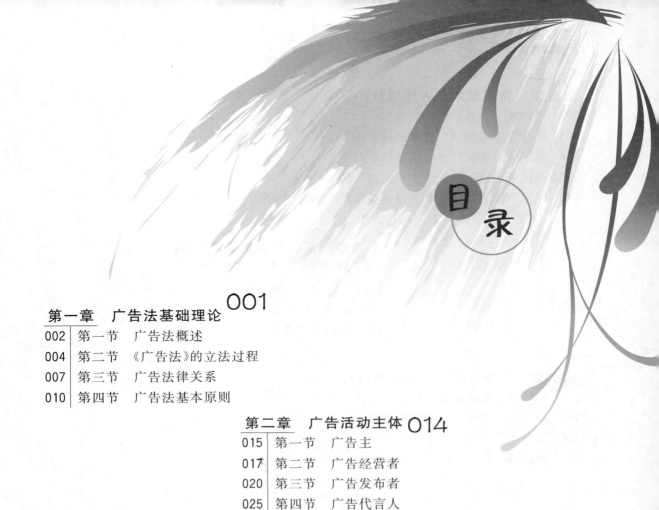

第一章

广告法基础理论

本章学习目标

通过学习,使学生理解广告法的立法宗旨,熟悉我国广告法的渊源,掌握广告法的概念、法律关系的构成要素、广告法基本原则、《广告法(修订草案)》的主要内容。

引例

杨先生是某市某区某小区二楼的业主,楼下一层是某区邮政局的营业厅,2014年6月,有两个广告牌分别安装在杨先生的大小两个阳台上。2014年10月,大阳台上的广告牌换成了一块巨型广告牌,安装时将杨先生的阳台击穿、瓷砖损坏。2014年11月杨先生将某区邮政局诉至某市某区人民法院,要求被告拆除广告牌,恢复原状。

原告杨先生诉称,我家有东(大)、西(小)两个阳台,楼下是被告某市某区邮政局的营业厅,被告有两个广告牌分别安装在我的两个阳台上,其中,小阳台安装的广告牌由被告自己使用,大阳台安装的广告牌由被告的承租方某婚庆服务公司使用。2014年10月21日,被告的承租方安装了一块巨型广告牌,其安装行为将我的阳台击穿,瓷砖损坏,且影响我的采光与安全,故诉至法院,要求被告拆除广告牌,恢复原状。

被告辩称,认可安装过程给原告阳台造成损坏并同意修复。因广告牌的实际安装高度没有超过原告阳台的下沿,不会影响原告的采光;广告牌的下沿距离地面3米左右,不会造成安全隐患。涉诉楼房的一层是商业用房,二层以上是居住用房,涉诉房屋外墙属公共部位,原告无权要求我们拆除。问:原告要求被告拆除广告牌,恢复原状的诉讼请求是否可以支持？

【解析】

建筑物的基础、承重结构、外墙、屋顶等基本结构部分属共有部分。本案被告所安装的广告牌在涉诉房屋阳台的外墙上，应属建筑物的共有部分，而非原告个人财产。该广告牌长 7.2 米，高 1.6 米，上沿距离原告阳台下沿 0.05 米，未给原告造成妨害。但是，被告在安装过程中将原告房屋阳台内墙的瓷砖损坏，应当承担维修责任。

人民法院最后没有支持原告要求被告拆除广告牌，恢复原状的诉讼请求，判决被告应对原告楼房阳台的内墙因安装广告牌造成的破损处予以维修，如原告自行维修，被告给付维修费用 300 元。[①]

第一节　广告法概述

一、广告法的概念

关于广告法的概念，学术界有不少争议，目前尚无明确界定，通说认为广告法有广义和狭义之分。

广义的广告法是指用来调整广告管理、广告活动的强制性行为规范的总称。广义的广告法是一个法律体系，是以《中华人民共和国广告法》（以下简称《广告法》）为核心，以《广告管理条例》及相关的法律、法规为补充，专门调整广告活动法律关系的法律、法规、规章组成的法律体系。

《广告法》是广告法律体系中的基本法。广义的广告法是 1994 年 10 月 27 日第八届全国人民代表大会常务委员会第十次会议通过，第十二届全国人大常委会第十四次会议修订通过的，于 2015 年 9 月 1 日起正式实施的《广告法》。它为特别法，以涉及广告法律规范的《中华人民共和国民法通则》（以下简称《民法通则》）、《中华人民共和国合同法》（以下简称《合同法》）、《中华人民共和国产品质量法》（以下简称《产品质量法》）、《中华人民共和国商标法》（以下简称《商标法》）、《中华人民共和国反不正当竞争法》（以下简称《反不正当竞争法》）、《中华人民共和国消费者权益保护法》（以下简称《消费者权益保护法》）、《中华人民共和国药品管理法》（以下简称《药品管理法》）、《中华人民共和国食品安全法》（以下简称《食品安全法》）、《中华人民共和国烟草专卖法》（以下简称《烟草专卖法》）、《中华人民共和国国旗法》（以下简称《国旗法》）、《人民币管理条例》等法律规范为普通法，以国务院《广告管理条例》行政法规为补充，以国家工商行政管理总局及相关部委单独或联合制定的广告管理规章为实施办法的一个法律体系。

因此，我们在学习、使用广告法时，必须掌握各个法律之间的关系，必须全面、准确地适用法律规范，只有这样，才能正确地守法、执法，正确处理广告法律问题。

狭义的广告法是国家立法机关依照一定的法律程序所制定的专门调整广告活动的法

---

① 找法网. http://china.findlaw.cn/info/jingjifa/guanggao/anli/227036.html.

律,即广告法典,专指《广告法》法典。

二、广告法的立法宗旨

(一)规范广告活动

规范广告设计、制作、发布、代理经营行为。规范广告内容,使广告活动主体的权利和义务更加明确。

(二)促进广告行业的健康发展

广告行业属于人才密集、智力密集、知识密集和技术密集的现代服务业。改革开放以来,我国广告服务质量有了明显的提高,广告设计从苍白、雷同化、公式化的模式向创新的艺术表现的方向不断变化。广告的制作及设备水平与国际新技术和新材料接轨。

广告行业的服务水平朝着以创意为中心、全面策划为主导、广告公司为核心、优质服务为标准的方向迅猛发展。广告行业服务水平的提高,只是广告行业发展的一方面,还必须增强广告行业的社会诚信地位及良好秩序,否则广告行业将会失信于受众,失去发展基础。

(三)保护消费者合法权益

广告具有传递信息,引导消费的主要功能。它是桥梁,既为企业服务,也以消费者需求为导向,为消费者服务。按照《消费者权益保护法》的规定,消费者享有安全权、知情权、自主选择权、公平交易权、求偿权、结社权、获得有关知识权、人格尊严和民族风俗习惯受尊重权、监督权9项权利。因此,广告必须保护消费者合法权益,让企业和消费者获得双赢。

(四)维护社会主义市场经济秩序

广告是市场经济发展的产物,我国广告业的发展是与我国的改革开放、经济建设的新局面相辅相成、紧密相连的,是为社会主义市场经济服务的。广告业的发展在一定程度上反映了一个国家市场经济的发展水平。

广告为整个社会创造了经济效益和社会效益,促进了商品的销售,促进了体育产业、文化事业、出版广播和电视事业的发展。但是如果社会上虚假广告充斥、不正当竞争大量存在、广告管理秩序混乱,那么必然会影响社会主义市场经济秩序。《广告法》肩负着维护社会主义市场经济秩序的重任。

三、广告法的调整对象

《广告法》第2条规定,在中华人民共和国境内,商品经营者或者服务提供者通过一定媒介和形式直接或间接地介绍自己所推销的商品或者服务的商业广告活动,适用《广告法》的规定。《广告法》中的广告是指商品经营者或者服务提供者承担费用,通过一定媒介和形式直接或者间接地介绍自己所推销的商品或者所提供的服务的商业广告。国家对广告活动进行监督管理,明确规定县级以上人民政府工商行政管理部门是广告监督管理机关。

根据以上规定,我国《广告法》调整的社会关系具体包括以下几类。

(1)广告活动中,广告主、广告经营者、广告发布者或者广告代言人在委托、设计、制作、代理广告活动中发生的社会关系,以及它们与广告受众之间发生的社会关系,以上当事人之间的法律地位平等。

(2)广告监督管理机关在依法监督、检查管理各种广告活动中发生的广告管理关系。

（3）广告审查机关在依法审查各种广告活动中发生的广告审查关系。在对广告主体的活动进行管理的关系中，如有关主管部门对广告进行审查而发生的广告审查关系，双方的法律地位不平等。

（4）广告管理机关、司法机关在处罚广告违法行为和解决广告纠纷中发生的社会关系。

总之，我国广告法立法目的就是依法保护正当广告活动，防止和打击虚假广告，充分发挥广告的积极作用，充分保护消费者的合法权益，促进我国广告业的健康发展。

第二节　《广告法》的立法过程

一、无法可依到有广告监管的暂行行政法规的阶段

广告立法的第一阶段是从没有广告监管立法到制定广告监管的暂行行政法规的阶段。由于广告管理工作长期无章可循，广告经营单位在广告内容、广告设计和广告经营等方面都存在着乱象。不健康广告和内容虚假广告等充斥市场，严重影响了社会主义市场经济建设，也阻碍我国广告业健康发展。因此，我国政府认识到必须用法律加以规范，加强广告法制建设，加强对广告活动的统一管理，设立广告经营单位市场准入的行政许可制度。

国家工商行政管理局根据国务院的要求，在全面广告立法调研活动的基础上，经过起草、修改、定稿阶段，报经国务院常务会议讨论审定，国务院于 1982 年 2 月 6 日颁布了《广告管理暂行条例》，同年国家工商行政管理局发布了《广告管理暂行条例实施细则》。全国各级工商行政管理机关对广告经营企业、发布广告的新闻单位、户外广告进行了清理整顿，并实行广告经营登记及户外广告登记制度，治理了广告市场的混乱状况。

二、从广告监管暂行行政法规到广告监管正式行政法规的阶段

广告立法的第二阶段是从制定广告监管暂行行政法规到制定广告监管正式行政法规的阶段。

1982 年颁布的《广告管理暂行条例》（以下简称《暂行条例》）。经过五年的试行，存在着以下诸多问题。

（1）广告监管范围过窄。在广告监管的广告媒体及广告形式的范围上，《暂行条例》第 2 条仅规定了报刊、广播、电视、电影、户外广告。没有将书刊广告、企业名录广告、录像制品广告、幻灯广告、DM 广告（固定印刷品广告）、实物馈赠广告等列入监管范围。

（2）《暂行条例》对烟草、酒类广告发布没有规定，致使外商的烟酒纷纷无序进入中国市场。

（3）《暂行条例》第 4 条规定的审批专营广告的广告公司和兼营或者代理广告业务的企业、事业单位没有清晰明确地设立条件，造成行政许可不规范。

（4）《暂行条例》对广告代理制的法律地位未作具体规定，造成广告代理机制无法建立。

（5）《暂行条例》第 8 条的禁止性规定列举不详尽。对使用国旗、国徽、国歌及标志和音响未作禁止，损害国家的尊严。对以广告形式贬低他人等不正当竞争行为未作禁止，造成管理部门无法依法制止，经营主体无法维权。

（6）《暂行条例》对广告经营单位审查广告义务没有明确规定，导致广告经营主体的权利与义务不对等，市场上虚假违法广告层出不穷。

（7）《暂行条例》未把个人启事等社会广告列入监管，招贴广告随处可见，影响社会工作、生活环境。

《暂行条例》不能适应国家市场经济形势发展需要的情形

（1）《暂行条例》第3条第3款规定了私人不得经营广告业务。这与我国社会主义市场经济的发展现状、个体私营经济的长期存在保护发展的政策不符。

（2）没有明确界定新闻与广告区别，既影响新闻的声誉，也损害消费者利益。

（3）《暂行条例》第7条规定了广告刊户申请刊登、播放、设置、张贴广告时，应当出具的证明。但是各类广告证明的举证规定仅列举了5种情形，很不详尽，给虚假违法广告以可乘之机。

（4）《暂行条例》第11条规定的广告价格监管方式，适应不了市场经济的规律。

（5）违法广告的法律责任规定不明确，行政处罚的救济程序规定存在空白。

国务院在总结经验的基础上，于1987年10月26日，颁布了《广告管理条例》，并于1987年12月1日起开始施行。根据《广告管理条例》，1988年1月9日国家工商行政管理局发布了《广告管理条例施行细则》。

此外，国家工商行政管理局还单独或会同国务院有关部门先后制定了十几个单项广告行政法规。随着一系列行政法规的出台，广告活动无章可循、无法可依、缺乏管理的混乱局面结束了，广告市场管理也从分散式过渡到了全国统一管理阶段。

名人广告案主角均"逍遥法外"

利用林忆莲、刘嘉玲、赵薇、宋丹丹、王小丫、徐帆等明星做虚假宣传的"天使丽人美容胶囊"被成都有关工商管理部门查处；中央电视台主持人邢质斌在厂家制作的电视专题片里向人们推荐一种减肥腰带，惹得许多爱美女性兴冲冲花钱购买，最后却因为没有效果引来投诉，搞得邢质斌异常尴尬，不得不出来解释缘由；由巩俐代言的盖中盖口服液，因冒用希望工程名义赠送给学校的孩子作为卖点，结果同样引来了大众的穷追不舍；穿着"北极绒"的赵本山被外星人劫持后冻在冰里，出来以后毫发无伤……也被一名消费者告上了法院。

但是上述的所有名人广告主角无一例受到有关部门惩处。[①]

三、从行政法规上升到法律的阶段

广告立法的第三个阶段是从行政法规上升到法律的阶段。20世纪90年代后，在社会主义市场经济改革进一步深化的大背景下，世界驰名商标、跨国企业、跨国广告公司巨头纷

---

① 新浪财经网. http://finance.sina.com.cn/xiaofei/shenghuo/20050323/07111452302.shtml.

纷进入中国,中国广告业进入高速发展时期,但由于立法层次低,导致广告市场监管仍困难重重。随着市场竞争加剧,各类广告活动主体之间的矛盾也开始显露,恶性竞争、虚假宣传等现象增多,而监管部门也遭遇了监管处罚依据不足、执法操作力度不够的困境。据统计,1988 年,全国各级工商机关共查处虚假广告 1700 余件。1991 年,中国消费者协会接到各种虚假广告投诉信达 1.5 万余封。必须按照国际上发达国家广告管理的经验,提高立法的级次。

为此,国家工商行政管理总局按照国务院、全国人大常委会的要求,第三次组织立法调研,从 1990 年起开始着手起草《广告法》,几经修改后上报国务院,国务院法制局在征求各方面意见的基础上又进行了修改。1994 年 8 月 12 日,国务院正式将《广告法(草案)》提请第八届全国人民代表大会常务委员会审议。1994 年 10 月 27 日,第八届全国人民代表大会常务委员会第十次会议审议通过了《广告法》,自 1995 年 2 月 1 日起正式施行。《广告法》是中国广告业有史以来的第一部广告法律,其颁布和实施是我国广告发展史的重要里程碑,从而使我国广告业走上了法制化轨道。

广告业是现代服务业和文化产业的重要组成部分,是引导消费、扩大内需、拉动经济增长的重要力量。伴随社会主义市场经济体制的日益完善,我国广告业取得了举世瞩目的发展成就,2013 年,我国广告年经营额突破 5000 亿元,广告市场总体规模居世界第二位,为促进经济社会发展做出了积极贡献。同时,身处信息时代的广告业,不断尝试用各种高新科技把自己打扮得五光十色。无线网络、3G 通信、即时视频……几乎每一项信息技术诞生,便立刻与广告连起姻缘,并为本已庞大的广告家族"添丁进口"。短信广告、LED 显示屏广告、植入广告、车身广告……广告新形式层出不穷,让消费者应接不暇。对广告监管部门而言,如今的广告市场更加复杂。

随着我国广告业的飞速发展,有必要适时修改这部用了近 20 年的法律。《广告法》于 2014 年 8 月 25 日首次提交全国人大常委会审议修正。2015 年第十二届全国人大常委会第十四次会议修订通过了新修订的《广告法》。修订是新形势下规范广告市场秩序、加强广告市场监管的迫切需要,是促进广告行业持续健康发展的必然要求,是加大广告监管执法力度,保护消费者合法权益的一项重大举措。

知识链接   **新广告法实施波及电商:当当改图书名 苏宁等修改极限用语**

新修订的《广告法》于 2015 年 9 月 1 日起正式施行。其中,极限用语的处罚由原来的退一赔三,变更为罚款 20 万元起。在"史上最严"广告法下,各大电商平台也面临压力。

不少电商平台已经开始对产品广告文案进行修改。个别电商平台甚至对涵盖极限词的图书名称也进行了修改。

例如,在浏览当当网时发现,当当网将涵盖极限词"最高"的图书隐去,以××代替。除了修改图书名称之外,当当在商品简介中也使用了关键词过滤。将含有极限词"最"的描述都以××代替。

当当网之外,天猫、京东、苏宁易购等电商平台并未设置关键词过滤,没有对极限词"最"等进行过滤和修改。

根据新广告法,极限用语不得出现在商品列表页、商品的标题、副标题、主图、详情页,以及商品包装等位置。使用极限词语的违规商家,将被扣分,并遭到二十万元以上、一百万元以下罚款,情节严重者将被直接封店;顾客投诉极限用语并维权成功后,赔付金额将由商家全部承担。

同时,新广告法通过"20万"限制的不只是品牌商家,还有电商平台。并且,如果品牌方的违规广告词刊登在购物平台主页,购物平台也需承担责任。

(资料来源:http://dy.qq.com/article.htm? id=20150902A01FU100)

回顾改革开放以来,我国广告业走过的发展历程,"循法而治,因法而兴"正是贯穿其中的红线。面对21世纪的机遇和挑战,新《广告法》必将成为承载我国广告事业发展的坚固基石。

新修订的《广告法》规定,国家鼓励、支持发展广告业,国务院有关主管部门应当制定和实施有利于广告业健康发展的政策措施。

第三节　广告法律关系

一、法律关系的概念和特征

法律关系是指在法律规范调整社会关系的过程中所形成的、人们之间的权利和义务关系。法律关系的特征主要包括以下内容。

(一)法律关系是根据法律规范建立的一种社会关系、具有合法性

一是法律规范是法律关系产生的前提。二是法律关系不同于法律规范调整或保护的社会关系本身,社会关系只有经过法的调整才具有了法律的性质,成为法律关系。三是法律关系是法律规范的实现形式,是法律规范的内容(行为模式及其后果)在现实社会生活中得到具体的贯彻。

(二)法律关系是体现国家意志性的社会关系

法律是国家制定或认可的,依据国家法律形成的社会关系,体现国家的意志;具体法律关系的产生、变更与终止又反映该法律关系参加者的意志。

(三)法律关系是特定法律关系主体之间的权利和义务关系

法律关系的内容是特定主体之间的权利义务,法律通过规定人们之间的权利、义务规制人们的行为。与其他社会规范不同的是,法律权利、法律义务由国家确认并保障。

小贴士

法律规范的分类

法律规范按其性质和调整方式可分为义务性规范、禁止性规范和授权性规范。义务性规范是要求人们必须做出一定行为,承担一定积极作为义务的法律规范;禁止性规范是禁止人们做出一定行为的法律规范;授权性规范是授予人们可以做出或不做出某种行为,或要求他人做出或不做出某种行为的法律规范。

法律规范按其强制性程度的不同又可分为强制性规范和任意性规范。义务

性规范和禁止性规范一般属于强制性规范；授权性规范一般属于任意性规范。

二、广告法律关系的概念

广告法律关系是指在广告活动中根据广告法的规定发生的权利和义务关系，包括广告监督管理机关、广告审查机关在依法监督、检查管理、审查各种广告活动中发生的广告管理关系、广告审查关系，以及广告活动主体之间发生的权利义务关系。

三、广告法律关系的构成要素

任何法律关系都由法律关系主体、法律关系内容、法律关系客体组成，三者缺一不可。因此，广告法律关系是由广告法律关系主体、广告法律关系客体和广告法律关系内容三大要素构成。

（一）广告法律关系主体

广告法律关系的主体是指参与广告法律关系并依法享有权利和承担义务的人。依据法律规定，广告法律关系主体包括广告主、广告经营者、广告发布者和广告代言人等在中华人民共和国境内从事广告活动的人。他们可以是自然人、法人或其他组织。广告法律关系主体还包括：广告监督管理机关和广告审查机关，具体包括县级以上工商行政管理机关、城市建设、环境保护、公安等部门，以及食品卫生部门、药品管理部门等；广告活动的主体；广告受众。

（二）广告法律关系客体

广告法律关系的客体是指广告法律关系主体权利和义务所共同指向的对象。它是将广告法律关系主体之间的权利与义务联系在一起的中介，没有广告法律关系的客体作为中介，就不可能形成广告法律关系。主要包括物、行为、精神财富等。

（1）物即广告法律关系主体支配的客观实体。

（2）行为即广告法律关系主体的行为，可以分为作为和不作为两种情况。

（3）精神财富即智力成果，是广告法律关系主体在智力活动中所创造的精神财富。

（三）广告法律关系内容

广告法律关系的内容是指广告法律关系主体所享有的权利和应当承担义务。

1. 法律权利

法律权利是指法律保障或允许的、行为人能够做出一定行为的尺度，是权利主体能够做出一定行为或不做出一定行为，以及要求他人相应地做出一定行为或不做出一定行为的许可和保障。

2. 法律义务

法律义务是法律为保障权利人的权利需要而要求义务人做出必要行为的尺度，是因他人的要求为一定行为或不为一定行为，如果义务人未履行其义务，则构成法律制裁的理由或根据。

广告管理者与被管理者之间是一种不平等的行政管理关系，其依法享有管理权的管理机关有依法对广告主体的广告活动进行监督管理的权力，广告活动的主体有接受监督管理的义务。

在广告活动主体因为从事广告活动所形成的民事法律关系中,当事人之间的权利义务关系平等或对等,其法律地位平等。明确广告活动中不同主体之间的权利义务关系的性质,对于广告行政管理和广告司法活动具有重要的意义。

四、广告法律关系的产生、变更和终止

任何社会关系总是在不断地发展变化,广告法所调整的社会关系在广告法律关系方面,表现为各种广告法律关系的产生、变更和终止。

(一)广告法律关系的产生

广告法律关系的产生是指因为一定的法律事实出现,广告主体之间形成的广告权利义务关系。

(二)广告法律关系的变更

广告法律关系的变更是指因一定法律事实出现,原有的广告法律关系发生了变化,包括主体变更、客体变更和内容变更。

(三)广告法律关系的终止

广告法律关系的终止是指因一定法律事实的出现,原有的广告法律关系终结。

广告法律关系产生、变更和终止必须具备一定的条件。一是广告法律关系的设立、变更和终止需要以相应的广告法律作为前提。二是广告法律关系产生、变更和终止必须有法律事实的存在。

(四)法律事实

法律事实是指直接引起广告法律关系设立、变更和消灭的客观情况。根据法律事实的发生与当事人的意志有无关系,法律事实可以分为行为和事件两类。

行为是指根据当事人的意志而做出的,能够引起法律关系产生、变更和终止的有意识的活动。事件是指不依当事人的主观意志为转移的客观事实,包括自然现象和社会现象引起的事实。自然现象主要是指自然灾害,如地震、洪水、海啸等。社会现象包括战争、政府行为等。

案例 1-1

冲着小区楼房间距有 50 米、小区绿化率为 50% 的宣传广告,上海一些市民先后购买名为"静安丽舍——恒辉阁"(即"静安丽舍"一期)的商品房入住。岂料两年后开发商又改变建筑方案,楼房的间距仅为 30.4 米。为此,38 户业主以商品房预售合同纠纷提起诉讼,要求开发商支付擅自改变小区规划的违约金共约 40 万元。

原告业主认为,根据开发商提供的售楼宣传资料,小区规划平面图显示"恒辉阁"应为点式高层建筑。尽管双方未将该小区规划平面图附属在合同中,但开发商在宣传资料中所附的平面图应视为对整个小区业主的承诺。开发商把"恒辉阁"点式改板式,违反了售楼时对业主的承诺。被告房产开发商辩称,在对二期房屋申报建设工程规划许可时,为适应现代化小区的要求,报上海市计委变更立项,

将"恒辉阁"由原先的点式建筑规划为板式建筑获得了批准；小区规划系政府提出的要求，非自己的责任。楼房间距不足 50 米及绿化率的内容，合同中并无约定，自己的行为不构成对业主的违约。问：38 户业主的诉讼请求能否被支持？

【解析】

这是一起因商品房销售广告和宣传资料不实，业主状告开发商赔偿纠纷案。

房产开发商在销售广告和宣传资料中所附的小区规划平面示意图，显示的是小区平面布局，这对双方预售合同的订立及房价的确定有重大影响，应视为要约。平面示意图，应视为合同的内容之一。示意图中明确注明"恒辉阁"为点式高层建筑，开发商未经业主们的同意，却在"静安丽舍"二期施工中，改成了板式建筑，明显违反了小区规划，属于违约行为。

售楼处的广告附图及模型宣传是房产开发商对购买楼盘业主的一种承诺。根据《最高人民法院关于审理商品房买卖合同纠纷案件适用法律若干问题的解释》第 3 条的规定："商品房的销售广告和宣传资料为要约邀请，但是出卖人就商品房开发规划范围内的房屋及相关设施所做的说明和允诺具体确定，并对商品房买卖合同的订立以及房屋价格的确定有重大影响的，应当视为要约。"具体到本案中，广告和宣传中的说明和允诺即使没有载入商品房买卖合同，也应当视为合同内容，当事人违反的，应当承担违约责任。

上海市静安区人民法院做出一审判决，支持了 38 户业主的诉讼请求，要求开发商分别赔偿各业主违约金或损失数千元至数万元不等。①

第四节　广告法基本原则

《广告法》规定的广告法基本原则，是贯穿于广告法规范，指导立法、执法和守法活动的指导思想和根本准则。新《广告法》第 3 条规定："广告应当真实、合法，以健康的表现形式表达广告内容，符合社会主义精神文明建设和弘扬中华民族优秀传统文化的要求。"

一、公平原则

1937 年通过的《国际广告行为准则》第 1 条明确规定："任何广告不得有违反通行的公平标准的声明或陈述。"这一规定基本上可以作为"公平原则"的国际法依据。公平原则也是我国《广告法》规定的基本原则之一。公平原则具有以下 3 个方面的内容。

（1）凡参与广告市场竞争的广告行为主体，都应当依照同一规则从事广告活动，严禁广告行为主体利用其优势，采用任何非正当的或者不道德的手段进行不正当竞争。诸如利用回扣、贿赂等手段承揽广告业务；或者利用自身优势垄断广告市场，阻碍他人参与广告市场的公平竞争等。

（2）广告主、广告经营者、广告发布者或广告代言人（以下统称为"广告行为主体"）不得利用虚假的、引人误解的广告欺骗或者误导广告受众或者消费者，诱导广告受众或者消费者

---

① 找法网．http://china.findlaw.cn/info/jingjifa/guanggao/anli/226971.html．

购买其产品或者接受其服务,否则该广告行为主体的行为就是违反公平原则的行为。

(3)在广告活动中,广告行为主体应当平等地享有权利和承担义务,不允许任何广告行为主体只享有权利而不承担义务;也不允许某些广告行为主体利用自己的优势地位,强迫交易对方放弃其依法享有的权利。

二、真实、合法原则

(一)广告的真实性

广告的真实性就是要求广告主在广告中提出的任何主张和陈述都是客观真实的,其所依据的数据、资料都是可以证实的,其所援引的依据和证据都是合法有效的。任何广告不得通过直接或者间接说明的方法,或者通过省略、含糊或夸大的方法误导消费者,也不得利用过时的研究成果或者滥用科技资料,让广告受众误认为其广告的主张或者说明是真实的。

(二)广告的合法性

广告的合法性是指广告的形式和内容都必须遵守法律和行政法规的规定,不得违反公序良俗或者损害他人利益。广告的合法性又可分为广告内容的合法性和广告形式的合法性。广告主的广告宣传活动和广告经营者、发布者的设计、制作、代理发布等广告活动必须符合法律法规的规定,不得违反法律法规的强制性规定。任何违反法律法规的行为都必须承担相应的法律责任。[①]

三、诚实信用原则

我国《广告法》第 5 条规定:"广告主、广告经营者、广告发布者(以下简称"广告行为主体")从事广告活动,应当遵守诚实信用原则。"这项原则要求:①广告行为主体在广告活动中应当讲诚实、守信用,以善意方式行使权利和履行义务,反对任何形式的误导和欺骗。②任何广告在设计时不得滥用消费者的信任或者利用消费者缺乏经验或者知识欠缺,弄虚作假、欺骗误导。更不得利用广告这种具有广泛影响力和说服力的宣传形式,诋毁、贬损其他经营者。

四、精神文明原则

广告必须符合社会主义精神文明建设的要求,这既是对广告思想性的要求,也是我国广告法中特有的原则。它要求广告不得违反社会公共秩序、社会公共道德以及善良风俗,并且具有一定的文化内涵、思想品位,有利于社会主义精神文明建设。

广告是一种市场营销传播经济信息的手段,也是一种商业文化。广告所表现的内容对消费者的道德观念、价值取向有潜移默化的作用。具体来讲,广告应当符合社会主义精神文明建设的要求,就是要求广告必须尊重社会主义的社会公德和社会公共利益,而不能宣扬以及传播损人利己、欺诈勒索等腐朽思想和观念;弘扬中华民族优秀传统文化,维护国家利益和民族形象;弘扬科学,不得宣传带有封建迷信的内容;引导健康消费、积极生活的价值观念和生活方式。

---

① 找法网. http://china.findlaw.cn/info/jingjifa/guanggao/changshi/ggs/95989_2.html.

五、禁止虚假广告原则

这项原则要求广告不得含有虚假的内容、不得欺骗和误导消费者,实际上也就是要求广告必须具有真实性,即广告活动必须真实、客观地传播有关商品或者服务的情况,而不能做虚假的传播,更不能欺骗和误导消费者。

在我国的其他法律中也有相关的规定,如《反不正当竞争法》第9条明确规定:"经营者不得利用广告或者其他方法,对商品的质量、制作成分、性能、用途、生产者、有效期限、产地等作引人误解的虚假宣传。""广告的经营者不得在明知或者应知的情况下,代理、制作、设计、发布虚假广告。"

《消费者权益保护法》第39条规定:"消费者因经营者利用虚假广告提供商品或者服务,其合法权益受到损害的,可以向经营者要求赔偿。广告的经营者发布虚假广告的,消费者可以请求行政主管部门予以惩处。"

案例 1-2

北京电影学院教师黄某,拍摄了多张宣传海报。其中有一张在海边张开双臂的图片,被广泛用于凯越旅行车的宣传和推广。2015年,这张图片出现在北京市A医院宣传治疗男性病的广告中,张贴在公厕内。

2016年3月,黄某认为,医院以营利为目的擅自大量使用其肖像,且张贴在公厕内用于宣传治疗男性病,贬低了其社会公众形象,造成他声誉下降,对他的身心和生活造成了严重损害。黄某起诉医院,要求赔偿其经济损失45万元,精神损害赔偿10万元。问:黄某的诉讼请求法院能支持吗?

【解析】

北京市西城法院一审判决被告赔偿原告精神损失5万元。

庭审中,被告医院辩称,2015年7月,工作人员在设计广告时,在网上搜索辅助图片,发现了涉案图片,并植入广告。因图片人物是侧面,并不知道图片人物是黄某。被告医院接到原告方律师函后,立即派人全部拆除并销毁涉案广告牌。被告医院认为,制作的广告是健康向上的,并没有丑化或贬损黄某的人格。

原告北京市A医院作为经营性的医院,医疗广告并没有经过审批。在医疗广告中擅自使用黄某肖像,医院构成侵权,侵犯了其肖像权,除赔礼道歉外,原告黄某应当获得赔偿精神损失5万元。被告的行为违反了我国《民法通则》和《广告法》。[①]

实训练习

一、选择题

1. 广义的广告法包括(　　)法律法规。

---

① 找法网. http://china.findlaw.cn/info/jingjifa/guanggao/anli/227032.html.

A. 《民法通则》　　　　　　　　　　　　　B. 《合同法》

C. 《广告管理条例》　　　　　　　　　　　D. 《广告法》

2. 广告具有规范广告活动的(　　)行为的作用。

　　A. 广告设计　　　　　B. 制作　　　　　C. 发布　　　　　　D. 代理经营

3. 修订后的《广告法》自(　　)起正式施行。

　　A. 1995 年 2 月 1 日　　　　　　　　　B. 1994 年 2 月 1 日

　　C. 2005 年 2 月 1 日　　　　　　　　　D. 2015 年 9 月 1 日

4. 我国《广告法》第 5 条规定,(　　)从事广告活动,应当遵守诚实信用原则。

　　A. 广告主　　　　　B. 广告经营者　　　　C. 广告发布者　　　D. 广告代言人

5. 《广告法》规定的广告法基本原则包括(　　)。

　　A. 公平原则　　　　　　　　　　　　　　B. 真实、合法原则

　　C. 诚实信用原则　　　　　　　　　　　　D. 禁止虚假广告原则

二、简述题

1. 简述广告法的概念与调整对象。

2. 简述广告法律关系的概念与构成要素。

3. 简述广告法基本原则的内容。

4. 简述我国广告法的法律体系。

5. 简述广告法的立法过程。

三、案例分析题

2015 年 11 月 23 日,叶某从重庆市江北区乘坐市公交公司的 132 路公交车到渝中区临江门。付钱后,售票员递给他一张印满了广告的车票,车票正反两面的广告内容几乎占了票面的 90％以上。而且广告内容大多涉及皮肤病等疑难杂症。为此他认为,车票是乘客与承运者之间的合同凭证,公交公司不能提供与承运合同无关的其他服务。公交公司将以营利为目的的车票广告,用承运乘客的手段得以实现,其实是一种强制"消费"的行为,而这种广告服务内容又是乘车时所不需要的。因此,他向人民法院起诉,要求公交公司立即停止在公共汽车客票上发布广告,并索赔精神损害费 3.15 元。

被告市一公交公司辩称,能否在车票上发布广告以及是否允许在车票上发布广告,均属于行政管理的范畴,应该由行政机关依法决定。叶某要求公交公司停止在公共汽车上发布广告的诉讼请求,在主体方面,其当事人的主体身份是不适合的,这一诉讼请求实际上是个人权利的无限扩大和滥用。而原告在接收车票时,对车票广告并未承担任何费用,并且根据《印刷品广告管理办法》明确规定,票据可以作为广告载体。公交公司的行为经工商局审核的合法行为,不具有违法性。

分析:这是一起公益性索赔官司,公交公司车票上印广告是否侵犯了消费者的权益?

第二章

广告活动主体

通过学习使学生理解广告经营者的权利、义务与基本管理规范，熟悉广告荐证者制度，掌握广告主的权利、义务与基本管理规范，广告发布者的权利、义务与基本管理规范。

引例

在央视"3·15"晚会上，号称"连续6年零投诉""世界最好的"欧典地板被曝光。一个在建材业被反复提及的装饰材料品牌，一个号称在德国拥有百年基业的地板品牌，"欧典"地板轰然倒地。"德国欧典创建于1903年""在欧洲拥有1个研发中心、5个生产基地，产品行销全球80多个国家""欧典在德国巴伐利亚州罗森海姆市拥有占地超过50万平方米的办公和生产厂区"……

【解析】

（1）我国《广告法》规定，广告主自行或者委托他人设计、制作、发布广告，应当具有或者提供真实、合法、有效的营业执照以及其他生产、经营资格的证明文件；质量检验机构对广告中有关商品质量内容出具的证明文件；确认广告内容真实性的其他证明文件。营业执照以及其他生产、经营资格的证明文件是最为初始的一道防线，其真实、合法、有效，是确保后续广告真实、合法的先决条件，而质量检验机构对广告中有关商品质量内容出具的证明文件，则是政府介入确保广告真实、合法的第二道屏障。至于确认广告内容真实性的其他证明文件，应当成为前述两道屏障的重要支撑。

（2）欧典公司发布虚假广告，欺骗和误导消费者，使购买商品或者接受服务的消费者的合法权益受到损害。作为经营者利用广告，对商品的质量、制作成分、性能、用途、生产者、有效期限、产地等作引人误解的虚假宣传。

所以欧典公司的广告活动构成了"虚假宣传"和"虚假广告"，违反了《广告法》和《反不正当竞争法》，应当承担相应的法律责任。北京工商部门经过调查认定欧典公司属"夸大企业形象对外宣传"，对其处以 747.3776 万元的罚款。欧典地板也在各地重新恢复销售，但消费者获得双倍赔偿愿望落空。①

第一节　广　告　主

一、广告主的概念与分类

广告主是指为推销商品或者提供服务，自行或者委托他人设计、制作、发布广告的自然人、法人和其他组织。大致来说，广告主可以分为：工商企业和个体工商户；机关、团体、事业单位、个人；全国性公司、中外合资经营企业、中外合作经营企业、外商独资经营企业、外国企业在中国常驻代表机构。

知识链接

广告主的特征

广告主是广告活动的最初发起者，是广告费用的实际支付者，对是否做广告，做什么广告，做多少广告，通过何时、以何种方式选择哪家广告经营者和广告发布者设计、制作、代理、发布广告，具有绝对的自主权。因此，广告主的广告行为直接对广告活动有着决定性影响，所以，对广告主进行切实有效的管理在整个广告活动中有着重要意义。

二、广告主的权利、义务与基本规范

（一）广告主的权利和义务

根据我国现行广告管理法规的有关规定，广告主在广告活动中应当享有一定的权利和承担相应的义务。

1. 广告主享有的权利

（1）广告主具有要求广告管理机关保护自己依法从事广告活动的权利。

（2）广告主具有是否做广告、做多少广告、何时做广告、采取何种方式做广告等的自由决定权。

（3）广告主具有选择广告代理商、广告媒介的自主决定权。

（4）广告主具有要求广告代理商履行合同的权利以及违约后的赔偿权。

（5）广告主具有要求侵害自己合法权益广告的单位和个人停止侵害、恢复名誉和赔偿损失的权利。

---

① 三亿文库网. http://3y.uu456.com/bp-a2840bc208a1284ac8s043sc-1.html.

（6）广告主具有拥有对违法广告、虚假广告的举报权。

（7）广告主具有对广告管理机构的行政处罚决定及其他行政处理决定不服时的申请行政复议权和提起行政诉讼权等。

2. 广告主承担的义务

（1）广告主应承担遵守国家广告管理法律、法规的有关规定，依法从事广告活动的义务。

（2）广告主应承担依照广告合同向广告代理商支付广告及服务费用，不得索取和收受"回扣"的义务。

（3）广告主应承担主动提交相应的主体资格证明文件或相关证明材料的义务。

（4）广告主应承担自觉提供保证广告内容真实性、合法性的真实、合法、有效的证明文件或材料，不得欺骗和误导消费者的义务。

（5）广告主自行或委托他人设计、制作、发布广告，所推销的产品或者提供的服务应当符合广告主的经营范围和国家法律、法规的许可范围。

（6）广告主的广告业务应当委托具有合法经营资格的广告经营者和广告发布者设计、制作、代理、发布。

（7）广告主在广告活动中应当自觉维护他人的合法权益，不得利用广告进行任何形式的不正当竞争。

（8）广告主应当主动接受和积极配合广告监督管理机关的检查活动。

（9）广告主应当履行广告管理机关依法做出的已发生法律效力的广告行政处罚决定和人民法院广告行政处罚诉讼案件的判决的义务等。

案例 2-1

2015 年 2 月，诚客科技有限公司在其官方网站推出系列衬衫，在商品促销宣传中使用国家领导人图片做大幅广告，遭到各界指责。问：该行为是否违反《广告法》？

【解析】

诚客科技有限公司在广告宣传中使用已逝国家领导人和现任国家领导人的照片，违背了《广告法》中不得使用国家机关和国家机关工作人员的名义发布广告的规定。工商部门对该公司的违法行为依法进行处理，诚客官网撤销了该广告。

从本案可以看出，互联网快速发展、日新月异，一方面我国相关互联网管理的法律法规滞后，另一方面也反映出网络从业者法律知识的欠缺。各商业企业在广告发布活动中要严格遵守《广告法》有关规定，对违反规定发布广告的行为，工商部门必将依法进行查处。

（二）广告主的基本规范

（1）广告主自行或者委托他人设计、制作、发布广告，所推销的商品或者所提供的服务应当符合广告主的经营范围。

（2）广告主委托设计、制作、发布广告，应当委托具有合法经营资格的广告经营者、广告发布者。

（3）广告主自行或者委托他人设计、制作、发布广告,应当具有或者提供真实、合法、有效的营业执照以及其他生产、经营资格的证明文件。推销的商品或者服务依法需要取得行政许可或者认证的,应当提供相关许可或者认证文件。

发布的广告需要经有关行政主管部门审查的,应当提供有关批准文件。广告内容的真实性依法需要有关材料证明的,应当提供相应的证明材料。上述生产、经营资格证明文件,许可或者认证文件,有关批准文件或者证明材料统称为证明文件。

广告主应当确保广告内容真实,并对其提供的证明文件的真实性负责。广告主依法应当提供证明广告内容真实性的证明文件而不提供的,视为广告内容不真实。

第二节　广告经营者

一、广告经营者的概念和市场准入制度

（一）广告经营者的概念

广告经营者是指受委托提供广告设计、制作、代理服务的自然人、法人和其他组织。

（二）广告经营者的市场准入制度

广告经营者要取得合法的经营资格,必须符合广告管理法规、《民法通则》的有关规定以及企业登记的基本要求,必须具备广告管理法规中规定的有关资质标准,必须按照一定的法律程序依法审批登记。

企业法人、其他经济组织或者个人进入广告市场从事广告设计、制作、代理、发布等广告经营活动,必须具备市场准入的资质标准,方可从事广告经营活动。广告经营者在广告市场经营活动中除了必须遵守广告监督管理法规和广告市场经营活动基本行为规范外,还应当遵守的规范如下。

（1）在承接具体广告业务时,应当依据广告监督管理法规的要求,查验有关证明文件,核准广告内容。

（2）按照国家有关规定,建立健全广告业务的承接登记、审核档案管理制度。

（3）按照《广告法》第35条的规定:"广告经营者应当公布其收费标准和收费办法。"

（4）不得为法律、法规所禁止生产、销售的商品或提供的服务设计、制作广告。

（5）不得为禁止发布的商品或服务提供广告服务。

（6）在广告市场经营活动中,应当依法订立书面合同,明确各方的权利和义务。

二、广告经营者的权利和义务

依照广告管理的法律、法规,广告经营者在广告业务活动中应当享有一定的权利和承担相应的义务。

（一）广告经营者享有的权利

（1）广告经营者具有要求广告管理机关保护自己合法经营的权利。

（2）广告经营者享有申请经营广告业务的权利。

（3）广告经营者享有自主经营广告业务的权利。

（4）广告经营者具有要求广告主交验其主体资格和广告内容证明文件或材料的权利。

（5）广告经营者拥有拒绝承办或者举报虚假、违法广告的权利。

（6）广告经营者以国家规定为指导，享有自行制定和调整广告收费标准的权利。

（7）广告经营者具有要求广告主按照约定支付酬金的权利。

（8）广告经营者享有申请复议和提起诉讼的权利等。

（二）广告经营者应履行相应的义务

（1）广告经营者有遵守国家广告管理法律、法规和有关政策规定，依法从事广告经营活动，不得违法的义务。

（2）广告经营者有按照一定的法律、法规规定和程序，依法办理广告经营的登记、注册的义务。

（3）广告经营者有广告活动必须在广告管理机关核准的经营资格和核定的经营范围内进行的义务。

（4）广告经营者有收取并查验广告主的主体资格和广告内容的证明文件或材料的义务。

（5）广告经营者有与广告主签订书面合同，明确各方的权利与责任的义务。

（6）广告经营者有依法建立健全广告业务的承接登记、广告审查、广告合同、广告业务档案等广告经营管理制度的义务。

（7）广告经营者有对广告收费标准进行备案，并依法接受监督、检查的义务。

（8）广告经营者有禁止从事不正当竞争行为或从事垄断经营活动的义务。

（9）广告经营者有维护广告主的合法权益与消费者合法权益的义务。

（10）广告经营者在广告中使用他人名义、形象的，应当事先取得当事人书面同意的义务。

（11）广告经营者有主动接受并积极配合广告管理机关的监督、检查的义务。

（12）广告经营者有自觉履行广告管理机关和人民法院做出的已经发生法律效力的广告行政处罚决定和广告行政处罚诉讼案件判决的义务等。

案例 2-2

2014 年杭州甲营销策划有限公司为从参与大溪地诺利果汁推销中获利，委托上海乙广告有限公司在指定网站上制作、发布大溪地诺利果及其果汁产品功效广告，宣传大溪地诺利系列果汁可治疗哮喘、癌症、风湿、关节痛、糖尿病等，并从 8 个方面宣传大溪地诺利果汁帮助人体预防和治疗癌症等内容，夸大产品功效，使用医疗用语或者易与药品相混淆的用语，误导消费者。

【解析】

杭州甲营销策划有限公司和上海乙广告有限公司的网络广告行为，违反《广告法》等法律法规规定，工商机关责令两个当事人停止发布违法广告，并对上海乙广告有限公司没收广告费用 28.3 万元、罚款 153.2 万元，对杭州甲营销策划有限公司罚款 191.5 万元。[①]

---

① 陈郁. 工商总局通报五起典型网络广告案件[N]. 中国经济网，2014-10-21.

作为广告经营者,应依据相关法律、法规的规定,认真履行应尽的职责。但在本案中,上海乙广告有限公司对受委托制作、发布的大溪地诺利果及其果汁产品功效广告,没有认真核实,夸大宣传,误导消费者,违反《广告法》等法律法规的规定。

三、对广告经营者的广告合同管理

(一)广告合同的形式

《广告管理条例》第17条规定,广告经营者承办或者代理广告业务,应当与客户或者被代理人签订书面合同,明确各方的责任。

(二)广告设计、制作合同

对于广告经营者来说,这里所涉及的主要是广告设计、制作合同要求的规范。广告设计是指根据广告目标进行的广告创意、构思,广告中的音乐、语言、文字、画面等经营性创作活动;广告制作是指根据广告设计要求,制作可供刊播、设置、张贴、散发的广告作品等经营性活动。

1. 广告设计、制作合同的概念

广告设计、制作合同是指广告经营者用自己的技术、设备,按照广告主的要求进行设计、制作广告作品,并获取约定报酬的协议。广告设计、制作合同应当具备的主要条款包括:广告设计、制作项目;设计制作广告作品的数量和质量;设计、制作广告作品的方法;设计、制作广告作品的原材料的规格、数量和质量;合同履行期限、地点、方式;验收标准和方法;价款和酬金;结算方式、开户银行、账号。

2. 广告设计、制作合同的法律特征

(1)广告经营者要以自己的技术、设备和创造性劳动,完成广告主委托的设计、制作广告的任务,未经广告主同意,不得转交给第三方去完成。

(2)广告设计、制作合同的标的,是具有特定要求的工作,广告经营者要完全按照广告主的委托设计、制作要求去完成,不得任意改变设计、制作的内容。

(3)广告经营者要以自己的能力承担风险责任,如造成设计、制作的广告作品损坏时,由广告经营者自己承担责任。

(4)广告设计、制作合同属于有偿的劳务合同。

对广告经营者来说,在广告合同签订前,在承接广告主的设计、制作、代理业务前,应当对广告主的主体资格和广告内容的证明文件或者材料的真实性、合法性、有效性进行认真审查,了解其信誉能力和履约能力等。只有当需要的条件具备时,方可与其订立广告设计、制作合同;否则不能签订相关合同。

3. 广告设计、制作合同应当具备的主要条款

(1)广告设计、制作项目。

(2)设计、制作广告作品的数量和质量。

(3)设计、制作广告作品的方法。

(4)设计、制作广告作品的原材料的规格、数量和质量。

(5)合同履行期限、地点、方式。

（6）验收标准和方法。

（7）价款和酬金。

（8）结算方式、开户银行、账号。

（9）违约责任。

（10）双方约定的其他条款。

4. 广告经营者应当遵守的规范

按照广告设计、制作合同当事人的有关义务的要求，广告经营者还应当遵守以下规范。

（1）按照合同规定的日期完成广告作品的设计、制作工作。

（2）广告经营者要以自己的设备、技术和力量完成广告主所要求的广告设计、制作任务。

（3）广告经营者进行设计、制作广告所用的原材料和方法要符合合同的约定，并接受广告主的检验，不得隐瞒原材料的缺陷或者使用不符合合同规定的原材料。

（4）广告经营者要按照广告主的要求进行设计、制作，如发现按照广告主的要求设计、制作广告有不合理的情况时，应当及时通知广告主。

（5）广告经营者对广告主未能按期领走的广告设计、制作作品，在代为保管期限内，应负有妥善保管的义务。

第三节　广告发布者

一、广告发布者的概念

广告发布者是指为广告主或者广告主委托的广告经营者发布广告的自然人、法人或者其他组织。

二、广告发布者的权利、义务及管理

（一）广告发布者的权利和义务

依照广告管理的法律、法规，广告发布者在广告业务活动中应当享有一定的权利和承担相应的义务。

1. 广告发布者的权利

（1）要求广告管理机关保护自己依法从事广告发布活动的权利。

（2）享有申请发布广告业务的权利。

（3）享有自主发布广告业务的权利。

（4）要求广告主、广告经营者交验其主体资格和广告内容真实、有效的证明文件、材料的权利。

（5）拒绝发布虚假、违法广告的权利。

（6）以国家规定为指导，享有自行制定和调整广告发布费用的权利。

（7）要求广告主、广告经营者按照约定支付广告费用的权利。

（8）享有依法申请复议和提起诉讼的权利等。

2. 广告发布者的义务

（1）遵守国家广告管理的法律、法规，依法从事广告发布活动，不得违法发布广告业务。

（2）按照一定的法律规定和程序，取得广告经营的资格证明。

（3）收取并查验广告主、广告经营者的主体资格、广告内容的证明文件、材料。

（4）依法建立健全广告发布业务的承接登记、审查与发布等业务档案制度。

（5）备案广告发布费用标准，自觉接受广告管理机关的监督与检查。

（6）自觉维护广告主、广告经营者的合法权益。

（7）按照国家有关规定，如期向广告经营者支付广告代理费。

（8）主动接受并积极配合广告管理机关的监督与检验。

（9）自觉履行广告管理机关和人民法院依法做出的已发生法律效力的广告行政处罚决定和广告行政处罚诉讼案件判决等。

（二）对广告发布者的管理

根据《广告法》《广告管理条例》《广告管理条例施行细则》以及其他广告管理法律法规的有关规定，对广告发布者的活动，有以下管理规范。

（1）广告发布者依照法律、行政法规查验有关证明文件和核实广告内容。

（2）按国家有关规定，建立健全广告业务的承接登记、审核、档案管理制度，并应依照广告审查员管理办法的规定，配备广告审查员，并建立相应的管理制度。

（3）按照《广告法》的规定，广告发布者应当公布其收费标准和收费办法。

（4）向广告主、广告经营者提供的覆盖率、收视率、点击率、发行量等资料应当真实。

（5）户外广告设置规划和管理办法，由当地县级以上地方人民政府组织广告监督管理、城市建设、环境保护、公安等有关部门制定。

（6）利用广播、电影、电视、报纸、期刊以及其他媒介发布药品、医疗器械、农药、兽药等商品的广告和法律、行政法规规定应当进行审查的其他广告，必须在发布前依照有关法律、行政法规由有关行政主管部门（广告审查机关）对广告内容进行审查；未经审查，不得发布。不得伪造、变造或者转让广告审查决定文件。

（7）新闻单位刊播广告，应当有明确的标志。

（8）禁止利用广播、电视、报刊为卷烟做广告。

（9）广告发布者应当遵守广告经营资格检查办法，未通过广告经营资格检查的广告发布者，不得继续从事广告发布业务。

广告发布者发布广告是广告活动中的重要环节之一，违法虚假广告能否得到有效遏制和杜绝，与广告发布者有着极其密切的关系。

小贴士

广告发布者不得刊播、设置、张贴的内容

（1）违反我国法律、法规的。

（2）损害我国民族尊严的。

（3）有中国国旗、国徽、国歌标志、国歌音响的。

（4）有反动、淫秽、迷信、荒诞内容的。

（5）弄虚作假、贬低同类产品的。

三、广告发布者应当遵守的重要规范

(一)广告发布合同

1. 广告发布合同的概念

对于广告发布者来说,主要针对性的内容是广告发布合同。广告发布是指利用一定媒介或形式发布各类广告,利用其他形式发布带有广告信息的经营活动。广告发布合同是指广告发布者与广告主或广告主委托的广告经营者为发布广告而达成并签订的协议。

2. 广告发布合同的法律特征

(1)广告发布者利用自己掌握或控制的媒介,完成广告主或广告经营者委托的广告发布活动。未经广告主或广告经营者同意,不得转交给第三方去发布。

(2)广告发布合同的标的是发布广告的行为,广告发布者要按照广告发布合同的约定去发布,不得擅自改变发布内容。如果发现广告内容有错误或者存在不应当发布的内容,广告发布者应及时通知广告主或广告主所委托的广告经营者。

(3)广告发布合同属于一种有偿的劳务合同。

3. 广告发布合同应当具备的主要条款

广告发布合同应当具备的主要条款包括:广告发布的项目;发布广告的数量、质量;发布广告的媒介;发布广告的范围;发布广告的地点、期限和方式;验收的标准和方法;酬金;违约责任;双方一致约定的其他条款。

4. 广告发布合同当事人中广告发布者应当遵守的规范

(1)按照广告发布合同约定的期限、地点、方式完成需要发布的广告。

(2)广告发布者要接受广告主或广告主委托的广告经营者对履行合同情况的检查。

(3)应当如实地向广告主或广告主委托的广告经营者提供媒介的覆盖率、收视率、收听率、发行量、人流量等有关资料。

(二)禁止不正当竞争

广告主、广告经营者、广告发布者和广告荐证者不得在广告活动中进行任何形式的不正当竞争。

对广告发布者来说,不正当竞争行为主要表现为利用自己掌握或控制的媒介优势,妨碍其他广告活动主体之间的正当竞争,主要有以下方面。

(1)对部分广告活动主体在收费标准和收费办法方面实行歧视性待遇,在媒介时段或版面的销售方面不一致。

(2)依凭自身优势,拒付或者不按国家规定标准支付广告代理费,或者随意更改甚至取消广告发布合同。

(3)委托某一特定广告经营者全权代理本媒介的广告业务,排斥其他具有广告代理权的经营者参与公平竞争。

(4)在明知或应知的情况下,发布虚假广告。

(5)与广告经营者相互勾结,故意抬高标价或者压低标价,以排挤竞争对手的公平竞争。

(6)在违背客户意愿的情况下,搭售或者附加其他不合理的条件。

作为广告发布者,应当与广告主、广告经营者一样,自觉遵守禁止不正当竞争行为的管理规范。

(三)广告收费管理

对于广告发布者的收费标准,要遵守《广告管理条例》及实施细则。

1. 备案价格管理

我国对广告发布者收费的管理,基本上实行备案价格管理。以广播电台、电视台、报社、杂志社四大媒介为主体的广告发布者根据自身的收听率、收视率、发行量,以及在全国或地方的覆盖率和影响范围,制定自己的收费标准和收费办法,然后报当地工商行政管理机关和物价管理部门备案。其中需要特别注意的是,媒体一定要如实地向广告用户提供真实的覆盖率,并以此制定合理的收费标准。

2. 户外广告收费的管理

对户外广告收费的管理,也有专门管理。《广告管理条例》第15条规定:"户外广告场地费、建筑物占用费的收费标准,由当地工商行政管理机关会同物价、城建部门协商制定,报当地人民政府批准。"

因此,户外广告收费标准,并非单独由场地、建筑物的拥有单位和主管部门任意制定,而是必须根据当地经济发展程度,考虑户外广告的设置区域、场地、建筑物的位置好坏、人流量多少、是否位于商业中心等因素,由工商行政管理机关会同物价、城建部门共同协商制定,并报当地人民政府批准,方可通过。户外广告收费标准一经批准确定,则必须严格实施执行,任何单位和个人不得随意更改。

四、对广告发布者资质标准及其覆盖率的管理

(一)对广告发布者资质标准的管理

1. 申请广告发布业务

根据有关法律、法规规定,申请经营广告发布业务,必须向工商行政管理机关提出申请,经审核批准,领取广告经营许可证或营业执照后方可从事经营。广播电台、电视台、报刊出版单位、互联网站从事广告发布业务的,应当依法办理广告发布登记。

2. 广告发布者资质标准

广告发布者资质标准是从事广告发布活动的基本资格要求,是广告监督管理机关对广告发布者进行广告审批登记的重要依据,也是广告监督管理机关对广告发布者经营活动进行监督检查的重要内容。

根据《广告经营者、广告发布者资质标准及广告经营范围核定用语规范》,广告发布者的资质标准及广告经营范围核定用语规范可以分类做出以下表述。

(1)新闻媒介单位利用电视、广播、报纸等新闻媒介,发布广告的电视台、广播电台、报社,其应当具备的资质标准,包括:①有直接发布广告的媒介;②有与广告经营范围相适应的经营管理人员、编审技术人员(以上人员均须取得广告专业技术岗位资格证书)、财会人员和广告经营管理制度;③有专门的广告经营机构和经营场所,经营场所面积不小于20平方米;④有专职广告审查人员;⑤广告费收入单独立账。

(2)新闻媒介单位利用电视、广播、报纸等新闻媒介,发布广告的电视台、广播电台、报

社,其核定广告经营范围和用语规范,例如:①××电视台——利用自有电视台,发布国内外电视广告,承办分类电视广告业务;②××报社——利用《××报》,发布国内外报纸广告,承办分类报纸广告业务;③××广播电台——利用自有广播电台,发布国内外广播广告,承办分类广播广告业务。

(3) 具有广告发布媒介的企业、其他法人或经济组织,利用自有或自制音像产品、图书、橱窗、灯箱、场地(馆)、霓虹灯等发布广告的出版(杂志、音像)社、商店、宾馆、体育场(馆)、展览馆(中心)、影剧院、机场、车站、码头等,其应当具备的资质标准是:①有直接发布广告的媒介;②有与广告经营范围相适应的经营管理人员、专业技术人员(以上人员均须取得广告专业技术岗位资格证书)、财会人员和广告经营管理制度;③有专门的广告经营机构和经营场所,经营场所面积不小于20平方米,有相应的广告设计和制作设备;④有专职广告审查人员;⑤广告费收入单独立账。

(4) 具有广告发布媒介的企业、其他法人或经济组织,利用自有或自制音像产品、图书、橱窗、灯箱、场地(馆)、霓虹灯等发布广告的出版(杂志、音像)社、商店、宾馆、体育场(馆)、展览馆(中心)、影剧院、机场、车站、码头等,其核定广告经营范围和用语规范,例如:①××音像社设计和制作音像制品广告,利用本社出版的音像制品发布广告;②××出版(杂志)社设计和制作印刷品广告,利用本社出版的印刷品发布广告;③××商店(场)、宾馆、饭店设计和制作招牌、灯箱、橱窗、霓虹灯广告,利用本店内招牌、灯箱、橱窗、霓虹灯发布广告;④××体育场(馆)、展览馆(中心)、影剧院设计和制作招牌、灯箱、电子牌、条幅广告,利用本场(馆)内招牌、灯箱、电子牌、条幅发布广告;⑤××车站(码头、机场)设计和制作招牌、灯箱、电子牌广告,利用本场(馆)内招牌、灯箱、电子牌发布广告。

(二) 对广告发布者覆盖率的管理

1. 广告媒体覆盖率

媒体覆盖率是媒体覆盖范围和覆盖人数的总称,它随媒体自身的不同而具有不同的判断和衡量准则。主要包括广播电台的覆盖范围和收视率,电视台的覆盖范围和收视率,报纸、期刊等印刷媒体的发行范围和发行量,户外广告场所的位置和人流量等。

真实的媒体覆盖率是广告主、广告经营者实施广告战略和广告发布者确定收费标准的重要依据。

(1) 广告主、广告经营者可以根据广告发布者提供的媒体覆盖率,选择收听率和收视率高、发行量大、位置优越、人流量大的媒体进行广告投入与宣传,这样就会达到良好的广告效果。

(2) 广告发布者应当根据真实的媒体覆盖率,合理确定收费标准,这样才能为广告主、广告经营者所接受,才能使广告活动得以顺利完成。

2. 广告发布者提供媒体覆盖率应当真实

广告发布者向广告主、广告经营者提供的媒介覆盖率、收视率、点击率、发行量等资料应当真实。

案例 2-3

2013 年 5 月 6 日,吉林省长春市工商局广告分局接到北京 A 医院《关于长春 B 医院虚假宣传的举报函》,举报函称,长春 B 医院在吉林电视台乡村频道播出的医药广告中使用北京 A 医院核医学科林教授的头像,并大肆宣传"长春 B 医院特邀北京 A 医院权威专家亲诊"事宜。经核实,北京 A 医院林教授从未与长春 B 医院有过任何接触,院方也从未委派专家到长春 B 医院坐诊[①],问:长春 B 医院行为是否合法?

【解析】

长春 B 医院的行为是违法行为,属于发布虚假广告行为。电视台发布虚假广告,对广告客户和消费者构成误导,扰乱了正常的经营秩序,也违背了公平竞争原则。依据《反不正当竞争法》《广告法》《行政处罚法》的相关规定,工商部门责令当事人停止发布虚假广告,并以等额广告费用在相应范围内公开更正消除影响。

当前,一些媒体为达到承揽广告的目的,存在着向广告主、广告经营者提供虚假材料,隐瞒、夸大媒体覆盖率的现象。这不仅直接损害到广告客户的正当利益,而且严重损害了同业和竞争对手的利益,最终必然损害到自身的形象与长远利益,带来的只能是广告市场的混乱。

因此,加强对广告发布者提供的媒体覆盖率真实性的管理,对于保护广告主、广告经营者的合法利益,对于维护和树立广告发布者声誉、增强和拓宽广告发布业务来源,都具有极为重要的积极作用。

第四节　广告代言人

一、广告代言人的概念

广告代言人是指广告主以外的,在广告中以自己的名义或者形象对商品、服务作推荐、证明的自然人、法人或者其他组织。

弗里德曼将广告代言人类型分为名人/明星、专家及典型消费者三类,其中"名人/明星"说服力的来源主要是依赖吸引力;"专家"说服力来源主要是依赖专业性;"典型消费者"说服力的来源主要是依赖相似与可靠度。

二、广告代言人的禁止性行为

(1) 广告代言人在广告中对商品、服务作推荐、证明,应当依据事实,符合本法和有关法律、行政法规规定,不得为其未使用过的商品或者未接受过的服务作推荐、证明。

(2) 不得利用不满十周岁的未成年人作为广告代言人。

(3) 对在虚假广告中作推荐、证明受到行政处罚未满三年的自然人、法人或者其他组织,不得利用其作为广告代言人。

小贴士

明星代言的优势

(1) 将受众对明星的关注转移到对产品的关注,提高品牌的关注度和知名度。

---

① 　雷沛海.工商部门公布一批虚假广告宣传案例[N].长春日报,2014-03-11.

（2）利用受众对名人的喜爱，产生爱屋及乌的效果，增加品牌的喜好度。

（3）通过名人的个性/形象魅力，强化产品及品牌的个性/形象。

香港和澳门投资者投资广告业的补充规定

为了促进香港、澳门地区与内地建立更紧密的经贸关系，鼓励香港服务提供者和澳门服务提供者在内地投资设立广告企业，根据国务院批准的《内地与香港关于建立更紧密经贸关系的安排》《内地与澳门关于建立更紧密经贸关系的安排》，《外商投资广告企业管理规定》附件就香港和澳门投资者投资广告业做出补充规定。

（1）自2004年1月1日起，允许香港服务提供者和澳门服务提供者在内地设立独资广告公司。

（2）香港服务提供者和澳门服务提供者应分别符合《内地与香港关于建立更紧密经贸关系的安排》和《内地与澳门关于建立更紧密经贸关系的安排》中关于"服务提供者"定义及其相关规定的要求。

（3）香港服务提供者和澳门服务提供者应是经营（含非主营）广告业务的企业法人。

（4）香港服务提供者和澳门服务提供者在内地投资广告业的其他规定，仍按照《外商投资广告企业管理规定》执行。

一、选择题

1. 广告设计、制作合同应当具备的主要条款包括（　　　）。

A. 广告设计、制作项目

B. 设计、制作广告作品的数量和质量

C. 设计、制作广告作品的方法

D. 设计、制作广告作品的原材料的规格、数量和质量

2. 广告发布者是指为广告主或者广告主委托的广告经营者发布广告的（　　　）。

A. 自然人　　　　B. 法人　　　　C. 其他组织　　　　D. 广告协会

3. 广告发布合同应当具备的主要条款包括（　　　）。

A. 广告发布的项目　　　　　　B. 发布广告的数量、质量

C. 发布广告的媒介　　　　　　D. 发布广告的范围

4. 户外广告场地费、建筑物占用费的收费标准，由当地工商行政管理机关会同（　　　）协商制定，报当地人民政府批准。

A. 物价部门　　　B. 城建部门　　　C. 政府采购部门　　　D. 发改委

5. 广告主可以分为（　　　）。

A. 工商企业　　　　　　　　　　B. 个体工商户

C. 全国性公司　　　　　　　　　D. 中外合资经营企业

二、简述题

1. 简述广告主的权利和义务。

2. 简述广告经营者的权利和义务。

3. 简述广告发布者的权利和义务。

4. 简述对广告发布者资质标准及其覆盖率的管理制度。

5. 简述广告代言人制度。

三、案例分析题

2016年1月2日，A电视台广告部与化妆品销售企业永芳公司签订播出"永芳靓肤露"化妆品广告合同，随后该台从1月5日至2月7日在《电视导购》栏目中播出该化妆品广告，宣传该化妆品为"纯中药制作，对黄褐斑、老年斑有特效"，收取广告费12000元。

电视观众章×在收看该电视台广告后便购买了两个使用周期的化妆品，使用后发现该化妆品与广告中宣传"该产品对黄褐斑、老年斑有治疗效能"的情况大相径庭，遂通过12315投诉至辖区内工商部门。在调解处理并双方签署调解协议后工商部门拟对A电视台涉嫌的违法行为予以查办。案件经办人查明：广告部工作人员在承接该化妆品广告时，只查看了广告主——永芳公司的《营业执照》，未按有关规定查验卫生行政部门核发的卫生许可证明及相关证明文件，就按照客户的要求发布了"永芳靓肤露"化妆品广告。

分析：A电视台是否需要承担法律责任？

第三章

广告内容准则

本章学习目标

通过学习使学生理解药品广告、医疗器械广告、农药广告和兽药广告的特殊要求。熟悉医疗广告、食品广告、化妆品广告、烟草广告和酒类广告的特殊要求。掌握广告准则的概念、分类和作用，广告准则对广告内容的基本要求、禁止性规定及广告活动应当遵守的一般规则。

引例

2016 年 5 月 12 日，胡女士从 A 市华星电影院走出时，因该电影院悬挂的广告牌脱落致使胡女士被碎玻璃划伤。故胡女士起诉了华星电影院，要求华星电影院赔偿医疗费 1821.1 元、交通费 662 元、误工费 2.8 万元、护理费 1000 元、精神损失费 1000 元。

【解析】

人民法院判令华星电影院赔偿胡女士医疗费 1821.1 元及误工费 2.8 万元，驳回了胡女士的其他诉讼请求。

公民的生命健康权受法律保护。建筑物及建筑物上的搁置物、悬挂物发生倒塌、脱落、坠落造成他人损害的，建筑物的所有人或管理人应当承担民事赔偿责任。

本案中，因华星电影院悬挂的广告牌脱落致伤胡女士，故该单位对胡女士因此而产生的合理经济损失应予以赔偿。胡女士所要求的医疗费、误工费证据充分，符合相关的法律规定。其所主张的护理费，因未向法院提交充分有效的证据，所以得不到人民法院支持。事故发生后，华星电影院已支付了胡女士的交通费，所以再索要交通费没有得到支持。胡女士诉请的精神损失费,不符合相关的法律规定,法院也不予支持。

第一节 广告准则概述

一、广告准则的概念

广告准则又叫广告标准、广告发布标准,是广告法律、法规对广告内容和形式的限制和禁止,包括对广告内容的基本要求、广告内容的禁止性规定和特殊商品广告的特殊要求等。

广告准则是广告活动主体从事广告活动必须遵守的准则和规范,是判断广告能否发布、是否违法的基本标准,也是广告管理机关、广告审查机关和司法机关依法进行广告监督和管理的基本依据。广告准则是广告法律、法规在广告内容和形式方面的要求,是广告法基本原则的具体体现,《广告法》第二章及相关行政法规对广告的一般准则和广告的特殊准则,做了比较详细、具体的规定。

广告涉及的商品范围非常广泛,广告内容和形式千变万化,广告准则的制定和实施,对维护广告宣传的正常秩序、保障消费者合法权益起了重要作用。只有深刻理解广告准则的含义,才能在广告设计、制作和发布过程中达到广告发布标准的要求。

广告准则不是一成不变的,社会的进步、科学的发展、人民素质的提高,都会使广告准则的内容随之变化,国家立法机关和广告行政监督管理机关会根据经济、社会发展的需要对广告准则进行调整。

广告准则的适用范围

我国《广告法》调整的对象是商业广告,但广告准则的相关规定,对所有的广告活动和广告内容都具有规范和指导作用,也就是说,《广告法》第二章规定的广告内容准则不仅适用于商业广告,同时也适用于商业广告以外的其他广告。

二、广告准则的分类

(一) 一般准则和特殊准则

广告准则从适用范围上分为一般准则和特殊准则。

(1) 广告的一般准则是所有商品或者服务的广告在内容和形式上都必须遵守的最基本标准。

(2) 广告的特殊准则是特殊商品或者服务的广告在内容和形式上的特别要求,是广告一般准则的具体化,是广告一般准则的补充。

(二) 内容准则和形式准则

广告准则从规范对象上分为内容准则和形式准则。

(1) 广告的内容准则是广告发布的具体内容应当符合的基本标准。

(2) 广告的形式准则是广告发布在形式方面应当符合的基本标准。

（三）法定准则和非法定准则

广告准则从制定主体上分为法定准则和非法定准则。

（1）广告的法定准则是由国家立法机关或者广告监督管理机关制定的，表现为《广告法》《广告管理条例》《广告管理条例施行细则》等广告法律、法规的广告发布的基本标准。

（2）广告的非法定准则是由广告行业协会或者其他社会组织，依据广告的法定准则自行制定的，在一定范围内施行的广告发布基本标准。广告监督审查执行的是法定准则，非法定准则在一定情况下起参考作用。

三、广告准则的作用

（一）保障广告业的健康发展

广告准则体现了广告法的基本原则，是广告业健康发展的保障。制定广告准则的目的在于保证广告的真实性和合法性，具体广告标准的实施，就是为了维护广告的真实性和合法性。真实、合法既是广告法的基本原则，也是广告业健康发展的根本所在。广告准则为规范广告活动，促进广告业繁荣起到不可替代的促进作用。

（二）有利于维护消费者合法权益、国家利益和社会公共利益

对广告侵害消费者合法权益的行为，消费者可以依据广告准则对制作、发布违法广告的个人或者单位提出停止侵害、赔偿损失等合法要求，广告准则为维护消费者合法权益，维护国家利益和社会公共利益提供了有力的保证。

（三）提供了广告设计、制作的基本标准

广告准则规范了广告活动，提高了广告质量，减少了违法广告的产生概率。广告主、广告经营者和广告发布者在设计、制作广告时，广告的内容和形式要符合广告准则的要求，这不但有利于提高广告质量，也从源头上杜绝了违法广告的产生。

（四）广告准则是广告监督审查的依据

广告准则是广告监督审查的依据，是判断广告是否违法的根据。广告准则的制定和实施是广告监督审查的主要内容，也是广告监督审查的重点和难点。广告审查机关依据广告准则对广告内容和形式进行审查，未经审查或者审查不符合规定的广告不得发布。广告监督管理机关依据广告准则对已经发布的广告进行监督管理，对违法广告进行处罚。

第二节　广告的一般准则

广告的一般准则是所有商品或者服务的广告在广告内容和形式上都必须遵守的最基本标准，主要表现为广告法律、法规对一切广告内容和形式的要求，以及对广告内容和形式的限制和禁止。

《广告法》第 8 条至第 28 条对广告的一般准则做了全面的规定，《广告管理条例》《广告审查标准》等行政法规的相关规定也属于广告的一般准则，对《广告法》起到了重要的补充作用。

一、广告内容的基本要求

（一）广告应当有利于人民身心健康

广告作为一种大众传播方式，与人民群众的日常生活紧密相连，给社会生活的各个方面都会带来影响，因此，广告的内容和形式都应当健康、活泼，要不断提高艺术品位和欣赏价值，使广告在传播商品或者服务信息的同时，给社会公众以美的享受。

（二）广告应当促进商品和服务质量的提高

广告是市场主体参与市场竞争的重要手段，商品生产者或者服务提供者通过广告宣传，反馈各方面对商品或者服务的信息，这些信息促使企业改善生产经营条件，降低成本，提高产品质量和服务质量，促进产品的更新换代。

（三）广告应当保护消费者合法权益

广告直接面向广大消费者，是消费者获得商品和服务信息的渠道，因此，广告应当坚持为消费者服务的宗旨，切实保护消费者的合法权益，介绍商品或者服务时，应当实事求是，全面客观，禁止利用广告欺骗和误导消费者。

（四）广告应当遵守社会公德和职业道德

社会公德是最起码的社会公共生活规则，遵守社会公德是每个公民、每个社会组织应尽的义务。广告活动作为一种商业活动，广告主、广告经营者和广告发布者在广告活动中也必须遵守社会公德。广告经营是一种以诚实信用为基础的市场经济活动，遵守职业道德也是广告活动各方享受权利、履行义务的重要保证。

（五）广告应当维护国家尊严和利益

广告既是信息传播方式，也是企业文化，属于社会主义精神文明建设范畴，因此，广告在通过大众媒介传播信息的过程中，应当宣传积极向上、健康活泼的内容，体现国家的方针政策，广告应当站在国家利益的高度，维护国家的形象、荣誉和利益。

案例 3-1

甲服饰有限公司（以下简称甲公司）为借助奥运会对其产品进行推广宣传，邀请杨某出席由其举办的主题为"巅峰时刻、暖在心头"2015冠军珍藏版内衣暨暖娃盈盈首发式，并委托杨某代其邀请另外七位奥运冠军一同出席。活动之前，甲公司提出邀请杨某作为其生产的内裤产品的形象代言人，杨某表示同意，并提出形象代言费为50万元，甲公司未持异议，但没有事先征得杨某同意，就将签约仪式安排在首发式现场活动过程中进行。杨某对《形象代言协议书》提出异议，要求甲公司在活动结束后销毁所签协议。请求甲公司待活动结束后，双方另行确定费用数额，重新签订正式协议。此后，双方曾就形象代言事宜进行过协商，但未能达成一致。

之后，甲公司未经杨某同意，即在《竞报》上以半个版面的篇幅进行宣传。并在投放市场销售的美体热暖内衣、舒爽弹力棉内衣、2015冠军珍藏版内衣、超级女裤和鸟巢男士活力内裤5种产品的标识上，印有杨某的卡通形象和"奥运射击冠军杨某"的字样。还通过我乐网和 tom 网使用原告的形象和姓名进行宣传活动。

杨某遂向某区人民法院起诉了甲公司。问：本案如何判决？

【解析】

甲公司利用国人对奥运的高度关注和原告作为奥运冠军的身份，为提高甲公司及其产品的知名度，扩大被告产品的销售额，未经原告杨某的同意，擅自使用原告的肖像、姓名，严重侵犯了原告的肖像权和姓名权。

北京市某区人民法院根据《民法通则》第 99 条第 1 款、第 100 条、第 120 条的规定，判决甲公司立即停止在该公司的网站上使用杨某姓名、肖像的行为，立即停止在其公司的产品美体热暖内衣、舒爽弹力棉内衣、超级女裤、鸟巢男士活力内裤中使用原告的姓名及卡通形象的行为。删除甲公司的网站上杨某的姓名、肖像。收回并销毁带有杨某卡通形象和姓名的标识。在甲公司的网站及《竞报》上刊登向杨某赔礼道歉的声明。判决甲公司赔偿杨某经济损失 20 万元、精神损害抚慰金 3 万元、取证费用 5000 元，共计 235000 元。

二、广告内容的禁止性规范

（一）不得使用或者变相使用中华人民共和国国旗、国徽、国歌

中华人民共和国国旗、国徽、国歌是国家的象征和标志，体现国家的主权和尊严，只能用于政治活动，不得用作以营利为目的的商业活动。因此，不得在广告中使用或者变相使用中华人民共和国国旗、国徽、国歌，或以国歌的词、曲作背景或衬托。我国的《国旗法》《国徽法》都明确规定，国旗、国徽不得用于广告。

（二）不得使用或者变相使用国家机关或者国家机关工作人员的名义或者形象

国家机关是行使国家立法权、行政权、司法权的国家权力机关、行政机关和司法机关的总称。国家机关工作人员是国家机关中依照法律从事公务的人员。国家机关及其工作人员从事公务活动，代表国家的意志，在社会经济活动中有重要影响。为了维护国家的尊严，维护国家机关的形象，保证国家工作人员的正常工作，广告不得使用或者变相使用国家机关的形象。

商业性的祝贺广告中，不得使用或者变相使用国家机关或者国家机关工作人员的名义。商业性的祝贺广告是广告主为提高其商业信誉和社会知名度而开展的广告宣传活动，如征集厂徽、厂标、产品名称、商标等属。国家工商行政管理总局 1996 年在《对在祝贺广告中使用国家机关和国家机关工作人员的名义有关请示的答复》中规定，商业性的祝贺广告中，不得以任何形式使用国家机关及其工作人员的名义。非商业广告中，使用国家机关及其工作人员的名义的，应事先取得被使用者的书面同意。

（三）不得使用"国家级""最高级""最佳"等用语，但是依法取得的除外

广告可以对商品和服务进行语言文字描述，但描述应以不引起消费者误解为限，尤其不能使用国家级、最高级、最佳等绝对化用语。绝对化用语属于难以用客观指标加以度量的抽象概念，含义模糊、不确定，不能在广告中使用。

案例 3-2

工商机关在广告监管中发现广告主、广告经营者、广告发布者直接使用最高级广告用语的情形逐渐减少,但试图规避法律规定、打"擦边球"的现象日益增多。①使用"顶级"字样,如某银行在广告中称"为贵宾客户提供顶级增值服务"。②使用"领先""顶峰""巅峰""登峰造极""唯我独尊"等字样,如某净水器广告称"三大核心技术均达到国际领先水平",某房地产项目广告称"风光无限在顶峰",某汽车广告称"已跨越了豪华车的巅峰",某智能手机广告称"登峰造极之作",某笔记本电脑广告称"市场争霸,唯我独尊"。③使用"第一品牌"字样,如某电子邮箱自称"全球邮箱第一品牌"。④使用"极品"字样,如某茶叶公司在广告中称"喝极品绿茶,保健康长寿"。⑤使用"打造最×的……"字样,如某网站称"打造最全面最优质的创业平台"。⑥使用"最×的……之一"字样,如某房产中介自称"本省最大、历史最悠久的房地产代理公司之一"。问:上述广告用语是否科学、准确?[①]

【解析】

绝对化用语是不科学、不准确的语言,任何产品都是有局限性的,不可能十全十美。绝对化用语就是到了顶峰,不能再超越,违背了事物不断发展变化的客观规律。禁止使用国家级、最高级、最佳等绝对化用语既可以使消费者免受欺骗和误导,也可以保护其他竞争者的合法权利。

(四)不得损害国家的尊严或者利益,泄露国家秘密

广告可以对商品和服务进行语言文字描述,内容有可能涉及国家,国家的尊严或者利益,广告不得损害国家的尊严或者利益。

《保密法实施办法》第35条对泄露国家秘密的行为作了明确解释,泄露国家秘密是指违反保密法律法规和规章的下列行为之一:①使国家秘密被不应知悉者知悉的;②使国家秘密超出了限定的接触范围,而不能证明未被不应知悉者知悉的。泄露国家秘密又分为故意泄露国家秘密和过失泄露国家秘密两种情况。故意泄露国家秘密是指行为人明知自己的行为会造成国家秘密失控,给国家的安全和利益造成损害的结果,却希望或放任这种结果发生。

过失泄露国家秘密是指行为人应当预见到自己的行为会造成泄露国家秘密的后果,却思想麻痹、疏忽大意,不按照有关规定对国家秘密实施有效的管理而泄露国家秘密,或者虽然预见到自己的行为会造成泄露国家秘密的后果,却因过于自信,心存侥幸而泄露国家秘密。在现实生活中过失泄密在泄密事件中所占的比例是比较高的。

广告不得泄露国家秘密。做出这样的法律规定,有利于提高人们的警觉,减少泄密事件的发生,有利于维护国家的安全和利益。

(五)不得妨碍社会安定,损害社会公共利益

妨碍社会安定是对国家的政治稳定和社会稳定造成不良影响,损害社会公共利益是社

会的公共利益因广告的影响而受到损害。社会安定是市场经济发展的前提条件,不得损害社会公共利益是社会主义法制的基本原则,也是《中华人民共和国宪法》(以下简称《宪法》)的基本原则。

(六)危害人身、财产安全,泄露个人隐私

危害人身、财产安全是公民的人身和财产权利,因广告的影响而受到损害。公民的人身和财产安全是社会经济发展的重要保障。保护公民的人身和财产安全是我国《宪法》的基本原则,也是我国民事法律、刑事法律规定的重要内容。

(七)妨碍社会公共秩序或者违背社会良好风尚

社会公共秩序是通过各种行为规范调整人们行为而形成的有条不紊的状态,包括生产秩序、工作秩序、教学秩序、交通秩序和生活秩序等。广告法是维护社会公共秩序的重要手段之一,遵守广告秩序也是公民遵守社会秩序的义务之一。社会良好风尚是历代相传积久而成的善良风俗,是中华民族精神与风貌的体现,广告不得违背社会良好风尚,宣传各种腐朽思想,破坏社会主义精神文明建设。

(八)不得含有淫秽、色情、赌博、迷信、恐怖、暴力的内容

淫秽是不正当地描绘性行为或者露骨宣扬色情的内容。色情很难给出一个确切的定义。在这里我们以美国最高法院1973年的米勒案为参考标准,在该案中,色情被定义为:①一般人,运用当代社区标准,认为某作品的目的从整体来看,是要激起人们的淫欲;②作品以极伤大雅的公开描绘由州法具体定义的性行为;③从整体来看,该作品缺乏严肃的文学、艺术、政治或科学价值。赌博是一种拿有价值的东西做注码来赌输赢的游戏,是人类的一种娱乐方式。任何赌博在不同的文化和历史背景有不同的意义。用钱物作注以比输赢是一种不正当的娱乐活动。迷信是相信占星、风水、命相、鬼神等的思想。恐怖是面临危险情景,企图摆脱或者逃避而又感到无能为力的心理状态。暴力是侵犯他人人身、财产等权利的强暴行为,丑恶是人或物受到破坏、歪曲后产生的畸形表现。淫秽、色情、赌博、迷信、恐怖、暴力的内容违反科学、违背善良风俗,影响社会稳定,与社会主义精神文明相违背,为《广告法》所禁止。

(九)不得含有民族、种族、宗教和性别歧视的内容

在我国,公民不分民族、种族、性别和宗教信仰等,一律平等。《宪法》明确规定:"中华人民共和国各民族一律平等""禁止对任何民族的歧视和压迫""公民有宗教信仰自由"。因此,广告不得有损害国家主权和民族团结的内容,不得有损害各民族善良风俗的内容,不得有歧视少数民族的语言、文字和画面,不得出现对宗教信仰的任何歪曲,不得利用宗教进行破坏社会秩序,损害公民身体健康的活动,不得有性别歧视、宣传男尊女卑和重男轻女的内容和表现形式。

(十)不得妨碍环境、自然资源或者文化遗产保护

保护环境和自然资源是我国的一项基本国策,为了更好地保护环境,合理利用自然资源,我国颁布了一系列法律法规,如《中华人民共和国环境保护法》(以下简称《环境保护法》)、《中华人民共和国大气污染防治法》(以下简称《大气污染防治法》)、《中华人民共和国水污染防治法》(以下简称《水污染防治法》)、《中华人民共和国土地管理法》(以下简称《土地

管理法》)、《中华人民共和国森林法》(以下简称《森林法》)、《中华人民共和国水法》(以下简称《水法》)、《中华人民共和国野生动物保护法》(以下简称《野生动物保护法》)等,对环境和自然资源的保护作了具体规定,因此,不得宣传妨碍环境和自然资源保护的内容也应成为广告法的禁止性规定。

文化遗产保护包括物质文化遗产保护和非物质文化遗产保护。我国文化遗产蕴含着中华民族特有的精神价值、思维方式、想象力,体现着中华民族的生命力和创造力,是各民族智慧的结晶,也是全人类文明的瑰宝。因此,不得宣传妨碍文化遗产保护的内容也应成为广告法的禁止性规定。

(十一)法律、行政法规规定禁止的其他情形

广告是一项十分复杂的经济活动,《广告法》不可能穷尽应当禁止的全部情形,其他法律、法规已明确规定禁止的情形是对广告法禁止性规定的补充,如《广告法》对广告使用妇女肖像的问题没有规定,但是《中华人民共和国妇女权益保障法》(以下简称《妇女权益保障法》)明确规定,未经本人同意,不得以营利为目的,通过广告、商标、展览橱窗、报纸、期刊、图书、音像制品、电子出版物、网络等形式使用妇女肖像。对于这一规定,广告活动也必须遵守。

三、广告活动应当遵守的一般规则

(一)广告表述内容和附带赠品的要求

1. 广告介绍商品或者服务的表述内容应当清楚、明白

商品或者服务的内容、形式是商品和服务的核心内容,也是消费者选择商品和服务的主要参考依据。为了保证经营者能够真实、客观地介绍自己的产品或者允诺服务,广告对商品的性能、功能、产地、用途、质量、成分、价格、生产者、有效期限、允诺等或者对服务的内容、提供者、形式、质量、价格、允诺等有表示的,应当准确、清楚、明白。使消费者能了解有关商品或者服务的真实情况。

性能是产品对设计要求的满足程度,产地是产品的生产出处,用途表明应用的方面或者范围,质量是产品或者服务的优劣程度,价格是商品价值的货币表现,生产者表明商品或者服务由谁提供,有效期限是食品、药品和化妆品等商品在规定的使用与保存期限内性能不变的期限,允诺是广告对商品或者服务所做的承诺。

广告中商品的性能、产地、用途、质量、价格、生产者、有效期限、允诺或者服务的内容、形式、质量、价格、允诺是广告主对消费者的一种承诺,该承诺必须清楚、明白。清楚就是广告的文字、画面和图像等要清楚。明白就是广告的视听者能够听懂或者看懂,能够了解广告的意图,并且这种理解是符合广告本意的,根据这种理解产生的行为应当是正确的。

2. 广告附带赠品应当标明赠送的品种和数量

广告作为一种促销手段,推销商品时附带赠送礼品,在企业经营活动中很常见。赠品在一定程度上能够刺激消费者的购买欲望,但是在现实生活中,附带赠送礼品的广告往往存在混乱和误导消费者的情况。

为了规范赠品广告,减少赠品广告的消极影响,根据《广告法》的规定,广告中表明推销的商品或者服务附带赠送的,应当明示所附带赠送商品或者服务的品种、规格、数量、期限和

方式。

法律、行政法规规定广告中应当明示的内容，应当显著、清晰表示。消费者可以根据赠品广告中标明的赠品的品种和数量判断是否购买，防止盲目抢购，避免不必要的秩序混乱。同时，赠品广告必须标明赠品的品种和数量，规避商品经营者或者服务提供者以廉价的赠品和微小的数量吸引众多消费者。

商品经营者或者服务提供者必须权衡赠品广告的支出与收益，提供合理的、数量适当的赠品，这样可以极大地减少因赠品广告产生的不正当竞争。

（二）广告引用材料的要求

广告是一门综合性的边缘科学，广告内容涉及多种学科的知识和资料，现实生活中各种数据、统计资料、调查结果、文摘和引用语常常在广告中被广泛使用。广告中引用这些材料，可以在一定程度上增强广告的证明力和说服力，但也容易出现断章取义、编造数据等问题，造成对消费者的欺骗和误导。《广告法》要求引用材料必须真实、准确，表明出处，可以防止毫无根据地使用，增强社会公众对广告的信服力，而且一旦出现争议和诉讼，便于当事人举证，做到有据可查。

1. 广告内容涉及的事项需要取得行政许可的，应当与许可的内容相符

（略）。

2. 广告中使用数据、统计资料、调查结果、文摘和引用语应当真实、准确

（1）数据、统计资料和调查结果的取得方式应当科学。广告中使用数据的测量、统计资料和调查结果的取得应当有据可查，是科学的，具有普遍性的，不得胡夸或者歪曲。开展统计和调查工作的机构还应当具有法定资格，出具的结果具有法律上的证明效力。

（2）数据、统计资料和调查结果的使用应当合理、准确。数据、统计资料、调查结果、文摘和引用语说明的内容，应当与实际相符。如果是部分使用，应当与原义相符，不得省略对使用者不利并可能对社会公众产生误解的内容。

3. 广告中使用数据、统计资料、调查结果、文摘和引用语应当表明出处

表明出处可以防止广告毫无根据地使用数据，增强社会公众对广告的信服力，产生争议或者诉讼时，便于当事人提供证据。表明出处应当真实、准确、明白和有据可查，没有出处的数据、统计资料、调查结果、文摘和引用语不得使用，这有助于保护消费者合法权益，防止在广告活动中编造数据，篡改调查结果，误导或者欺骗消费者。

（三）广告比较方法的要求

比较是广告常用的表现形式之一，我国《广告法》虽然没有禁止使用比较方法做广告，但要求比较方法的使用必须规范。广告比较必须符合商业公平竞争的原则，不正当的比较，是对公平竞争原则的破坏，这是广告行为规范的国际惯例。

1. 正当的比较广告

根据我国现有的相关法律、法规，为我国法律所允许的比较广告，是在广告中采用对比方法，以真实、充分的信息为基础，在竞争对手、非竞争对手之间，或者与自己原有商品、服务之间进行比较，突出自己宣传商品或者服务的特性，从而影响消费者的消费决策或其他经济行为。

正当的比较广告一般来说具有以下特征：

（1）正当的比较广告所涉及产品应当是相同的产品或可类比的产品，即属于同一竞争领域内的产品，比较之处应当具有可比性。《广告审查标准》第34条规定，"比较广告的内容，应当是相同的产品或可类比的产品，比较之处应当具有可比性"。

（2）对比的内容应以具体事实为基础，并且这些事实是可以证明的，《广告审查标准》第33条规定，"对一般性同类产品或者服务进行间接比较的广告，必须有科学的依据和证明"，"比较广告中使用的数据或调查结果，必须有依据，并应提供国家专门检测机构的证明。"

正当的比较广告是法律所允许的。但是，我国的有关法律、法规还规定，对于一些特殊商品不得做比较型广告，如《药品广告管理办法》第16条规定，药品广告不得含有"贬低同类产品或与其他药品进行功效和安全性对比评价的内容"。《医疗器械广告管理办法》第12条规定，医疗器械广告不得出现"有与同类产品功效、性能进行比较的言论或画面、形象"。

正当的比较广告在国际上的明确规定

（1）应当具有可比性的规定。香港广告商会的《广告实施条例》中规定，"用一组产品与同一领域里的其他产品作比较在一定环境下是允许的"。加拿大《广告准则》中规定，"在比较中指名的商品必须确实是相互竞争的"，比较广告"必须是在相关的或相似的特点、性能、质量、成分之间的比较"。

美国广告代理协会《对制作对比广告的政策方针》中规定，"应当指出所对比的产品的名字时，它应是市场上存在的作为有效竞争的一种产品"，"广告应就产品有关或类似的性能或成分进行比较，面对面，点对点"。

（2）应当具有可证明性的规定。新加坡《广告法》中规定，"比较的论点必须是建立在可以证实以及不得被不公正选择的事实的基础上"。加拿大《广告准则》中规定，比较广告中"应能拿出实在的研究数据来支持所做的宣传"。香港广告商会《广告实施条例》中规定，"各种情况下的比较物应该能够证明，并有研究和统计证明支持"，"在介绍文字和图片中不得诋毁竞争者"。

2. 不正当的比较广告

贬低其他生产经营者的商品或者服务的广告，就是不正当的比较广告。贬低是指给予不公正的评价。含有贬低内容的广告是指对相同的或者近似的一个或一组商品或者服务进行不公正的评价。有贬低内容的广告，具有以下特征。

（1）此类广告一般是针对竞争对象所进行的。采用不公正、不客观、捏造、恶意歪曲事实、影射、中伤和诋毁等不正当手段。

（2）此类广告的内容表现为通过比较，散布竞争对象的商品或者服务在质量、工艺、技术、价格等方面存在的不足或者问题，产生诋毁他人商业信誉的效果，以削弱其竞争能力，使其在经济上遭受损失。

（3）此类广告的广告主制作、发布此类广告时，在主观上是故意的。

（4）此类广告行为侵犯的客体是竞争对象的商业信誉和商品或者服务的声誉。损害了竞争对手在竞争中的合法权益，破坏了社会主义市场竞争秩序，属于不正当竞争行为，是违反广告法的行为，应当予以制止。

具体来讲，判断一个广告是否构成贬低他人商品或者服务，应当从其广告中是否含有指名或者不指名、特指或者泛指,直接或者间接地故意降低他人商品或者服务的评价,损害他人商品或者服务的商业信誉的内容。

(四)广告可识别性的要求

广告的可识别性是广告在形式上应当具有的,区别于其他信息传播的特征。广告应当具有可识别性,要求任何广告都必须清晰表明其特征,消费者能够轻易地辨认出广告主。当一则广告在含有新闻或者文章的媒介上发布时,应当轻而易举地被认作广告,避免消费者产生误解。

1. 大众传播媒介不得以新闻报道形式发布广告

大众传播媒介是利用集体力量将政治、经济和社会生活信息对社会公众进行大规模传播的各种工具和手段,发布广告是其发挥作用的一个重要方面。

因此,需要将广告与新闻加以区别。《广告管理条例》规定:"新闻单位刊播广告,应当有明确的标志。新闻单位不得以新闻报道形式刊播广告,收取费用;新闻记者不得借采访名义招揽广告。"

2. 通过大众传播媒介发布的广告应当有广告标记

为了使消费者能够辨识广告,防止误导发生,通过大众传播媒介发布的广告,应当有广告标记,以与其他非广告信息相区别,不得使消费者产生误解。

小贴士

新闻与广告之间的区别

新闻是指公开传播新近变动事实的信息,构成新闻价值的要素有时新性、重要性、接近性、显著性、兴趣性等。

新闻与广告之间具有明显的区别,主要的区别有两点:①新闻是无偿的,广告是有偿的;②新闻的目的是传播某种事实的信息,而广告的目的是推销某种商品或者服务。由于新闻在宣传党和国家方针政策上的导向性,新闻报道在人们心目中的可信度、权威性很高,尤其是出现在大众传播媒介上的经济新闻和报道,对人们的行为有明显的导向性。

个别新闻单位的人员为了"捞钱",刊播所谓的"新闻广告",混淆了新闻与广告的界限。为了制止这种现象,国家有关部门一再强调必须严格区分新闻和广告,如1993年7月31日中共中央宣传部、新闻出版署发布的《关于加强新闻队伍职业道德建设禁止"有偿新闻"的通知》中指出:"新闻与广告必须严格分开,不得以新闻报道的形式为被报道单位做广告。凡属新闻报道,新闻单位不得向被报道单位收取任何费用;凡收取费用而刊播的,应标明为'广告'。"

(五)广告社会责任的要求——保护未成年人和残疾人的身心健康

未成年人属于无民事行为能力人或者限制行为能力人,对自己的行为不能或者不能完全辨认和控制,其合法权益和身心健康容易受到损害。残疾人是在心理、生理和人体结构上,某些组织、功能丧失或者不正常,全部或者部分丧失以正常方式从事某种活动能力的人。

残疾人包括视力残疾、听力残疾、言语残疾、肢体残疾、智力残疾、精神残疾、多重残疾和其他残疾的人。残疾人是社会的一个特殊群体,保障残疾人合法权益是全社会义不容辞的责任。

案例
3-3

电视广告镜头一：江中小儿健胃消食片广告中，蒋雯丽饰演的母亲面对不肯吃饭的孩子，带着些许嗔怒问道："你吃不吃？一，二，三……"只见孩子一把将面前的饭碗推开。接下来，母亲拉开抽屉，抽屉里是满满一抽屉的江中牌小儿健胃消食片。这时，母亲拿起其中一盒对着镜头："饭前嚼一嚼，孩子胃口好，消化好！"

电视广告镜头二："我不要，我不要……"无论妈妈给什么样的碎冰冰，小男孩均是拒绝。而当妈妈拿出旺旺碎冰冰时，小男孩的态度来了个180°的大转弯，并激动地表示："我要！我要！我就要旺旺碎冰冰！"母亲竖起了大拇指，对小男孩的表现大加赞赏，小男孩的反应则是一脸的得意，认为自己坚持了自己想要的，是个"有主见"的人。

这些广告都以极具感情色彩和冲击力的画面吸引了很多少年儿童争相模仿，在他们心中，只要是自己想要的，通过蛮横无理的"撒娇"就能够得到；只要妈妈能满足自己的要求，就是好妈妈。很多家长为此哭笑不得，在无奈的同时心生疑虑。问：这些广告对儿童带来哪些不良影响？[1]

【解析】

电视作为一种具有极强影响力的大众媒体，它在传递文化的过程中，也在进行着潜在的思想观念灌输。对于辨别能力不完善的儿童来说，这种影响尤为巨大。广告主正是看中了儿童的这一弱点和他们间接的未来的购买力，在电视节目中投放儿童电视广告，通过儿童广告的娱乐性及趣味性，宣传、促销产品。

由于儿童缺乏对信息的完全认知和判断能力，因此，儿童在接收广告信息的时候不能完全对广告信息进行好与坏、是与非、对与错的判断，这样儿童电视广告中所表达的一些价值观就会对儿童道德观念的形成产生消极的影响。如儿童电视广告中表现出唯物质消费至上的观念，将物质追求放在第一位，把物质的获得与满足当成了生命中至高无上的目标。儿童电视广告中过度物欲的宣传与赞赏或许会让孩子形成了以是否满足其物质需求来衡量父母或其他成员的好坏的观念。

根据《广告法》的规定，广告不得损害未成年人和残疾人的身心健康，主要包括三方面内容。

（1）广告不得损害未成年人、残疾人的形象。

（2）广告的语言、文字和画面不得含有歧视、侮辱未成年人和残疾人的内容。

（3）适用于未成年人和残疾人的食品、用具和器械等商品的广告，应当真实、明白；所涉及商品的质量应当可靠，不得有害于未成年人和残疾人的安全和健康。

新修订的《广告法》为更好保护未成年人权益，根据未成年人身心发展规律和特点，对涉

---

① 不良儿童广告：江中健胃消食片、旺旺、果维康[N].世界新闻报，2010-09-01.

及未成年人的广告活动做出严格规范。《广告法》规定,不得在中小学校、幼儿园内开展广告活动,不得利用中小学生和幼儿的教材、教辅材料、练习册、文具、教具、校服、校车等发布或者变相发布广告,但公益广告除外。在针对未成年人的大众传播媒介上不得发布医疗、药品、保健食品、医疗器械、化妆品、酒类、美容广告,以及不利于未成年人身心健康的网络游戏广告。针对不满十四周岁的未成年人的商品或者服务的广告不得含有下列内容:

(1) 劝诱其要求家长购买广告商品或者服务。

(2) 可能引发其模仿不安全行为。

小贴士

《广告审查标准》中对儿童广告的要求

不得发布下列儿童广告:①有损儿童的身心健康或道德品质的;②利用儿童给家长施加购买压力的;③影响儿童对长辈和他人尊重或友善的;④影响父母、长辈对儿童进行正确教育的;⑤以是否拥有某种商品使儿童产生优越感或自卑感;⑥儿童模特对宣传的商品的演示超出一般儿童行为能力的;⑦表现不应由儿童单独从事的某种活动的;⑧可能引发儿童任何不良事故或行为的;⑨利用超出儿童判断力的描述,使儿童误解,或者变相欺骗儿童的;⑩使用教师或儿童教育家、儿童文艺作家、儿童表演艺术家等名义、身份或形象的。

第三节　广告的特殊准则

广告的特殊准则是特殊商品或者服务的广告在内容和形式上所做的特别规定,是广告一般准则的具体化,是对广告一般准则的补充。这些特殊商品或者服务的广告,包括药品广告、医疗器械广告、农药广告、兽药广告、医疗广告、食品广告、化妆品广告、烟草广告和酒类广告等。由于它们与消费者的身心健康、人身、财产安全和日常生活密切相关,属于国家实行特殊管理的商品或者服务,所以,为了保护人民群众的生命、财产安全,保护消费者的合法权益,此类广告,除必须符合广告法的一般准则,还必须遵守广告法对这些特殊商品或者服务广告所做出的专门规定。

知识链接

广告特殊准则的法律渊源

《广告法》第 14 条至第 19 条是广告的特殊准则。此外,《广告审查标准》《药品广告审查办法》《药品广告审查发布标准》《医疗器械广告审查标准》《农药广告审查标准》《兽药广告审查标准》《医疗广告管理办法》《食品广告管理办法》《化妆品管理办法》《烟草广告管理暂行办法》《酒类广告管理办法》等行政法规的相关规定,也属于广告的特殊准则,对广告法起到了重要的补充作用。

一、药品广告、医疗器械广告、农药广告和兽药广告

药品、医疗器械、农药和兽药是与人和动物、植物的健康和安全直接相关的商品,是《广告法》规定发布前必须由有关行政主管部门进行审查的特殊商品,在其发布标准方面有共

同性。

（一）药品、医疗器械、农药和兽药的概念

药品是指用于预防、治疗、诊断人的疾病，有目的地调节人的生理机能并规定有适应症、用法和用量的物质，包括中药材、中药饮品、中成药、化学原料药及其制剂、抗生素、生化药品、放射性药品、血清疫苗、血液制品和诊断药品等。

医疗器械包括用于人体疾病诊断、治疗、预防，调节人体生理功能或替代人体器官的仪器、设备、装置、器具、植入物、材料及其相关物品。

农药包括用于防治农、林、牧业的病、虫、杂草、鼠害和其他有害生物以及调节植物、昆虫生长的药物（包括化学农药的原药、加工制剂及生物农药）。

兽药是指用于预防、治疗、诊断畜、禽等动物疾病，有目的地调节其生理机能并规定作用、用法、用量的物质（含饲料药物添加剂），包括：血清、菌（疫）苗、诊断液等生物制品；兽用中药材、中成药、化学原料药及其制剂；抗生素、生物药品、放射性药品。

（二）药品广告、医疗器械广告、农药广告和兽药广告共同的禁止性标准

1. 此类广告禁止性要求

根据《广告法》的规定，禁止在依照药品管理法律、行政法规确定的药学、医学专业刊物以外的媒介发布处方药广告。药品广告的内容不得与国务院药品监督管理部门批准的说明书不一致，并应当显著标明禁忌、不良反应。处方药广告应当在显著位置标明"本广告仅供医学药学专业人士阅读"字样，非处方药广告应当在显著位置标明"请按药品说明书或者在药师指导下购买和使用"字样。

推荐给个人自用的医疗器械的广告，应当标明"请仔细阅读产品说明书或者在医务人员的指导下购买和使用"字样。医疗器械产品注册证明文件中有禁忌内容、注意事项的，广告中应当标明"禁忌内容或者注意事项详见说明书"字样。

2. 药品、保健食品、医疗器械、医疗广告应当符合下列要求

根据《广告法》的规定，结合《药品广告审查发布标准》《医疗器械广告审查标准》《农药广告审查标准》和《兽药广告审查标准》的相关规定。

（1）不得含有不科学的表示功效的断言或者保证。

（2）不得说明治愈率或者有效率。

（3）不得与其他药品、医疗器械的功效和安全性或者其他医疗机构比较。

（4）不得利用医药科研单位、学术机构、医疗机构、行业协会或者专业人士、患者的名义作推荐、证明。

（5）不得含有法律、行政法规规定禁止的其他内容。

麻醉药品、精神药品、医疗用毒性药品、放射性药品等特殊药品以及戒毒治疗的药品、医疗器械和治疗方法，不得作为广告。

案例
3-4

"中华医学会临床协作单位"……这些响当当的头衔，是不是让人觉得眼前一亮？2016 年 3 月 10 日，A 市工商局公布 2015 年度"打击广告虚假宣传案例"，揭露市面上常见的虚假广告骗局。

2016 年 7 月，吉林省 A 市 B 眼科医院利用新闻形式发布了含有当事人的地址、联系方式等内容的医疗广告。广告中含有"A 市 B 眼科医院是一家外商投资的专业眼科医院"语言，将个人独资企业称为是外商投资的专业眼科医院。同时，使用了"国务院特殊津贴专家亲诊""问鼎中国男科最高成就""国家卫生部首批 AAA 专科医院"等广告用语。① 问：A 市 B 眼科医院的广告违反了哪些法律规定？

【解析】

A 市 B 眼科医院利用新闻形式进行广告宣传属于虚假宣传行为，使用了法律禁止的绝对化用语。违反了：①《广告法》第 4 条的规定，广告不得含有虚假的内容，不得欺骗和误导消费者；②第 7 条第 2 款的规定，广告不得有下列情形……（三）使用国家级、最高级、最佳等用语；③《医疗广告管理办法》第 16 条"禁止利用新闻形式、医疗资讯服务类专题节（栏）目发布或变相发布医疗广告。有关医疗机构的人物专访、专题报道等宣传内容，可以出现医疗机构名称，但不得出现有关医疗机构的地址、联系方式等医疗广告内容；不得在同一媒介的同一时间段或者版面发布该医疗机构的广告"的规定。

A 市 B 眼科医院构成发布虚假医疗广告行为。依据《广告法》和《医疗广告管理办法》等相关规定予以处罚。

（三）药品广告的特殊标准

根据《广告法》关于药品广告准则和发布前审查的规定，1995 年 3 月，国家工商行政管理局发布了《药品广告审查标准》，国家工商行政管理局和卫生部联合发布了《药品广告审查办法》。随着药品管理法律、法规的调整和修订以及管理体制的变化，为保证药品广告真实、合法、科学，国家工商行政管理总局与国家食品药品监督管理局经过调查研究和多次讨论修改，于 2007 年 3 月重新修订了《药品广告审查发布标准》，自 2007 年 5 月 1 日起施行。

1. 药品广告主体的禁止性规定

（1）麻醉药品、精神药品、医疗用毒性药品、放射性药品。

（2）医疗机构配制的制剂。

（3）军队特需药品。

（4）国家食品药品监督管理局依法明令停止或者禁止生产、销售和使用的药品。

（5）批准试生产的药品。

以上五类药品不得做宣传广告。

特殊药品不得做广告

按照国务院发布的《麻醉药品管理办法》的规定，麻醉药品是指连续使用后易产生生理依赖性、能成瘾癖的药品。麻醉药品包括阿片类、可卡因类、大麻类、合成麻醉药类及卫生部指定的其他易成瘾癖的药品、药用原植物及其制剂。精神药品是指直接作用于中枢神经系统，使之兴奋或抑制，连续使用能产生依赖性的药品。精神药品包括安钠咖、布桂嗪、氨酚待因片、复方樟脑酊等。

---

① 张雅静.工商局公布广告虚假宣传案例 虚假广告均有特征［N］.城市晚报,2014-03-11.

依据精神药品使人体产生的依赖性和危害人体健康的程度，分为第一类和第二类，各类精神药品的品种由卫生部确定。毒性药品，医疗用毒性药品（简称毒性药品）是指毒性剧烈、治疗剂量与中毒剂量相近，使用不当会致人中毒或死亡的药品。毒性药品的管理品种，由卫生部会同国家医药管理局、国家中医药管理局规定。放射性药品是指用于临床诊断或者治疗的放射性核素制剂或者其标记药物。

由于麻醉药品、精神药品、毒性药品、放射性药品等属于特殊药品，具有两重性，使用得当，可以治病救人，使用不当，将危害人民的生命健康。因此，《药品管理法》第39条明确规定，国家对麻醉药品、精神药品、毒性药品、放射性药品，实行特殊的管理办法。管理办法由国务院制定。

正是因为麻醉药品、精神药品、毒性药品、放射性药品等特殊药品具有两重性、国家实行特殊管理等的特点，所以麻醉药品、精神药品、毒性药品、放射性药品等特殊药品不得做广告。

2. 药品广告必须标明的内容

（1）应当在医生指导下使用的治疗性药品广告中，必须注明按医生处方购买和使用。

（2）药品广告必须标明药品的通用名称、忠告语、药品广告批准文号、药品生产批准文号、药品生产企业或者药品经营企业名称。

（3）处方药广告的忠告语是：本广告仅供医学药学专业人士阅读。非处方药广告的忠告语是：请按药品说明书或在药师指导下购买和使用。

（四）医疗器械广告的特殊标准

为了保证医疗器械广告的真实、合法和科学，加强对医疗器械广告的管理，保障人民身体健康，除了《广告法》的相关规定，国家工商行政管理局于1995年3月发布《医疗器械广告审查标准》，对医疗器械广告发布标准进行了具体规定。

1. 医疗器械广告的禁止性规定

（1）未经国家医药管理机关，或省、自治区、直辖市医药管理机关（或同级医药行政监督管理部门）批准进入市场的医疗器械。

（2）未经生产者所在国（地区）政府批准进入市场的境外生产的医疗器械。

（3）应当取得生产许可证而未取得生产许可证的生产者生产的医疗器械。

（4）扩大临床试用、试生产阶段的医疗器械。

（5）治疗艾滋病，改善和治性功能障碍的医疗器械。

2. 医疗器械广告必须标明的内容

（1）推荐给个人使用的医疗器械，应当标明请在医生指导下使用。

（2）医疗器械广告的批准文号应当列为广告内容同时发布。

（五）农药广告的特殊标准

（1）未经国家批准登记的农药不得发布广告。

（2）农药广告内容应当与《农药登记证》和《农药登记公告》内容相符。

（3）农药广告不得使用直接或者暗示方法，使人在产品安全性、适用性等方面产生错觉。

（4）农药广告不得滥用未经国家认可的研究成果或者不科学的词句、术语。

（5）农药广告不得出现违反农药安全使用规定的用语、画面。

（6）农药广告的批准文号应当列为广告内容同时发布。

（六）兽药广告的特殊标准

根据《广告法》第 19 条的规定，农药、兽药、饲料和饲料添加剂广告应当符合下列要求。

（1）不得含有表明安全性的绝对化断言。

（2）不得含有不科学的表示功效的断言或者保证。

（3）不得利用科研单位、学术机构、技术推广机构、行业协会或者专业人士、用户的名义作推荐、证明。

（4）不得说明有效率。

（5）不得含有违反安全使用规程的文字、语言或者画面。

（6）不得含有法律、行政法规规定禁止的其他内容。

为了保证兽药广告的真实、合法、科学，加强兽药广告的管理，除了《广告法》相关规定，国家工商行政管理局于 1995 年 3 月 28 日发布《兽药广告审查标准》，对兽药广告发布标准做了具体规定。

根据《兽药广告审查标准》的规定，下列兽药不得发布广告。

（1）兽用麻醉药品、精神药品以及兽医医疗单位配制的兽药制剂。

（2）所含成分的种类、含量、名称与国家标准或者地方标准不符的兽药。

（3）临床应用发现超出规定毒副作用的兽药；兽药广告不得贬低同类产品，不得与其他兽药进行功效和安全性对比。

（4）国务院农牧行政管理部门明令禁止使用的，未取得兽药产品批准文号或者未取得《进口兽药登记许可证》的兽药。

知识链接

国家工商总局 2015 年下半年，新《广告法》实施以后，共查处"十大传世名画""五行开运中国五大投资手串——金斗寻宝"和"五粮液帝王经典酒"等多个典型违法广告案件。

1. "十大传世名画"违法广告案件

当事人在电视广告中宣称"免费发放"所谓的国家限量发行的"传世名画"，升值空间巨大，并在广告中由赵某、侯某等名人为其作推荐、证明。经工商部门调查核实，所谓的"传世名画"只是浙江某工艺品厂生产的印刷品。在这起当事人冒用所谓"文化惠民工程"免费发放国宝级十大传世名画的虚假广告案件中，工商行政管理机关对违法广告主处以罚款额达 91.82 万元。在 2015 年下半年查处的案件中，本案罚没款数额最高，而且涉及名人。

2. "五行开运中国五大投资手串——金斗寻宝"违法广告案件

广告采用相声演员李某和主持人崔某采访中国木材与木制品流通协会红木流通专业委员会副秘书长钟某的节目访谈形式，广告中含有"中国最有价值的五大文玩投资手串套组……"等内容，经查，当事人在广告中宣称的手串材质与销售的手串材质明显不符。工商行政管理机关对广告主处以 8 万元的罚款。

3. 网店广告宣称"最极致"罚 20 万元的互联网违法广告案件

广东省东莞市圣宝电子制造有限公司在互联网开设网店,网店名称为圣宝旗舰店。其网页使用"顶级配置重低音蓝牙音响""最极致的声音体验"等广告用语。当事人构成使用绝对化广告用语行为,当地工商行政管理机关对当事人处以罚款20 万元。

4. 违背社会良好风尚的违法广告案件

北京某信息技术公司为推销该公司的 APP 产品,提高品牌曝光度,在 2015 年11 月 3 日上午 12 时许,组织十几名身穿比基尼的女模特在人群密集的公共场所开展营销活动,这些女子穿着暴露,手臂上、臀部印有该公司名称和"用我"文字及二维码。工商行政管理机关认定,该商业广告活动,利用女性暴露身体,吸引关注,品位低俗,有违社会良好风尚。该案已经进入行政处罚阶段。

5. 酒类虚假广告泛滥"五粮液"涉案

四川省某公司广告直接宣称该公司生产的白酒是"五粮液帝王经典酒"。该酒实际是"帝王经典"特醇,注册商标为"帝王经典",并非正宗"五粮液",该广告以虚假的内容欺骗误导消费者,构成了虚假广告,损害了消费者的合法权益。该案已经进入行政处罚阶段。

二、医疗广告

为了保证医疗广告的真实、合法、科学,加强医疗广告管理,保障人民身体健康,除了《广告法》相关规定外,国家工商行政管理局和卫生部于 1993 年 9 月联合发布《医疗广告管理办法》,该办法于 2006 年进行了修改,修改后的《医疗广告管理办法》自 2007 年 1 月 1 日起施行,该办法对药品医疗广告的发布标准做了具体规定。

（一）医疗广告的概念

按照《医疗广告管理办法》的规定,医疗广告是指利用各种媒介或者形式直接或间接介绍医疗机构或医疗服务的广告。

（二）医疗广告的特殊标准

1. 医疗广告的禁止性规定

在医疗广告中,以下内容禁止在医疗广告中出现。

（1）涉及医疗技术、诊疗方法、疾病名称、药物。

（2）保证治愈或者隐含保证治愈。

（3）宣传治愈率、有效率等诊疗效果。

（4）有淫秽、迷信、荒诞的语言、文字、画面。

（5）贬低他人。

（6）利用患者、卫生技术人员、医学教育科研机构及人员以及其他社团、组织的名义、形象作证明。

（7）使用解放军和武警部队名义。

（8）以新闻报道形式发布医疗广告。

（9）法律、行政法规规定禁止的其他情形。

2. 医疗广告的限制规定

（1）未取得《医疗机构执业许可证》的，不得发布医疗广告。

（2）不得以医疗机构内部科室名义发布医疗广告。

（3）取得省级卫生行政部门出具的《医疗广告审查证明》，才有资格发布医疗广告。

《广告法》明确规定，除药品、医疗器械、医疗广告外，禁止其他任何广告涉及疾病治疗功能，并不得使用医疗用语或者易使推销的商品与药品、医疗器械相混淆的用语。

三、食品广告

为加强食品广告管理，保障人民身体健康，2009年2月28日十一届全国人大常委会通过《食品安全法》，于2009年6月1日起施行，对发布食品广告做出新的规定，对《广告法》的相关规定起到补充和完善作用。

（一）食品广告的概念

食品广告包括普通食品广告、保健食品广告、新资源食品广告和特殊营养食品广告。保健食品是指具有特定保健功能，适用于特定人群，具有调节机体功能，不以治疗疾病为目的的食品。新资源食品是指以在我国新研制、新发现、新引进的无食用习惯或者仅在个别地区有食用习惯的，符合食品基本要求的物品生产的食品。特殊营养食品是指通过改变食品的天然营养素成分和含量比例，以适应某些特殊人群营养需要的食品。

（二）食品广告的特殊标准

1. 食品广告必须符合卫生许可

《广告法》规定："食品广告内容必须符合卫生许可的事项。食品本身必须符合卫生许可事项，食品广告内容也必须符合卫生许可的事项，即卫生行政部门或者卫生行政部门认可的检验单位出具的产品检验合格证中记载的事项。"

2. 食品广告的禁止性规定

（1）《食品安全法》禁止生产经营的食品不能做广告

《食品安全法》规定，禁止生产经营下列食品。

① 用非食品原料生产的食品或者添加食品添加剂以外的化学物质和其他可能危害人体健康物质的食品，或者用回收食品作为原料生产的食品。

② 致病性微生物、农药残留、兽药残留、重金属、污染物质以及其他危害人体健康的物质含量超过食品安全标准限量的食品。

③ 营养成分不符合食品安全标准的专供婴幼儿和其他特定人群的主辅食品。

④ 腐败变质、油脂酸败、霉变生虫、污秽不洁、混有异物、掺假掺杂或者感官性状异常的食品。

⑤ 病死、毒死或者死因不明的禽、畜、兽、水产动物肉类及其制品。

⑥ 未经动物卫生监督机构检疫或者检疫不合格的肉类，或者未经检验或者检验不合格的肉类制品。

⑦ 被包装材料、容器、运输工具等污染的食品。

⑧ 超过保质期的食品。

⑨ 无标签的预包装食品。

⑩ 国家为防病等特殊需要明令禁止生产经营的食品。

⑪ 其他不符合食品安全标准或者要求的食品。

（2）母乳代用品不得发布广告

《母乳代用品销售管理办法》规定："禁止发布母乳代用品广告。"母乳代用品是指市场销售或者通过其他途径提供的，部分或者全部作为母乳代用品的任何食品，包括婴儿配方食品，以及在市场销售或者以其他形式提供的经改制或者不经改制适用于全部或者部分代替母乳的其他乳制品、食品和材料，包括瓶饲辅助食品、饲瓶和奶嘴。

（3）宣传食品疗效的广告禁止发布

《食品安全法》规定："食品广告的内容应当真实合法，不得含有虚假、夸大的内容，不得涉及疾病预防、治疗功能。食品安全监督管理部门或者承担食品检验职责的机构、食品行业协会、消费者协会不得以广告或者其他形式向消费者推荐食品。"

3. 推荐食品者需承担连带责任

《食品安全法》规定："社会团体或者其他组织、个人在虚假广告中向消费者推荐食品，使消费者的合法权益受到损害的，与食品生产经营者承担连带责任。"

（三）保健食品不得夸大其词

近年来，保健食品、医疗、药品广告日益成为虚假广告"重灾区"。修订后的《广告法》对保健食品广告做出了更有针对性的严格规范。

保健食品广告准则单列一条规定，不得含有下列内容：表示功效、安全性的断言或者保证；涉及疾病预防、治疗功能；声称或者暗示广告商品为保障健康所必需；与药品、其他保健食品进行比较；利用广告代言人作推荐、证明；法律、行政法规规定禁止的其他内容。

法律还规定，保健食品广告应当显著标明"本品不能代替药物"。

（四）规范广告促进母乳喂养

母乳是婴儿最理想的食品。为促进母乳喂养，《广告法》规定，禁止在大众传播媒介或者公共场所发布声称全部或者部分替代母乳的婴儿乳制品、饮料和其他食品广告。

四、化妆品广告

化妆品事关人体健康与安全，质量低劣、粗制滥造的化妆品容易造成人体损伤，甚至发生严重事故，因此，化妆品广告是广告管理的重要方面，国家工商行政管理局于 1993 年 7 月发布《化妆品广告管理办法》，自 1993 年 10 月 1 日起施行，该办法对化妆品广告的具体发布标准进行了规定。

（一）化妆品的概念

《化妆品广告管理办法》规定："化妆品是指以涂擦、喷洒或者其他类似的办法，散布于人体表面任何部位（皮肤、毛发、指甲、口唇等），以达到清洁、消除不良气味、护肤、美容和修饰目的的日用化学工业产品。特殊用途化妆品是指用于育发、染发、烫发、脱毛、美乳、健美、除臭、祛斑、防晒的化妆品。"

（二）化妆品广告的特殊标准

1. 化妆品广告必须符合卫生许可

（1）化妆品广告的内容必须符合卫生行政部门或者卫生行政部门认可的检验单位出具

的产品检验合格证中记载的事项。

（2）化妆品广告涉及的广告主名称、法定代表人、经营场所等事项，应当与卫生行政部门颁发的卫生许可证记载的事项相符。

2. 化妆品广告不得使用医疗用语或者易与药品混淆的用语

《广告法》规定："化妆品广告内容不得使用医疗用语或者易与药品混淆的用语。"《化妆品管理办法》规定："化妆品广告不得出现宣传医疗作用或者使用医疗术语的内容。"国务院颁布的《化妆品卫生监督条例》规定："化妆品标签、小包装或者说明书上不得注有适应症，不得宣传疗效，不得使用医疗术语。"

3. 化妆品广告禁止性内容

（1）化妆品名称、制法、成分、效用或者性能有虚假夸大的。

（2）使用他人名义保证或者以暗示方法使人误解其效用的。

（3）宣传医疗作用或者使用医疗术语的。

（4）有贬低同类产品内容的。

（5）使用最新创造、最新发明、纯天然制品、无副作用等绝对化语言的。

（6）有涉及化妆品性能或者功能、销量等方面的数据的。

（7）违反其他法律、法规规定的。

4. 停止发布化妆品广告的具体情形

（1）化妆品引起严重的皮肤过敏反应或者给消费者造成严重人身伤害等事故的。

（2）化妆品质量下降而未达到规定标准的。

（3）营业执照、《化妆品生产企业卫生许可证》或者《化妆品生产许可证》被吊销的。

五、烟草广告

为了加强对烟草广告的监督管理，保障人民身体健康，除了《广告法》的相关规定外，国家工商行政管理局于 1995 年 12 月 20 日发布《烟草广告管理暂行办法》，1996 年 12 月 30 日发布并实施修订后的《烟草广告管理暂行办法》，对具体的烟草广告发布做了规定。

（一）烟草广告的概念

烟草广告是指烟草制品生产者或者经营者承担费用，通过一定媒介和形式介绍自己或者自己生产经营的烟草制品，含有烟草企业名称、标识、烟草制品名称、商标、包装、装潢等内容，扩大烟草在公众中的影响，促进其销售的广告。

烟草广告的形式

（1）直接介绍烟草制品或者出现烟草制品名称、商标的广告。

（2）虽不直接介绍烟草制品或者不出现烟草制品名称、商标，但是属于宣传烟草企业形象的广告。

（3）既不宣传烟草制品、烟草企业形象，也不出现烟草制品名称、商标，而是通过赞助举办某一专栏节目，或者体育赛事，在大众传播媒介或者比赛场地标示该烟草企业名称或者形象。

（二）烟草广告

新修订的《广告法》对发布烟草广告的媒介、形式、场所以及烟草广告内容作了严格限制。

1. 烟草广告媒介的限制

（1）禁止利用广播、电影、电视、报纸、期刊、图书、音像制品、电子出版物、移动通信网络、互联网等大众传播媒介和形式发布或者变相发布烟草广告。

（2）禁止在各类等候室、影剧院、会议厅堂、体育比赛场馆、图书馆、文化馆、博物馆、公园等公共场所以及医院和学校的建筑控制地带、公共交通工具设置烟草广告。禁止设置户外烟草广告。

2. 烟草广告内容的限制

根据《烟草广告管理暂行办法》的规定，烟草广告中不得有下列情形。

（1）不得出现吸烟形象。

（2）不得使用未成年人的名义或者形象。

（3）不得诱导、怂恿吸烟。

（4）不得明示或者暗示吸烟有消除紧张和焦虑、增加体力等功效。

发布烟草广告，应当经县级以上地方工商行政管理部门批准。经批准发布的烟草广告中应当标明"吸烟有害健康"字样。

六、酒类广告

为了加强对酒类广告的管理，保护消费者的合法权益，维护社会良好风尚，除了《广告法》的相关规定外，国家工商行政管理局于 1995 年 11 月 17 日制定《酒类广告管理办法》，自 1996 年 1 月 1 日起施行，该办法对酒类广告的具体发布标准进行了规定。

（一）酒类广告的概念

从产品分类上讲，酒类属于食品范畴，将酒类专列，特指与其他饮料不同，含有酒精的饮料，如白酒、啤酒、黄酒、葡萄酒等。

《酒类广告管理办法》规定："本办法所称酒类广告是指含有酒类商品名称、商标、包装、制酒企业名称等内容的广告。"

（二）酒类广告的特殊标准

1. 酒类广告必须符合卫生许可

《广告法》规定："酒类广告内容必须符合卫生许可的事项。酒类本身必须符合卫生许可事项，酒类广告内容也必须符合卫生许可的事项，即卫生行政部门或者卫生行政部门认可的检验单位出具的产品检验合格证中记载的事项。"

2. 酒类广告的禁止性规定

根据《广告法》的规定，酒类广告应当符合下列要求。

（1）不得出现吸烟、饮酒形象。

（2）不得使用未成年人的名义或者形象。

（3）不得诱导、怂恿吸烟、饮酒或者宣传无节制饮酒。

（4）不得明示或者暗示吸烟、饮酒有消除紧张和焦虑、增加体力等功效。

根据《酒类广告管理办法》的规定,酒类广告中不得出现以下内容。

(1)鼓励、倡导、引诱饮酒或者宣传无节制饮酒。

(2)饮酒的动作。

(3)未成年人形象。

(4)表现驾驶车、船、飞机等具有潜在危险的活动。

(5)不科学的明示或者暗示,如增加体力、消除紧张和焦虑等。

(6)把个人、商业、社会、体育、性生活或者其他方面的成功归因于饮酒的明示或者暗示。

(7)关于酒类商品的各种评优、评奖、评名牌、推荐等评比结果。

(8)不符合社会主义精神文明建设的要求,违背社会良好风尚的不科学、不真实的其他内容。

另外,在各类临时性广告活动中,以及含有附带赠送礼品的广告中,不得将酒类商品作为奖品或者礼品出现。

3. 酒类广告的限制性规定

根据《酒类广告管理办法》的规定,大众传播媒介发布酒类广告,不得违反下列规定。

(1)电视每套节目每日发布的酒类广告,特殊时段(19:00—21:00)不超过两条,普通时段不超过十条。

(2)广播每套节目每小时发布的酒类广告不得超过两条。

(3)报纸、期刊每期发布的酒类广告,不得超过两条,并且不得在报纸第一版、期刊封面发布。

七、教育广告

根据《广告法》的规定,教育、培训广告应当符合下列要求。

(1)不得对升学、通过考试、获得学位学历或者合格证书,或者对教育、培训的效果做出保证性承诺。

(2)不得宣传有考试机构或者其工作人员、考试命题人员参与教育、培训。

(3)不得利用科研机构、学术机构、行业协会、专业人士、受益者的名义作推荐、证明。

八、有投资回报预期的商品或者服务广告

根据《广告法》的规定,招商等有投资回报预期的商品或者服务广告应当符合下列要求。

(1)对可能存在的风险以及风险责任承担有合理提示或者警示。

(2)不得对未来效果、收益或者与其相关的情况做出保证性承诺,不得明示或者暗示保本、无风险或者保收益等,国家另有规定的除外。

明示主要是以明确的表达意愿等,包括口头和书面形式的要式行为。暗示即默示。默示包括作为和不作为两种,也就是推定和沉默,推定是指当事人并不用口头和书面形式而是实施某种积极行为进行的一种意思表示,不作为也就是沉默,是指当事人不用口头和书面形式而是通过实施某种消极行为进行意思表示。在有投资回报预期的商品或者服务广告中不得出现保证性承诺,对未来效果、收益等做成承诺。不得采取明示或者暗示等方式承诺保本、无风险或者保收益。

（3）不得利用学术机构、行业协会、专业人士、受益者的名义作推荐、证明。

九、房地产广告

房地产广告应当符合下列要求。

（1）不得出现融资或者变相融资的内容，不得含有升值或者投资回报的承诺。

（2）项目位置应当以该项目到达某一具体参照物的现有交通干道的实际距离表示，不得以所需时间表示。

（3）涉及价格的应当符合国家有关规定，并明示价格的有效期限。

（4）涉及规划或者建设中的交通、商业、文化教育设施以及其他市政条件的，应当明确表示。

（5）面积应当表明为建筑面积或者套内建筑面积。

（6）房源信息应当真实。

十、种子、种畜禽、种苗和种养殖广告

农作物种子、林木种子、草种子、种畜禽、水产苗种和种养殖广告关于品种名称、生产性能、生长量或者产量、品质、抗性、特殊使用价值、经济价值、适宜种植或者养殖的范围和条件等方面的表述应当真实、清楚、明白，并应当符合下列要求。

（1）不得作科学上无法验证的断言。

（2）不得含有不科学的表示功效的断言或者保证。

（3）不得对经济效益进行分析、预测或者作保证性承诺。

（4）不得利用科研单位、学术机构、技术推广机构、行业协会或者专业人士、用户的名义作推荐、证明。

实训练习

一、选择题

1. 广告准则从规范对象上分为（　　　）和（　　　）。

　　A. 内容准则　　　　B. 形式准则　　　　C. 法定准则　　　　D. 非法定准则

2. 广告内容的基本要求包括（　　　）。

　　A. 广告应当有利于人民身心健康　　　　B. 广告应当促进商品和服务质量的提高

　　C. 广告应当保护消费者合法权益　　　　D. 广告应当遵守社会公德和职业道德

3. 广告中不得有（　　　）的内容。

　　A. 妨碍社会安定　　　　　　　　　　　B. 危害人身安全

　　C. 财产安全　　　　　　　　　　　　　D. 损害社会公共利益

4. 以下（　　　）等类药品不得做宣传广告。

　　A. 麻醉药品、精神药品、医疗用毒性药品、放射性药品

　　B. 医疗机构配制的制剂

　　C. 军队特需药品

　　D. 批准试生产的药品

5. 以下（　　）的内容禁止在医疗广告中出现。

A. 涉及医疗技术、诊疗方法、疾病名称、药物

B. 保证治愈或者隐含保证治愈

C. 宣传治愈率、有效率等诊疗效果的

D. 贬低他人

二、简述题

1. 简述广告准则的概念与作用。

2. 简述广告内容的基本要求。

3. 简述禁止发布的广告内容。

4. 简述比较广告与贬低他人广告之间的区别。

5. 简述广告社会责任的要求。

三、案例分析题

1. 陕西省西安市某路南段出现大小相同的四幅广告牌，每幅广告牌大约长 10 米高 6 米，其中第一幅广告牌的主角是奥巴马，在他的巨幅照片的左上角写着奥巴马的介绍：1993 年毕业于常春藤联盟哥伦比亚大学，在图片的右方印有"我们赖以成功的价值从未改变"中英文对照字样。在奥巴马的北边还有比尔·盖茨、李政道、巴菲特的巨幅照片，均以同样的方式出现在广告牌上。

分析：这样的广告有哪些违规之处？

2. 2016 年 5 月，安徽省合肥市电视台播出了药械类广告片：患者何大妈患腰椎病十多年，瘫痪在床 3 年，后来女儿给她买了"风古康穴位磁贴"，贴了一个疗程腿就恢复了知觉，贴了 3 个疗程就能下床走路，活动自如了。广告中标示名称为"风古康穴位磁贴"，产品名称为"穴位磁贴"医疗器械。很快，这则广告就被合肥市工商行政管理局在广告监测中发现，在发布广告中含有涉嫌严重违法情形。

分析：这则药械类广告有哪些严重违法的情形？

第四章

广告活动行为

本章学习目标

通过学习使学生理解广告证明的法律规范,广告活动中有关人格权的法律规范。熟悉广告收费的法律规范。掌握广告合同的法律规范,广告代理的法律规范,广告活动中反不正当竞争行为的法律规范。

引例

2015年浙江省黄岩区A公司将其所有的东浦大厦的第三、第四楼层有偿出租给浙江黄岩区B公司。协议中写明,B公司对租赁的房屋进行装潢,必须将批准的装修方案及图纸提供给A公司,经同意后方可施工。B公司的装潢必须符合消防、治安、建筑、规划和环保等法规,装潢费用及其违章造成的一切经济损失均自负。租用期为6年。2016年4月20日,B公司在未告知A公司的情况下,以B公司的名义,将承租大厦楼层部分的街面墙约80平方米,以4万元的租金出租给C公司作为广告位,时间为4年。

广告牌设置后,A公司经多次交涉未果、以财产遭到损害为由向法院起诉,要求B公司和C公司拆除广告牌并赔偿损失。问:本案如何解决?

【解析】

法院依法判决:被告B公司在东浦大厦处设置广告牌在判决生效后10日内拆除。同时按该租赁费计算给付原告A公司自安装广告牌之日起至拆除之日止的广告位补偿费。被告C公司对补偿费负连带责任。被告B公司返还给被告C公司广告位租赁费4万元。

原告A公司在与被告B公司签订房屋租赁协议时,未明确载明被告可以将租赁房屋门面外墙转租给他人安装广告。而被告 B 公司未经原告同意擅自将该屋门面外墙出租给被告 C 公司设置广告，其行为侵犯了原告的合法权益，应承担民事侵权责任。

被告 C 公司在未了解被告 B 公司是否有转租权的情况下与其签订协议，存有过失，也应承担一定的过错责任。两被告签订的协议中有关租赁设置广告位的条款无效。

第一节　广告合同的法律规范

一、广告合同的概念和特征

（一）广告合同的概念

根据《广告法》的规定，广告主、广告经营者、广告发布者之间在广告活动中应当依法订立书面合同，明确各方的权利和义务。据此，广告合同是指广告主、广告经营者、广告发布者之间在广告活动中依法订立的明确各方权利和义务关系的书面协议。

（二）广告合同的特征

广告合同具有合同的一般特征，广告合同还具有其自身的特征。

1. 广告合同是要式合同

根据合同的成立是否需要采用特定的形式作为标准，合同可以分为要式合同和不要式合同。根据《广告法》的规定，广告主、广告经营者、广告发布者之间在广告活动中所订立的合同应当采用书面合同。

2. 广告合同是双务合同

广告合同属于双务合同，广告经营者和广告发布者接受广告主的委托，一般情况下都要收取一定的费用，即合同一方当事人有义务依照合同的约定提供广告设计、制作、代理、发布等服务，对方当事人有支付相应报酬的义务。

3. 广告合同是有偿合同

广告经营者和广告发布者提供广告设计、制作、代理、发布等项服务，收取一定的报酬；另一方当事人接受广告设计、制作、代理、发布等项服务，并支付相应的报酬。

4. 广告合同是无名合同

凡是法律上没有规定名称，也没有对其特别做出规定的合同是无名合同。广告合同属于无名合同，适用《合同法》总则的一般性规定，不同的广告合同可以参照适用《合同法》分则中所规定的相类似合同的规定。

二、广告合同的订立

广告合同的订立是当事人就合同的条款进行协商并达成一致意见的过程。当事人订立合同的过程，可以分为两个阶段，即提出订约提议（要约）和接受提议（承诺）。

（一）要约

1. 要约的定义

要约是指希望和他人订立合同的意思表示。

2. 要约应当具备的条件

（1）要约是特定的人进行的意思表示。

（2）一般情况下，要约也是向特定的人发出的。

（3）要约必须以缔结合同为目的。

（4）要约的内容必须具体确定，应当包括合同成立的主要条款或者主要条件。

（5）要约应当表明要约人在受要约人承诺时即受该意思表示约束的意思。

3. 要约生效的时间

要约到达受要约人时生效。

4. 要约的撤回与撤销

（1）要约可以撤回。撤回要约的通知应当在要约到达受要约人之前或者与要约同时到达受要约人。

（2）要约可以撤销。撤销要约的通知应当在受要约人发出承诺通知之前到达受要约人。

要约人不得撤销要约的情况

（1）要约人确定了承诺期限或者以其他形式明示要约不可撤销。

（2）受要约人有理由认为要约是不可撤销的，并已经为履行合同做了准备工作。

5. 要约失效

要约失效是要约丧失了法律拘束力，对要约人和受要约人不再产生拘束力。要约失效的原因如下。

（1）拒绝要约的通知到达要约人。

（2）要约人依法撤销或撤回要约。

（3）承诺期限届满，受要约人未做出承诺。

（4）受要约人对要约的内容做出了实质性的变更。

（5）要约人死亡或丧失民事行为能力，或者作为法人的要约人被撤销。

（二）承诺

1. 承诺的定义

承诺是指受要约人同意要约的意思表示。

2. 承诺应当具备的条件

（1）承诺是受要约人的意思表示，可以是受要约人本人也可以是受要约人的代理人做出的意思表示。

（2）承诺必须是向要约人做出的。

（3）承诺必须在要约的有效期限内到达要约人。要约以非对话方式做出并且没有确定承诺期限的,承诺应当在合理期限内做出并到达要约人。

(4)承诺是受要约人对要约人所发出的要约表示同意的意思表示,承诺的内容应当与要约的内容一致,不能对要约做出实质性变更。受要约人对要约的内容做出实质性变更的,为新要约。

3. 承诺生效的时间

承诺通知到达要约人时生效。承诺不需要通知的,根据交易习惯或者要约的要求做出承诺的行为时生效。

受要约人超过承诺期限发出的承诺,一般情况下不具有承诺的效力,为新要约。除非要约人愿意接受该承诺,并且及时通知受要约人。

受要约人在承诺期限内发出承诺,按照通常情形能够及时到达要约人,但是因为其他的原因,承诺到达要约人时超过承诺期限的,如果要约人没有及时通知受要约人不接受该承诺,则该承诺仍然是有效的承诺。

4. 承诺的撤回

承诺撤回是承诺人阻止承诺生效的意思表示。要约人在发出承诺后也可以将该承诺撤回,但是撤回承诺的通知应当在承诺到达要约人之前或者与承诺同时到达要约人。

承诺到达要约人,则承诺生效,合同关系成立。依法成立的合同,受法律保护,对当事人具有法律约束力。当事人应当按照约定履行自己的义务,不得擅自变更或者解除合同。

三、广告合同生效的时间和地点

承诺生效时广告合同成立。当事人采用合同书形式订立合同的,自双方当事人签字或者盖章时合同成立。当事人采用信件、数据电文等形式订立合同的,可以在合同成立之前要求签订确认书。签订确认书时合同成立。

承诺生效的地点为广告合同成立的地点。采用数据电文形式订立合同的,收件人的主营业地为合同成立的地点;没有主营业地的,其经常居住地为合同成立的地点。当事人采用合同书形式订立合同的,双方当事人签字或者盖章的地点为合同成立的地点。

四、广告合同的效力

广告合同的效力是指已经依法成立的合同在当事人之间产生一定的法律约束力。广告合同一经成立,对当事人产生法律约束力,当事人不能擅自变更和解除合同;当事人违反合同,将承担民事责任。

(一)广告合同生效的条件

广告合同生效的条件是合同具有法律效力应当具备的条件,主要有以下几方面。

(1)当事人在订立广告合同时必须具有相应的民事权利能力和民事行为能力。

(2)当事人的意思表示真实。

(3)广告合同的内容不违反法律或者社会公共利益。

(4)广告合同的形式符合法律的相应规定。

(二)无效的广告合同

无效广告合同是已经成立但因欠缺广告合同的生效条件,在法律上不发生当事人预期的法律效果的广告合同。

有下列情形之一的广告合同无效。

（1）一方以欺诈、胁迫的手段订立合同，损害国家利益。

（2）恶意串通，损害国家、集体或者第三人利益。

（3）以合法形式掩盖非法目的。

（4）损害社会公共利益。

（5）违反法律、行政法规的强制性规定。

无效广告合同不能产生当事人预期的法律效果。广告合同被人民法院或仲裁机构确认无效后，尚未履行的部分不再履行，正在履行的部分应当终止履行，已经履行的部分，分别按照以下情况处理：①返还财产；②折价补偿；③赔偿损失；④收归国家、集体或第三人。

合同部分无效，不影响其他部分效力的，其他部分仍然有效。

合同无效并不影响合同中独立存在的有关解决争议方法的条款的效力，这些条款依然有效。

（三）可变更、可撤销的广告合同

可变更、可撤销的广告合同是指合同欠缺一定生效要件，其有效与否取决于有撤销权的一方当事人是否行使撤销权的合同。可变更、可撤销的广告合同所欠缺的合同有效条件，主要是当事人的意思表示不真实，法律规定当事人可以根据自己的意愿决定是否撤销该合同。

下列合同，当事人一方有权请求人民法院或者仲裁机构变更或者撤销。

（1）因重大误解订立的合同。

（2）在订立合同时显失公平的合同。

一方以欺诈、胁迫的手段或者乘人之危，使对方在违背真实意思的情况下订立的合同，受损害方有权请求人民法院或者仲裁机构变更或者撤销。

当事人请求变更的，人民法院或者仲裁机构不得撤销。

有下列情形之一的，撤销权消灭：①具有撤销权的当事人自知道或者应当知道撤销事由之日起一年内没有行使撤销权；②具有撤销权的当事人知道撤销事由后，明确表示或者以自己的行为放弃撤销权。

知识链接

效力待定的广告合同

效力待定的广告合同是广告合同主体资格欠缺的合同，这类合同经过有权人的追认就可以产生有效合同的效力。

行为人没有代理权、超越代理权或者代理权终止后以被代理人名义订立的合同，未经被代理人追认，对被代理人不发生效力，由行为人承担责任；经过被代理人追认的，该合同成立，对被代理人发生效力。行为人可以催告被代理人在一定时间内予以追认。被代理人未作表示的，视为拒绝追认。合同被追认之前，行为人有撤销的权利。

五、广告合同的履行

（一）广告合同履行的定义

广告合同履行是指广告合同生效后，广告合同当事人依照合同的约定，全面、适当完成其义务的行为。广告合同的履行在合同活动中至关重要，关系到当事人合同权利的实现，也关系到社会经济秩序的稳定。

（二）广告合同履行的原则

广告合同履行的原则是当事人在履行合同义务时所应当遵循的基本准则。根据法律的规定，广告合同履行的原则主要有全面履行合同原则和诚实信用原则。

（三）广告合同履行中的抗辩权

双务合同履行中的抗辩权是指在符合法律规定的条件下，当事人对抗对方当事人的履行请求权，暂时拒绝履行合同义务的权利。广告合同是双务合同，也存在履行抗辩权的情况。

1. 同时履行抗辩权

合同当事人互负债务，没有先后履行顺序的，应当同时履行。一方在对方履行之前有权拒绝其履行要求。一方在对方履行债务不符合约定时，有权拒绝其相应的履行要求。

2. 后履行抗辩权

当事人互负债务，有先后履行顺序，先履行一方未履行的，后履行一方有权拒绝其履行要求。先履行一方履行债务不符合约定的，后履行一方有权拒绝其相应的履行要求。

3. 不安抗辩权

应当先履行债务的当事人，有确切证据证明对方有法律规定情形之一的，可以中止履行合同义务。当事人采取暂时停止合同义务的，应当及时通知对方。在对方提供适当担保的情况下，应当恢复履行合同义务。如果在中止履行合同后，对方当事人在合理期限内未恢复履行能力并且未提供适当担保的，中止履行的一方可以解除合同关系。但是当事人没有确切证据中止履行的，应当承担违约责任。

广告合同样本

广告主名称(以下称甲方)：

广告经营者名称(以下称乙方)：

甲乙双方根据目前媒体实际情况及《中华人民共和国合同法》《中华人民共和国广告法》及有关规定，签订本合同，并共同遵守。

一、广告项目名称

二、广告设置地点

三、广告规格/数量

四、发布期限：自 201　年　月　日至 201　年　月　日止。

五、广告制作完工时限：签订合同收到甲方预付款后十五个工作日内。

六、完工验收

广告制作完工后，乙方应书面通知甲方验收，甲方接到验收通知书 7 天内组织验收完毕,逾期视为验收合格。验收标准为甲方签署的设计稿件、喷绘小样。

七、广告版面、结构图纸设计

双方商定广告版面采取下列第　　　　种方式提供;

1. 签约时甲方提供广告版面设计光盘一式 壹 份。

2. 乙方按甲方意图设计,经由甲方认可。

八、合同价款(不含版面设计费):(大写)人民币　　　万圆整(壹年)
(以上价格含 制作费、场地费、发布费、电费、维修费、政府审批费用等)。

九、付款方式

1. 合同签订时,甲方支付人民币　　元(计　　元)的定金。

2. 广告发布后经验收合格一周内,甲方付清第一年余款,人民币　　　　万元
(计　　　元)。

十、甲方权利与义务

1. 向乙方提供广告发布审批所需的资料,并保证其资料的真实性、合法性;并
承担相应法律责任。甲方提供资料不及时、不完整所耽误的时间计入发布期。

2. 监督乙方广告制作的质量和施工进度。

3. 发布期间督促乙方修复破损部位,更换损坏材料、修复坏损灯具。

4. 协助乙方做好与有关部门的协调工作。

5. 按合同规定及时付清款项。

十一、乙方权利与义务

1. 依法审查甲方提供发布广告所需的材料,并承担审查责任。

2. 依法办理广告审批手续。

3. 甲方未按时付款又拒付违约金的,可停止发布。

4. 严格按照双方商定设计方案图纸进行施工,确保质量按期竣工。

5. 乙方负责在发布期限内对框架、线路、灯箱等的保养维修工作。

6. 乙方在签署之日起开始施工,在发布期满内因广告牌造成任何故障及故障
所引发的安全责任事故由乙方负全部责任。

7. 发布期间乙方有维护看板之义务,甲方有监督的权利。

8. 广告发布后每晚亮灯时间为 4 小时,原则上夏秋季节为 19:00—23:00,冬春
季节为:18:00—22:00,或按天黑时间随机调整。

9. 在广告发布期间,乙方如遇灯具坏损,乙方应于 36 小时内修复或更换
完毕。

10. 广告发布期间,如遇画面明显褪色、破裂,乙方负责无偿按原画面进行更
换发布。

十二、以下原因,工期可相应顺延

1. 甲方要求变更工程量或设计的。

2. 不可抗力的自然灾害。

十三、广告发布期间,如遇不可抗力造成广告牌损坏及由此产生的连带责
任,由双方协商按下列方式解决:

1. 在广告发布期间,如遇台风 11 级内,广告受损,乙方负责恢复,并承担所有

费用。

2. 在广告发布期间,如遇11级以上台风,广告受损,双方各自承担广告牌恢复费用的50%。

3. 发布期内如电源供电终止,则无照明发布时间按正常发布时间的三分之二计算发布期。

十四、因政府行为或其他非乙方责任造成广告终止,双方协商按下列方式解决。

1. 按国家法规规定:户外广告均属临时性建筑,如因城市规划建设需要,应及时无偿拆除。

2. 政策性问题或人力不可抗拒之原因造成广告牌不能发布,双方应友好协商解决,甲方可选择于乙方拥有的同等价值的广告位继续发布。

3. 甲方也可选择广告费至广告发布终止日而终止收费。乙方扣除广告费总额的30%作为税费及制作费用,余款为广告发布费用,根据实际发布时间,将未发布的广告费用退还甲方。

十五、广告制作施工及保养维修过程中发生意外事故,如人员伤亡、财务损失等由乙方承担责任。

十六、其他约定

1. 广告制作完工经验收不合格,广告发布期限按验收合格日期顺延。

2. 广告版面、结构设计图纸版权归甲方,另一方未经许可不得另作使用。

3. 广告版面设计图纸以广告审批机关审批通过为准。

4. 工程项目及施工方式如需变更,双方应协商一致,签订书面变更协议,同时调整相关工程费用及工期。

5. 广告发布期满后,广告设置材料为乙方所有。

6. 乙方债务履行后,甲方所支付的定金抵作价款收回。

十七、违约责任

1. 甲方未及时付款,每超过1天,按合同价款0.3%付给违约金,或相应缩短发布期。未及时付款超过贰拾天,乙方有权拆除甲方画面,另行发布广告。

2. 乙方未按期完工,每延期1天,按合同价款0.3%付给违约金,或相应延长发布期。

十八、合同争议解决方式

本合同在履行进程中发生争议,由甲乙双方协商解决;协商不成,双方同意依法向有管辖权的人民法院提出诉讼。

十九、本合同经双方法定代表人签字或盖公章后生效。

二十、本合同一式两份,甲方执1份,乙方执1份。

二十一、合同附件:

广告版面图纸。

二十二、本合同未尽事宜,按《中华人民共和国合同法》《户外广告管理规定》执行。

甲方：   乙方：

单位名称(章)：   单位名称(章)：

单位地址：   单位地址：

法定代表人：   法定代表人：

委托代理人：   委托代理人：

电话：   电话：

开户银行：   开户银行：

账号：   账号：

    年 月 日   年 月 日

六、广告合同的变更、转让和终止

（一）广告合同的变更

广告合同的变更是指广告合同内容的变更，即有效成立的广告合同在尚未履行或者尚未完全履行完毕以前，当事人在不改变合同主体的情况下变更合同的内容，当事人的权利义务关系发生变化。

广告合同依法变更后，当事人依照变更后的广告合同履行。如果当事人对广告合同变更的内容约定不明确的，推定为未变更。

（二）广告合同的转让

广告合同的转让是指在广告合同成立后，合同当事人依法将其在合同中的权利义务全部或者部分地转让给第三人。合同的转让并不改变合同内容，根据合同所产生的权利义务不发生变化。广告合同的转让主要有三种形态，合同权利的转让、合同义务的转让以及合同权利义务概括转让。

1. 合同权利的转让

合同当事人可以将合同的权利全部或者部分转让给第三人，债权人转让权利的，应当通知债务人。未经通知，该转让对债务人不发生效力。债权人转让权利受到一定的限制，有下列情形之一的不得转让合同权利：根据合同性质不得转让；按照当事人约定不得转让；依照法律规定不得转让。

2. 合同义务的转让

合同当事人可以将合同的义务全部或者部分转移给第三人，但是应当经债权人同意。

3. 合同权利义务概括转让

当事人一方经对方同意，可以将自己在合同中的权利和义务一并转让给第三人。

（三）广告合同的终止

广告合同的终止是指由于一定的法律事实的发生，使广告合同所设定的权利义务在客观上已经不存在，合同关系归于消灭。

有下列情形之一的，广告合同的权利义务终止。

（1）债务已经按照约定履行。

（2）合同解除。

（3）债务相互抵消。

（4）债务人依法将标的物提存。

（5）债权人免除债务。

（6）债权债务同归于一人。

（7）法律规定或者当事人约定终止的其他情形。

（四）广告合同的解除

广告合同解除是广告合同有效成立后，因当事人一方或双方的意思表示，使合同关系消灭的行为。广告合同解除分为法定解除和约定解除。

1. 广告合同的法定解除

法律规定，在以下情况下，合同一方当事人可以单方面解除合同：①因不可抗力致使不能实现合同目的；②在履行期限届满之前，当事人一方明确表示或者以自己的行为表明不履行主要债务；③当事人一方迟延履行主要债务，经催告后在合理期限内仍未履行；④当事人一方迟延履行债务或者有其他违约行为致使不能实现合同目的；⑤法律规定的其他情形。

当事人一方依照合同法主张解除合同的，应当履行相应的义务，应当通知对方当事人。合同自通知到达对方时解除。如果法律、行政法规规定解除合同应当办理批准、登记等手续的，依照相关的规定办理。

2. 广告合同的约定解除

广告合同当事人可以约定解除合同关系。当事人经过协商一致，可以解除合同。当事人也可以在合同中约定解除合同的情形，当一方当事人解除合同的条件成就时，解除权人可以解除合同。

合同关系解除后，双方的权利义务终止。合同尚未履行的，终止履行；已经履行的，根据履行情况和合同性质，当事人可以要求恢复原状、采取其他补救措施，并有权要求赔偿损失。

七、违反广告合同的法律责任

（一）违约责任的概念

违约责任是广告合同当事人不履行合同义务或者履行合同义务不符合约定所应当承担的民事责任。

（二）违约责任形式

当事人一方不履行合同义务或者履行合同义务不符合约定的，主要有以下表现。

1. 不履行合同义务

广告合同当事人不履行合同规定的义务，包括当事人在客观上已经没有履行合同能力的不履行合同义务，也包括债权人有履行合同的能力但是故意不履行合同义务。

2. 不完全履行合同义务

不完全履行合同义务是指合同当事人没有完全按照合同的约定履行合同义务。

3. 预期违约

合同当事人一方在广告合同生效以后至合同约定的履行期限届满以前，明确表示或者以自己的行为表明不履行合同义务的，对方可以在履行期限届满之前要求其承担违约责任。

（三）违约责任的免除

违约责任的免除是指当事人的行为虽构成违约，但是根据法律的规定或当事人的约定，无须承担因不履行或不完全履行合同给对方当事人造成的损失。

《合同法》上规定的免于承担违约责任的法定事由是不可抗力。依照《合同法》的规定，不可抗力是指不能预见、不能避免并不能克服的客观情况。当发生因为不可抗力不能履行合同时，当事人应当及时通知对方，以减轻可能给对方造成的损失，并应当在合理期限内提供证明。一般情况下，因为不可抗力不能履行合同的，根据不可抗力的影响，可以部分或者全部免除责任。

（四）承担违约责任的形式

1. 继续履行

继续履行是合同当事人在违反合同的情况下，向对方当事人继续实际履行合同义务。与在正常情况下的当事人自觉履行合同不同的是，继续履行是一种违约责任的形式，是国家强制履行合同义务。

如果当事人一方不履行非金钱债务或者履行非金钱债务不符合约定的，对方可以要求履行，但有下列情形之一的除外：法律上或者事实上不能履行；债务的标的不适于强制履行或者履行费用过高；债权人在合理期限内未要求履行。

2. 采取补救措施

合同当事人一方不履行合同义务或者履行合同义务不符合约定的，可以采取补救措施。合同标的质量不符合约定的，应当按照当事人的约定承担违约责任。对违约责任没有约定或者约定不明确，依照《合同法》的规定仍不能确定的，受损害方根据标的的性质以及损失的大小，可以合理选择要求对方承担修理、更换、重作、退货、减少价款或者报酬等违约责任。

3. 赔偿损失

合同当事人一方不履行合同义务或者履行合同义务不符合约定的，承担向对方当事人赔偿损失的责任。赔偿损失作为一种民事责任，补偿性是其突出的特点。在违约方履行义务或者采取补救措施后，对方仍然有其他损失的，还应当赔偿损失。

赔偿损失以全部赔偿为原则，当事人一方不履行合同义务或者履行合同义务不符合约定，给对方造成损失的，损失赔偿额应当相当于因违约所造成的损失，包括合同履行后可以获得的利益。损失赔偿额不得超过违反合同一方订立合同时预见到或者应当预见到的因违反合同可能造成的损失。

当事人一方违约后，对方应当采取适当措施防止损失的扩大；没有采取适当措施致使损失扩大的，不得就扩大的损失要求赔偿。

4. 违约金

《合同法》中规定的违约金是约定违约金。当事人可以约定一方违约时应当根据违约情况向对方支付一定数额的违约金，也可以约定因违约产生的损失赔偿额的计算方法。

如果约定的违约金低于造成的损失的，当事人可以请求人民法院或者仲裁机构予以增加；约定的违约金过分高于造成的损失的，当事人可以请求人民法院或者仲裁机构予以适当减少。

5. 定金

定金是担保的一种形式，合同当事人可以依法约定一方当事人向对方当事人给付定金作为债权的担保,债务人履行债务后,定金应当抵作价款或者收回。

定金也是违约责任的一种形式。当事人既约定违约金,又约定定金的,一方违约时,对方可以选择适用违约金或者定金条款。

小贴士

定金的罚则

给付定金的一方不履行约定的债务的,无权要求返还定金;收受定金的一方不履行约定的债务的,应当双倍返还定金。

案例 4-1

2014 年 7 月 28 日,康来公司以千万元的价格与电影明星周某签约,邀其出任康来手机广告的形象代言人。一年之后,双方合约期满。周某的经纪人公司——甲艺术公司在广州发现以周某形象制作的康来手机广告,在康来公司书面致歉并赔偿 73.5 万元港币后,双方争端得以平息。

2015 年 8 月,甲艺术公司在深圳 A 机场国际候机厅又发现 4 张周某代言康来手机的广告,再次向康来公司提出异议,但康来公司以此前已道歉并支付赔偿为由,拒绝再次赔偿和道歉。双方对簿公堂,甲艺术公司开出了 600 万元的高额赔单。问:甲艺术公司能获得高额赔偿吗?

【解析】

人民法院做出判决,康来公司虽构成违约,但此前双方签订的和解协议中已涵盖本次违约造成的后果,因而无须赔偿。

对于深圳 A 机场国际候机厅又发现 4 张周某代言康来手机的广告,康来公司所做"虽无主观故意但无过错"的辩解不成立,应认定其构成违约。但是双方在此前的和解协议中已经明确说明,该赔偿作为解决因康来公司在合约期满后,因过错、过失、疏忽或工作人员、第三责任人继续使用有关广告及广告品产生的全部违约问题,双方产生的争议就此了结。和解协议具有法律效力,可以免除康来公司的违约责任。[1]

第二节   广告代理的法律规范

一、广告代理概述

(一)代理的概念和特征

1. 代理的概念

代理是指代理人在代理权限范围内,以被代理人的名义与第三人进行民事作为,该行为的法律后果由被代理人承担的法律制度。在代理关系中,根据代理权代替他人实施民事行

---

[1] 找法网. http://china.findlaw.cn/info/jingjifa/guanggao/anli/226962.html.

为的人称为代理人;由他人代替自己实施民事法律行为的人称为被代理人或称为本人;与代理人进行民事法律行为的人,称为第三人。

2. 代理的特征

(1)代理人必须在代理权限范围内进行代理行为。

(2)代理人以被代理人的名义实施代理行为。

(3)代理行为必须是具有法律意义的行为。

(4)被代理人对代理行为承担民事责任。

因此,企业在选择代理广告的广告公司时,应当委托有代理权的广告公司代理广告业务,而有代理权的广告公司必须有代理广告项目的业务能力。

(二)广告代理的概念与特征

1. 广告代理的概念

广告代理制是企业委托广告公司实施广告活动计划,并通过广告经营单位和广告媒体接洽广告发布业务。广告代理制是广告公司在广告经营中处于主体和核心地位,为广告主全面代理广告业务,向广告主提供以市场调查为基础、广告策划为主导、创意为中心、媒体发布为手段、同时辅以其他促销手段的全面性服务。

广告代理制是随着广告业的发展而逐步形成的,是广告业发展到一定历史阶段的产物。广告代理制是国际上通行的广告经营机制,也是衡量广告市场是否成熟的标志。1993年,国家工商局颁布了《关于进行广告代理制试点工作的若干规定(试行)》,规定了广告代理制度,也就标志着中国的广告业开始了全面地推行代理制度。

2. 广告代理的特征

(1)广告代理为委托代理。在广告代理中,代理权的产生需要委托人的委托,广告主将广告业务委托给广告经营者,广告经营者接受广告主的委托,而产生广告代理。

被代理人授权的形式是授权委托书。书面委托代理的授权委托书应当载明代理人的姓名或者名称、代理事项、权限和期间,并由委托人签名或盖章。委托书授权不明的,被代理人应当向第三人承担民事责任,代理人负连带责任。

(2)广告代理是代理人以营利为目的的行为。广告代理活动本身是一种营业方式,广告代理人为被代理人提供服务是以营利为目的,收取广告代理费。《广告管理条例实施细则》规定,广告代理收费标准为广告费的15%。

(3)广告代理人应当具有相应的资格。广告代理人必须是经工商行政管理机关核准登记,在确定的经营范围中有代理广告业务项目的广告经营者。不是经工商行政管理机关核准登记的广告经营者,或虽然是广告经营者,但广告经营范围中没有代理广告业务项目的,不能代理广告业务。

(4)广告代理合同约定采用书面形式。一般的民事法律行为的委托代理,可以用书面形式,也可以用口头形式。但是法律规定用书面形式的,应当用书面形式。广告合同必须采用书面形式。《广告法》规定,广告主、广告经营者、广告发布者之间在广告活动中应当依法订立书面合同,明确各方的权利和义务。据此,被代理人应当与代理人就其内部的权利义务关系达成协议,订立书面的委托合同。

案例 4-2

2015 年 7 月，原告李先生偶然发现甲杂志社出版的《觅友》杂志封底广告版的广告彩页登载的女性用品广告电话号码与其家庭电话号码一致。之前，李先生并未与甲杂志社有任何合同关系，这次登载家庭电话也没有征得李先生的同意。2015 年 8 月至 9 月期间，有大量求购女性用品的电话打进李先生家，使李先生正常的工作和生活受到影响，而且此广告系女性用品系列，李先生自感名誉权受到损害，故起诉至法院，要求甲杂志社以书面形式赔礼道歉，并赔偿经济损失 10000 元。问：李先生的诉讼请求能得到支持吗？

【解析】

人民法院调解解决了本案，甲杂志社错误地将广告电话登载为私人家庭电话引发民事赔偿纠纷，被告甲杂志社向原告李先生当面赔礼道歉，并赔偿李先生经济损失 15000 元。

甲杂志社认识到本社工作人员因工作疏忽错误地将私人家庭电话登载为广告联系电话，干扰了原告的正常的工作和生活，给原告带来了名誉权的损害，应当依法向原告李先生当面赔礼道歉，并赔偿原告的经济损失。①

二、广告代理中代理权的行使

代理权的行使一般是指代理人在代理权限范围内，以被代理人的名义独立、依法有效地实施民事法律行为，以达到被代理人所希望的或者客观上符合被代理人利益的法律效果。

（一）代理权行使的原则

1. 代理人的代理行为应当符合法律规定

代理人不得进行违反法律的行为。《民法通则》规定，代理人知道被代理的事项违法仍然进行代理活动的，由被代理人和代理人负连带责任。《广告法》规定，广告经营者、广告发布者明知或者应知广告虚假仍进行设计、制作、发布的，应当依法承担连带责任。广告经营者、广告发布者不能提供广告主的真实名称、地址的，应当承担全部民事责任。

2. 代理人应当在代理权限范围内行使代理权

代理人在代理权限范围内进行的民事活动，才能被看作被代理人的行为，由被代理人承担代理行为的法律后果。非经被代理人的同意，代理人不得擅自扩大、变更代理权限。代理人擅自扩大、变更代理权限的，如果没有经过被代理人的追认，其后果由代理人自己承担。

3. 代理人应当亲自行使代理权，进行代理行为

在委托代理中，被代理人与代理人之间以信赖关系为基础，代理人应当亲自行使代理权，不得将代理事项任意转托他人代理。

委托代理人为被代理人的利益需要转托他人代理的，应当事先取得被代理人的同意。事先没有取得被代理人同意的，应当在事后及时告诉被代理人，如果被代理人不同意，由代理人对自己所转托的人的行为负民事责任，但在紧急情况下，为了保护被代理人的利益而转

---

① 找法网. http://china.findlaw.cn/info/jingjifa/guanggao/anli/226962.html.

托他人代理的除外。

4. 代理人应当对被代理人尽勤勉、谨慎的义务

代理人在行使代理权时,应当尽善良管理人的义务,遵守被代理人的指示,尽报告与保密的义务,如果代理人没有尽到职责,给被代理人造成损害的,代理人应当承担民事责任。代理人和第三人串通、损害被代理人的利益的,由代理人和第三人负连带责任。

（二）广告活动的无权代理

代理人不具有代理权,而以被代理人的名义进行民事行为的,为无权代理。广告活动中的无权代理有以下几种情况。

1. 代理人不具有合法的经营资格,不能承接广告代理业务

我国法律规定,从事广告代理业务必须有依法核准的相应的资格,代理人不具有进行广告代理活动的资格而进行代理活动的是无权代理。一种情况是未经广告登记管理机关核准登记广告经营的单位或个人承接广告代理业务;另一种情况是,虽然广告登记管理机关核准其可以从事广告经营活动,但是在其核定的广告经营范围内没有广告代理项目,在此情况下,代理人如果承接广告代理业务的也属于无权代理。

2. 代理人具有合法的经营资格,但是不具有代理权的属于无权代理

代理人虽然具有合法的经营资格,但是没有被代理人的授权,或者代理权已经终止,而仍然以被代理人的名义进行代理活动的,是无权代理。代理人超越被代理人所授予的代理权,超出代理权限的部分构成无权代理。

这种无权代理,只有经过被代理人的追认才可以成为有效代理,被代理人才承担民事责任。未经追认的行为,由行为人承担民事责任。如果被代理人知道他人以自己的名义实施民事行为而不作否认表示的,视为同意,对代理人的行为承担民事责任。善意第三人有催告权。在无权代理被追认以前,善意第三人有撤销的权利,撤销应当以通知的形式做出。

第三人知道行为人没有代理权、超越代理权或者代理权已终止还与行为人实施民事行为给他人造成损害的,由第三人和行为人负连带责任。

《合同法》规定,行为人没有代理权、超越代理权或者代理权终止后以被代理人名义订立合同,相对人有理由相信行为人有代理权的,该代理行为有效。

代理人的表见代理行为

代理人的表见代理行为有效。表见代理属于无权代理,但是因为被代理人与无权代理人之间的关系具有被代理人授权的特征,致使第三人有理由相信行为人有代理权而与之进行民事法律行为,法律规定该行为具有与有权代理相同的法律后果的代理行为。

三、广告代理关系的终止

广告代理关系的终止是指代理人与被代理人之间的代理关系消灭,代理人不再以被代理人的名义进行民事法律行为。广告代理属于委托代理。

委托代理消灭的原因

（1）代理期间届满或者代理事务完成。

（2）被代理人取消委托或者代理人辞去委托。

（3）代理人死亡。

（4）代理人丧失民事行为能力。

（5）作为被代理人或者代理人的法人终止。

第三节　广告收费的法律规范

国家制定了《广告服务收费管理暂行办法》，目的是加强广告服务收费管理，规范收费行为，促进广告业的健康发展。立法依据是《广告法》和国家有关价格管理、广告管理的规定。

一、广告服务收费的原则

广告服务收费的原则应当坚持自愿委托与合理、公开的原则。广告经营者、广告发布者应当遵守国家的价格法规和政策，开展正当的价格竞争，提供质价相符的服务。

二、广告服务收费标准的制定要求

广告经营者、广告发布者提供广告设计、制作、代理与广告发布服务的收费，应当遵守《广告服务收费管理暂行办法》。广告服务收费标准，除国家另有规定者外，由广告经营者、广告发布者自行制定。制定广告服务收费标准及收费办法，应当符合下列要求。

（1）广告服务收费标准，应当根据提供广告服务的工作繁简和广告的覆盖面及收受率情况，以广告的服务成本为基础、加合理利润，参照当地广告市场同一期间、同一档次、同种服务项目的价格水平合理确定。

（2）广告服务收费，应当实行同一广告服务项目同质同价，不能根据不同服务对象制定不同的收费标准及收费办法。

（3）严格执行国家有关禁止牟取暴利的规定，广告服务的利润率不得超过省级人民政府价格主管部门会同有关业务主管部门测定公布的同一期间、同一档次的同种服务项目的平均利润率的合理幅度。省级人民政府价格主管部门未专项公布广告服务平均利润率及其合理幅度的，各类广告服务的利润率一般不应超过公布的其他服务项目中利润率最高项目的平均利润率及其合理幅度。

广告经营者、广告发布者要严格执行国家关于商品和服务实行明码标价的规定，按照规范的广告服务收费价目表方式标示收费标准及收费办法；广告服务收费价目表，应当悬挂在广告服务经营场所或者收费地点的醒目位置。广告发布者还应当将本单位的广告收费标准及收费办法通过其发布广告的媒介向社会公布。广告服务收费价目表由国务院价格主管部门统一规范式样。

三、广告服务收费标准的备案制度

广告经营者、广告发布者制定的广告服务收费标准及收费办法,应当依法向政府价格主管部门和工商行政管理部门备案。

中央在京直属单位的广告经营者、广告发布者制定的广告服务收费标准及收费办法,向国务院价格主管部门和国家工商行政管理局备案;中央在京以外直属单位的广告经营者、广告发布者的广告服务收费备案管理,由国务院价格主管部门、国家工商行政管理局委托所在地省级价格管理部门、工商行政管理部门负责。其他广告经营者、广告发布者的广告服务收费备案管理的分工权限,按照省级价格主管部门会同同级工商行政管理部门规定的办法执行。

广告服务收费标准及收费办法备案程序如下。

(1)广告经营者、广告发布者应当于执行制定的收费标准及收费办法之日前,填写广告服务收费价目表,附制定收费标准及收费办法的说明,按广告收费备案管理权限,报政府价格主管部门和工商行政管理部门备案。广告经营者、广告发布者应当使用符合规范要求的广告服务收费价目表备案,报送备案的收费价目表应当一式三份,正本由广告经营者、广告发布者留用,副本由价格管理部门和工商行政管理部门分别存档。

(2)价格管理部门和工商行政管理部门接受备案后,应当在广告经营者、广告发布者留用的收费价目表的备案受理机关签章栏内,加盖价格管理部门和工商行政管理部门备案专用章。广告服务收费标准及收费办法经履行备案签章手续后生效。

(3)广告经营者、广告发布者应当认真执行备案后的收费标准及收费办法,不得在备案项目之外开展其他服务项目收费。调整收费标准时,应当按照以上程序和要求重新办理备案手续。

政府价格主管部门和工商行政管理部门在受理广告经营者、广告发布者收费标准及收费办法备案时,发现其所制定的收费标准或者收费办法有与法律规定不符的,应当劝告其修改。对不听劝告,坚持维持原定收费标准或者收费办法的,备案受理机关可在广告服务经营单位留用的收费价目表的备案受理机关签章栏内,加注"未接受政府价格主管部门、工商行政管理部门修改收费标准劝告或收费办法劝告"字样后,予以履行备案手续。

四、广告代理收费标准

广告经营者接受企业委托提供广告代理服务,应当认真做好广告的市场调查、信息咨询、战略策划、企业形象策划、媒介安排等各项工作。广告代理收费标准为广告费的15%。

广告场地占用的收费标准,应当根据广告的设置方式与地段及占用建筑物或者空间的情况合理确定,原则上不超过广告费的30%。具体收费标准及管理办法,由省级政府价格主管部门会同工商行政管理等有关部门结合本地实际情况制定。

国家依法指定的广告媒介单位发布证券上市公司信息广告,其收费标准应当低于普通商业广告的收费标准。具体收费标准在不超过普通商业广告收费的70%的幅度内,由广告媒介单位与企业协商议定。

五、广告经营者、广告发布者广告收费应履行的义务

广告经营者、广告发布者之间开展价格竞争,不得采取垄断、哄抬价格和支付回扣费等不正当方式。广告经营者、广告发布者有下列违反法律规定行为的,由政府价格监督检查机构和广告监督管理机关分别依照国家有关价格和广告监督管理的有关法规予以处罚。

(1)不执行国家有关广告代理、广告场地占用及发布证券上市公司信息广告收费规定的。

(2)不按规定履行广告服务收费标准及收费办法备案手续的。

(3)不执行规定的明码标价制度的。

(4)违反国家有关禁止不正当价格竞争和牟取暴利的规定,有垄断、哄抬价格和支付回扣费等不正当行为的。

(5)其他违反本办法的行为。

广告经营者、广告发布者有不按规定履行广告服务收费标准及收费办法备案手续的行为的,处以1万元以下罚款;拒不改正的,停止其广告业务。

案例 4-3

一市民通过报纸广告联系购买二手汽车,未曾想最后车没买成,反被骗走了3万余元。该市民一气之下状告广告发布方赔偿损失,但由于其无法证实被骗事实、损失数额,日前,南开区法院依法判决驳回了其诉讼请求。

天津市方某于2015年10月在一张广告报上看到一则"低价出售二手车"的广告,当时在其中看中了一辆凌志牌轿车,即拨打该广告电话联系,后与卖方约定于2016年1月4日去看车。当日,方某前往双方商定地点看车,方某之妻兰某则在银行等方某电话准备划款。到达约定地点后,方某并没有见到联系人及车辆,待方某到银行找到兰某,得知兰某已接到自方某手机打进的电话,通话人通知兰某汇款,兰某已将3.7万余元汇出。方某顿觉上当,随即报警。经查证实,卖车一方提供给广告发布方的信息均系伪造。方某协商未果,遂将广告公司告上法庭,认为广告公司对其所刊登的广告未尽审查义务,发布虚假广告,致原告方某遭受损失,应承担赔偿责任。问:原告的诉讼请求能得到支持吗?

【解析】

人民法院判决驳回了原告方某的诉求。因为原告所报刑事案件还在侦查阶段,尚未结案。原告主张向被告刊登的售车广告中的联系人购车时被骗,该情况未经公安机关及其他司法机关侦查、认定,原告所称的被骗事实、损失数额,证据不足,无法予以认定。原告要求被告赔偿受骗的经济损失,法院不予支持。

《消费者权益保护法》第45条规定,消费者因经营者利用虚假广告或者其他虚假宣传方式提供商品或者服务,其合法权益受到损害的,可以向经营者要求赔偿。广告经营者、发布者发布虚假广告的,消费者可以请求行政主管部门予以惩处。广告经营者、发布者不能提供经营者的真实名称、地址和有效联系方式的,应当承担赔偿责任。

广告经营者、发布者设计、制作、发布关系消费者生命健康商品或者服务的虚假广告，造成消费者损害的，应当与提供该商品或者服务的经营者承担连带责任。社会团体或者其他组织、个人在关系消费者生命健康商品或者服务的虚假广告或者其他虚假宣传中向消费者推荐商品或者服务，造成消费者损害的，应当与提供该商品或者服务的经营者承担连带责任。

本案中，原告丁某的诉求被判决驳回，其原因主要是被骗事实无法证实，一旦原告可以提供充分证据证明其所主张的被骗事实，那么便可以依据《消费者权益保护法》保护自己的权益。[①]

第四节 广告证明的法律规范

一、广告证明的概念

广告证明是证明广告客户主体资格和广告内容是否真实、合法的文件、证件。

《广告管理条例》规定，广告客户委托广告经营者办理广告业务时应当具有或者提供真实、合法的广告证明文件。

广告证明制度是广告管理法规为保证广告真实、合法而确立的一项重要法律制度和管理制度，包括：广告证明种类；广告证明提交、交验和收取、查验；广告证明出具机关；广告证明有效要件等方面。

二、广告证明文件的种类

广告证明分为两类：一类是主体资格证明；另一类是广告内容真实合法的证明。主体资格证明是指证明广告客户具有做广告和做某项内容的权利能力和行为能力的文件、证件和凭证。

根据《广告法》的规定，广告主自行或者委托他人设计、制作、发布广告，应当具有或者提供真实、合法、有效的下列证明文件。

1. 营业执照以及其他生产、经营资格的证明文件

工商企业只有领取了营业执照，才能从事生产经营活动。营业执照包括企业法人营业执照和营业执照两种，广告主提供营业执照可以是正本，也可以是副本。

其他生产经营资格的证明文件是指一些特殊的行业生产、经营资格的凭证。例如，从事药品生产的企业必须提供药品生产许可证；从事食品生产经营的必须提供食品卫生许可证。

2. 质量检验机构对广告中有关商品质量内容出具的证明文件

商品的质量证明是指国家认可的产品质量检验机构出具的证明文件。国家质量检验机构出具证明时必须依据国家法律规定的标准进行检验，对于其检验的商品出具的证明必须保证其合法有效。如食品广告，要具有食品卫生监督机构或者卫生行政部门认可的检验单位出具的产品检验合格证明；医疗器械广告要具有产品鉴定证书。

---

① 中国新闻网. http://www.chinanews.com/cj/2013/12-19/5640248.shtml.

3. 确认广告内容真实性的其他证明文件

确认广告内容真实性的其他证明文件是指除前两项以外能够证明广告内容的资料。如标明专利权的商品的广告，要有专利证书；标明注册商标的商品广告，应当提交商标注册证；标明优质产品称号商品的广告，应当提交政府颁发的优质产品证书；实施必须生产许可证的产品的广告，应当提交生产许可证。

三、广告证明文件必须真实、合法、有效

广告证明文件的真实、合法、有效要求广告客户与广告主提供文件是依法取得并由法律所认可的，即由国家有关广告证明机关核发，不是通过不正当的途径取得的。

广告主提供虚假证明文件的，由广告管理机关处以罚款。伪造、变造或者转让广告审查决定文件的，由广告监督管理机关没收违法所得，并处以罚款；构成犯罪的，依法追究其刑事责任。

广告证明必须具备一定的要件，包括如下方面。

(1) 证明出具机关合法。

(2) 广告证明的内容合法。

(3) 广告证明与广告内容有直接的联系。

(4) 广告证明的适用范围有效。

广告证明的适用范围有效是指广告证明持有者必须具有持有该广告证明的合法身份，广告证明的时间和地域范围与广告证明文件所载时间和地域范围相一致。

四、广告证明文件的提交与收取、查验与交验

广告客户委托广告经营者承办广告业务时，应当依法向广告经营者提交和交验法律规定的证明文件，并保证所提交和交验的广告证明真实、合法、有效。

广告经营者承办广告客户委托办理的广告业务时，应当要求广告客户提交和交验有关证明文件。广告经营者应当检查核对广告客户提交和交验的证明文件，在确认广告内容真实、合法后，方可承办广告业务。广告证明无效的，广告经营者应当拒绝承办；否则，广告经营者要承担相应的法律责任。

第五节　广告活动中反不正当竞争行为的法律规范

一、广告活动中不正当竞争行为的概念与特征

1. 广告活动中不正当竞争行为的概念

广告活动中不正当竞争行为是指广告活动主体违反法律法规的规定，损害其竞争对手的合法权益，扰乱广告市场秩序的行为。

《广告法》明确规定，广告主、广告经营者、广告发布者不得在广告活动中进行任何形式的不正当竞争。《反不正当竞争法》规定制止不正当竞争行为，以保护经营者的合法权益，维护消费者的利益，保证市场经济秩序的稳定。

2. 广告活动中不正当竞争行为的特征

(1) 实施广告活动中不正当竞争行为的主体是具有从事广告活动资格的广告主、广告经营者、广告发布者。

(2) 不正当竞争行为是发生在广告活动中。

(3) 广告活动主体在主观上有进行不正当竞争行为的故意。

(4) 广告活动中不正当竞争行为具有损害结果，包括排挤竞争对手为目的而损害其他广告活动主体，损害消费者权益，以及不同程度上扰乱市场经济秩序。

二、广告行为中的不正当竞争行为

1. 假冒行为

《反不正当竞争法》规定，经营者不得假冒他人的注册商标；不得擅自使用知名商品特有的名称、包装、装潢，或者使用与知名商品近似的名称、包装、装潢，造成和他人的知名商品相混淆，使购买者误认为是该知名商品；不得擅自使用他人的企业名称或者姓名，使人误认为是他人的商品；不得在商品上伪造或者冒用认证标志、名优标志等质量标志，伪造产地，对商品质量作引人误解的虚假表示。

2. 发布虚假广告，作虚假宣传的行为

经营者不得利用广告或者其他方法，对商品的质量、制作成分、性能、用途、生产者、有效期限、产地等作引人误解的虚假宣传。广告的经营者不得在明知或者应知的情况下，代理、设计、制作、发布虚假广告。

如果经营者利用广告或者其他方法，对商品作引人误解的虚假宣传的，监督检查部门应当责令停止违法行为，消除影响，可以根据情节处以1万元以上20万元以下的罚款。广告的经营者，在明知或者应知的情况下，代理、设计、制作、发布虚假广告的，监督检查部门应当责令停止违法行为，没收违法所得，并依法处以罚款。

3. 侵犯商业秘密的行为

商业秘密是指不为公众所知悉，能够为权利人带来经济利益，具有实用性并经权利人采取保密措施的技术信息和经营信息。

经营者不得利用广告披露已经掌握的他人的商业秘密。广告主侵害他人商业秘密的行为，就是广告主通过广告披露已经掌握的他人的商业秘密的行为。

小贴士

商业秘密的法律特征

(1) 秘密性。这是商业秘密的核心特征。法律规定的"不为公众所知悉"即指商业秘密的秘密性，是指权利人所主张的商业秘密未进入"公有领域"，非"公知信息"或"公知技术"。秘密性是商业秘密与专利技术、公知技术相区别的最显著特征，也是商业秘密维系其经济价值和法律保护的前提条件。

(2) 非排他性。商业秘密是一项相对的权利。商业秘密的专有性不是绝对的，不具有排他性。如果其他人以合法方式取得了同一内容的商业秘密，他们就和第一个人有着同样的地位。商业秘密的拥有者既不能阻止在他之前已经开发掌握该信息的人使用、转让该信息，也不能阻止在他之后开发掌握该信息的人使用、转让该信息。

（3）实用性。通过运用商业秘密可以为所有人创造出经济上的价值，能使经营者获得经济利益，获得竞争优势。

（4）保密性。权利人采取了保密措施。一项技术秘密可能由于权利人保密措施得力和技术本身的应用价值而延续很长时间，远远超过专利技术受保护的期限。商业秘密的保护期不是法定的，不同于专利权利。

4. 经营者损害竞争对手商业信誉、商品声誉的行为

经营者不得利用广告捏造、散布虚假事实，损害竞争对手的商业信誉、商品声誉，以排挤竞争对手。如用自己的商品和服务与对方的商品和服务的某些特点进行不全面、不真实的比较，诋毁对方商品和服务，打击竞争对手；或者虚构事实，贬低其他经营者的商品和服务；或者诋毁他人的资信情况。

5. 进行不正当有奖销售行为

经营者不得利用广告进行欺骗性有奖销售，利用有奖销售的手段推销质次价高的商品，以及最高奖金额超过5000元的抽奖式有奖销售。

6. 进行不正当降价的行为

经营者不得利用广告的形式采取不正当降价的行为，即广告主不得以排挤竞争对手为目的，从事以低于成本的价格销售商品的广告。

7. 进行商业贿赂行为

经营者不得利用不正当的回扣行为从事广告行为，即广告主、广告经营者、广告发布者之间不得采用财物或者其他手段在广告中从事贿赂以销售或者购买商品的行为。如广告经营者利用贿赂手段使报纸、电台、电视台等新闻单位以新闻报道的形式发布广告。

8. 串通招标投标的行为

投标者不得串通投标，抬高标价或者压低标价。投标者和招标者不得相互勾结，以排挤竞争对手的公平竞争。

回扣与佣金的区别

回扣是指经营者销售商品时在账外暗中以现金、实物或者其他方式退给对方单位或者个人的一定比例的商品价款。佣金是指经营者在市场中给予为其提供服务的具有合法经营者资格的中间人的劳务报酬。

（1）申报扣除条件不同。销售回扣的规定比较严格，可分为暗扣和明扣。暗扣是指在由账外暗中给予对方单位的或个人的一定比例的商品价款。在账外暗中给予对方单位或者个人回扣的，以行贿论处；对方单位或者个人在账外暗中收受回扣的，以受贿论处。明扣是指经营者销售或购买商品，以明示方式给对方折扣。

（2）法律性质不同。佣金是指经营者在市场交易中给予为其提供服务的具有合法经营者资格的中间人的劳务报酬，可以一方支付，也可以是双方支付，接受佣金的只能是中间人，而不是交易双方，也不是交易双方的代理人、经办人。

经营者给对方折扣、给中间人佣金的，必须如实入账。接受折扣、佣金的经营者必须如实入账。

第六节　广告活动中有关人格权的法律规范

一、人格权的概念与特征

（一）人格权的概念

人格权是民事主体固有的、由法律确认的、以人格利益为内容的，为维护民事主体具有法律上的独立人格所必须具备的基本权利。

（二）人格权的特征

1. 人格权是民事主体固有的权利

民事主体参与任何民事关系，都平等地享有人格权。对于自然人，这种权利与生俱来；对于法人和其他组织，这种权利在该组织成立时即享有。

2. 人格权以人格利益为客体

人格利益是对人的人身和行为自由、安全及精神自由等方面享有的利益。人格权具有非财产性。

3. 人格权是法律确认的

人格权的取得是基于法律的规定，是法律预先设定的，民事主体不能通过约定或单方的行为自由创设、放弃或者剥夺人格权。

4. 人格权是维护民事主体独立人格所必须具备的权利

人格权是民事主体享有其他一切权利的前提和基础。

二、人格权的主要内容

我国民事法律规定的人格权主要有生命权、健康权、身体权、人格尊严权、人身权、姓名权、肖像权、名誉权、信用权、荣誉权、隐私权等。

三、广告活动中有关人格权的法律规定

《广告法》规定，广告主或者广告经营者在广告中使用他人名义、形象的，应当事先取得他人的书面同意。

在广告活动中，广告主、广告经营者在广告中有可能使用他人的名义或者他人的形象，按照我国法律的规定，民事主体对自己的姓名或者名称、肖像等拥有姓名权或者名称权、肖像权。

如果以他人的名义、形象从事广告活动，涉及他人的姓名权或者名称权、肖像权，必须得到他人的同意，包括民事主体本人和民事主体的监护人。

使用无民事行为能力人、限制民事行为能力人的名义、形象的，应当事先取得其监护人的书面同意。

一、选择题

1. 广告合同是指(　　)之间在广告活动中依法订立的明确各方权利和义务关系的书面协议。

　　A. 广告主　　　　　　B. 广告经营者　　　C. 广告发布者　　　D. 广告荐证者

2. 违反广告合同承担的违约法律责任包括(　　)形式。

　　A. 继续履行　　　　　B. 采取补救措施　　C. 赔偿损失　　　　D. 违约金

3. 广告合同必须采用(　　)。

　　A. 书面形式　　　　　B. 口头形式　　　　C. 其他形式　　　　D. 推定形式

4. 广告服务收费应当坚持(　　)的原则。

　　A. 自愿委托　　　　　B. 公平　　　　　　C. 合理　　　　　　D. 公开

5. 根据我国《反不正当竞争法》的规定,经营者以明示方式给对方单位或者个人折扣并如实入账的行为属于(　　)。

　　A. 行贿行为　　　　　　　　　　　　　　B. 受贿行为

　　C. 给予折扣的正常经济行为　　　　　　　D. 支付佣金的正常经济行为

二、简述题

1. 简述广告合同的特征。

2. 无效的广告合同有哪些?

3. 简述广告证明必须具备一定的要件。

4. 简述广告行为中的不正当竞争行为。

5. 简述广告活动中有关人格权的法律规范内容。

三、案例分析题

1. 2014年11月,甲广告有限公司与乙公司签订了广告发布合同一份,合同规定,由甲广告有限公司为乙公司发布广告,发布期限是3年,年服务费为每年100万元,服务费分期交付。第一年的服务费在合同签订生效之日起10个工作日内支付。此外,规定了广告的发布地点、广告种类等。如果任何一方违反合同约定,应向对方支付违约金。

合同签订以后,甲广告有限公司按照合同的约定履行了广告发布义务,乙公司按照合同的约定支付了合同第一年的广告服务费。2016年1月,乙公司致函甲广告有限公司,通知广告公司解除该合同,并同意按照合同约定支付违约金。但是甲广告有限公司不同意解除合同。

分析:①广告合同的双方当事人应当遵循的合同活动的基本原则是什么?②广告合同的当事人在履行合同过程中应当遵循哪些原则?③本案如何处理?

2. 北京市居民胡某夫妇于2016年2月前往杭州市旅游,在杭州某商厦看中了一条标识为"天然淡水黑珍珠",价格为6800元的项链。当时在商厦内悬挂着"假一罚十"的广告。同时售货员在介绍商品时也说:"本商厦商品如有质量问题,假一罚十。"胡某夫妇认为项链的质量有保障,当即付足价款,买下了该项链。在商厦出具的正式购物发票上也印有"假一罚十"的文句。返回北京后,胡某夫妇将项链送到国家质量监督检查部门进行鉴定,结论为该项链系经"染色处理",即非为天然黑珍珠。胡某夫妇遂向杭州某商厦所在区消费者协会投诉,应消协要求,将项链寄至该区消协。经二次质量检验,得出同一鉴定结论。该商厦负责人也承认了该欺诈性商业行为。

分析:商家"假一罚十"的承诺是一种广告吗?商家是否要承担违约责任?

第五章

特定媒体广告的规范

本章学习目标

通过学习使学生理解户外广告、印刷品广告与店堂广告的法律规定。熟悉报纸广告与期刊广告的法律规定,手机广告的法律规定。掌握广播电视广告的法律规定,电视直销广告的法律规定,网络广告和其他媒体广告的法律规定。

引例

2016 年 2 月 23 日,甲市工商局执法人员检查中发现 A 广告公司涉嫌未经登记擅自发布户外广告,当日经局长批准立案调查。经查明:当事人受某装饰城委托,于 2016 年 2 月 10 日至 2 月 23 日期间在一墙体上,发布"猴年春节有奖销售活动"户外广告,广告内容包括有奖销售所设奖项、中奖概率、最高奖金额、中奖者产生方式及装饰城的地址、电话等,收取广告费用 4000 元。该户外广告未经工商机关登记,未领取《户外广告登记证》。

【解析】

A 广告公司未经登记擅自发布户外广告,依法应予处罚。依据《户外广告登记管理规定》第 18 条规定,没收违法所得,并处以 3 万元以下的罚款,限期补办登记手续。甲市工商局对 A 广告公司做出没收违法所得 4000 元,处以 3 万元罚款的处罚。

第一节　户外广告的法律监管

一、户外广告的概念

户外广告是指利用户外场所、空间、设施等发布的广告。它是一种以流动受众为传递目标的广告媒体,向行人、乘客和司机展示招牌内容。

户外广告具有信息传达到达率高、视觉冲击力强、传达信息的不间断性与持久性、价格低廉、成本效益高等优势。因此,户外广告发展非常迅速,灵活多样、形式新颖的户外广告已经成为我国广告业继电视、报纸之后的又一重要媒体。

小贴士

户外广告的种类

户外广告可分为平面广告和立体广告两大类。

（1）按建筑物进行分类：①射灯广告牌；②霓虹灯广告牌；③单立柱广告牌；④大型灯箱。

（2）按地点进行分类：①码头广告；②候车亭广告牌；③地铁广告；④公交车广告；⑤机场广告；⑥场地广告；⑦充气物造型广告；⑧路标广告。

（3）按道路进行分类：①人行道广告牌；②电话亭；③阅报栏；④悬挂广告。

（4）其他单一媒体类型：①墙面；②三面翻；③无照明广告牌；④电子屏；⑤电梯广告。

现在甚至有升空气球、飞艇等先进的户外广告形式。

知识链接

早期户外媒体形式

户外广告是一种古老的传播方式,世界上最早的户外媒体是在我国内蒙古自治区阴山山脉发现的距今约1万多年前的阴山岩画,上面不但有各类动物、植物图形,而且还有告知性的诉求图画,比如指路的路标、狩猎场地的提示、迁移牧场的告知等,这类岩画明显有着公益广告的性质。

国外最早的户外广告媒体出现在古埃及十二王朝时期,是许多的神庙前立着的方尖形的纪念碑。方尖石碑上刻有复杂的象形文字来传播特定信息,因而被认为是最早的户外广告。公元前6世纪,古罗马建立奴隶制共和国,经济繁荣,广告活动增多,闹市和街区出现了招牌和壁报广告。由于街道上四处都竖着杂乱不堪的招牌,政府就下令一律用墙壁做广告,临街的房屋都要留出一面墙壁做广告位置来供张贴广告用。这些早期户外媒体形式在今天的户外广告中仍占有相当大的比例。[①]

二、户外广告的管理

（一）户外广告管理的相关法律法规

关于户外广告的管理,既有全国性的规定,也有地方性的规定。2006年,国家工商行政管理总局颁布施行了《户外广告登记管理规定》,这是继《广告法》《广告管理条例》之后针对户外广告管理的专门立法。各省市也有自己的户外广告管理规定。比如,《江苏省户外广告管理办法》（1997年）、《长沙市城市户外广告管理条例》（1998年）等。

---

① 崔银河.广告媒体研究[M].北京：中国传媒大学出版社,2008：87-88.

（二）管理对象

根据《户外广告登记管理规定》，对户外广告进行管理的对象包括以下几类。

（1）利用户外场所、空间、设施发布的，以展示牌、电子显示装置、灯箱、霓虹灯为载体的广告。

（2）利用交通工具、水上漂浮物、升空器具、充气物、模型表面绘制、张贴、悬挂的广告。

（3）在地下铁道设施，城市轨道交通设施，地下通道，以及车站、码头、机场候机楼内外设置的广告。

（4）法律、法规和国家工商行政管理总局规定应当登记的其他形式的户外广告。

在本单位的登记注册地址及合法经营场所的法定控制地带设置的，对本单位的名称、标识、经营范围、法定代表人（负责人）、联系方式进行宣传的自设性户外广告，不需要向工商行政管理机关申请户外广告登记。地方法规规章另有规定的除外。

（三）管理内容

根据《广告法》第 41 条规定，县级以上地方人民政府应当组织有关部门加强对利用户外场所、空间、设施等发布户外广告的监督管理，制定户外广告设置规划和安全要求。

户外广告的管理办法，由地方性法规、地方政府规章规定。户外广告管理包含以下几个方面的内容。

1. 户外广告的设置

《广告法》第 42 条规定，有下列情形之一的，不得设置户外广告：①利用交通安全设施、交通标志的；②影响市政公共设施、交通安全设施、交通标志、消防设施、消防安全标志使用的；③妨碍生产或者人民生活，损害市容市貌的；④在国家机关、文物保护单位、风景名胜区等的建筑控制地带，或者县级以上地方人民政府禁止设置户外广告的区域设置的。

2. 户外广告的登记

发布户外广告时，发布单位应当依法向县级以上工商行政管理机关申请登记，接受工商行政管理机关的监督管理。

申请户外广告登记，应当具备下列条件：①户外广告发布单位依法取得与申请事项相符的主体资格；②户外广告所推销的商品和服务符合广告主的经营范围或业务范围；③户外广告发布单位具有相应户外广告媒介的使用权；④广告发布地点、形式符合当地人民政府户外广告设置规划的要求；⑤户外广告内容符合法律法规规定；⑥按规定应当经有关行政主管部门批准的，当事人已经履行相关审批手续；⑦法律、法规和国家工商行政管理总局规定的其他条件。

登记事项包括：①户外广告发布单位名称；②户外广告发布地点及具体位置；③户外广告发布期限；④户外广告形式、数量及规格；⑤户外广告内容。

登记时，应当提交的申请材料包括：①《户外广告登记申请表》；②户外广告发布单位和广告主的营业执照或者具有同等法律效力的经营资格证明文件；③发布户外广告的场地或者设施的使用权证明，包括场地或设施的产权证明、使用协议等；④户外广告样件；⑤法律、法规和国家工商行政管理总局规定需要提交的其他文件。

经审查符合以上条件的，工商行政管理机关核发《户外广告登记证》，并建立户外广告登记档案。户外广告必须按登记的地点、形式、规格和时间发布，不得擅自更改。

3. 户外广告的内容

户外广告内容必须符合《广告法》的相关要求,必须登记备案,工商行政管理机关可以进行事后的监督检查,对广告内容违法的,可以依法查处。

户外广告的发展现状

在户外广告行业细分市场领域,户外电子屏广告市场、公交车身广告市场及电梯平面广告市场因受众覆盖面广、广告投放效果好等原因广受关注。其中,户外电子屏广告市场规模在户外广告市场中所占份额较大,目前中国户外电子屏广告市场规模达到 22.16 亿元,同比增长 32%。

20 世纪 90 年代以来,我国户外广告行业取得了突飞猛进的发展,企业对户外广告的投入以年均 25% 的速度递增。我国户外广告投放总额达到 515 亿元。

国内户外广告业主要集中在一、二线城市,其中北上广深四个一线城市就占据了全国户外广告总量的近 50%。由于一线城市 2009—2010 年在大牌媒体资源上一直存在稀缺,LCD 刊例同比增长将近 15% ～30%,价格涨势明显。二线城市商务楼宇媒体价格涨幅较大,增幅在 20% ～40% 不等。而公交车身、候车亭一线城市保持在相同的价格上,二级城市平均涨幅在 9%,三级城市平均涨幅在 3%,随着客户户外投放在市场上的深入,投放量的增加,也促使四级城市价格的增长,平均涨幅在 10%。公交车 LCD 除了 CCTV 移动传媒因为媒体价格低于市场其他媒体供应商而涨价之外,终端屏幕数的增加也导致了其价格增幅平均在 15% ～25%。

广大中小城市户外广告业还处于待开发状态,随着一线城市户外媒体资源稀缺性凸显,大多数二线城市户外广告业得到较好发展,整个户外广告市场对三、四级市场重视度的增加,带动了这些市场的媒体价格。中小城市既是吸收农村大量剩余劳动力的主力,也是新一轮经济发展与社会消费的主要增长点,在高新起点上开拓中小城市户外广告市场,媒体供应商将得以收获一个丰硕未来。[①]

第二节 印刷品广告的法律监管

一、印刷品广告概述

(一)印刷品广告的定义

印刷品广告是指广告主自行或者委托广告经营者利用单页、招贴、宣传册等形式发布介绍自己所推销的商品或者服务的一般形式印刷品广告,以及广告经营者利用有固定名称、规格、样式的广告专集发布介绍他人所推销的商品或者服务的固定形式印刷品广告。

(二)印刷品广告的种类

印刷品广告可以分为一般形式、固定形式和特殊形式三种,具体如下。

---

① 商路通. http://www.3566.t.com/news/jdzk/3311127.html.

（1）一般形式印刷品广告是指广告主自行或委托广告经营者利用单页、招贴、宣传册等形式发布介绍自己所推销的商品或服务的印刷品广告。

（2）固定形式印刷品广告是指广告经营者利用固定名称、规格、样式的广告专集发布介绍他人所推销的商品或服务的印刷品广告。

（3）特殊形式印刷品广告是指含有广告内容的票据、包装、装潢以及说明书等。如,景点门票、火车票、登机牌、出租车发票等背面都有广告内容的用语。

小贴士

我国最早的印刷广告

历史资料证明,我国宋代时出现了印刷品广告,现存上海博物馆的宋代"济南刘家工夫针铺"的"白兔捣药"针的广告铜版是我国最早的印刷广告。比英国第一张推销图书的英文印刷广告早四五年。元明时期,雕版印刷业得到发展,印刷广告不断增加,到清代,木版年画甚为流行,内容多取材于民间故事,戏剧人物及"福""禄""寿""喜"等吉祥字画;许多商人用木版画做商品包装,包装广告得到了发展。

二、印刷品广告的具体规范

（一）原则性规定

1. 印刷品广告的内容

印刷品广告必须真实、合法、符合社会主义精神文明建设的要求,不得含有虚假的内容,不得欺骗和误导消费者。

印刷品广告应当具有可识别性,能够使消费者辨明其为印刷品广告,不得含有新闻报道等其他非广告信息内容。

印刷品广告的印制企业应当遵守有关规定,不得印制含有违法内容的印刷品广告。

2. 印刷品广告的发布

发布印刷品广告,不得妨碍公共秩序、社会生产及人民生活。在法律、法规及当地县级以上人民政府禁止发布印刷品广告的场所或者区域不得发布印刷品广告。

广告主、广告经营者利用印刷品发布药品、医疗器械、农药、兽药等商品的广告和法律、行政法规规定应当进行审查的其他广告,应当依照有关法律和行政法规规定取得相应的广告审查批准文件,并按照广告审查批准文件的内容发布广告。

凡发布于商场、药店、医疗服务机构、娱乐场所以及其他公共场所的印刷品广告,广告主、广告经营者要征得上述场所管理者的同意。上述场所的管理者应当对属于自己管辖区域内散发、摆放和张贴的印刷品广告负责管理,对有违反广告法规规定的印刷品广告应当拒绝其发布。

（二）一般形式印刷品广告

关于一般形式印刷品广告,广告主自行发布时,应当标明广告主的名称、地址;若是委托广告经营者设计、制作、发布的,应当同时标明广告经营者的名称、地址。

（三）固定形式印刷品广告

1. 广告经营者的条件

广告经营者申请发布固定形式印刷品广告,应符合下列条件:①主营广告,具有代理和发布广告的经营范围,且企业名称标明企业所属行业为"广告";②有150万元以上的注册资本;③企业成立3年以上。

2. 广告经营者的发布申请

广告经营者发布固定形式印刷品广告,应当向其所在地省、自治区、直辖市及计划单列市工商行政管理局提出申请,提交下列申请材料:①申请报告(应载明申请的固定形式印刷品广告名称、规格,发布期数、时间、数量、范围,介绍商品与服务类型,发送对象、方式、渠道等内容);②营业执照复印件;③固定形式印刷品广告登记申请表;④固定形式印刷品广告首页样式。

经省、自治区、直辖市及计划单列市工商行政管理机关审查,予以核准的,核发《固定形式印刷品广告登记证》。《固定形式印刷品广告登记证》有效期限为两年。广告经营者在有效期届满30日前,可以向原登记机关提出延续申请。

广告经营者不得涂改、倒卖、出租、出借《固定形式印刷品广告登记证》,或者将固定形式印刷品广告转让他人发布经营。

3. 广告构成的要求

广告经营者应当按照核准的名称、规格、样式发布固定形式印刷品广告;应当接受工商行政管理机关的监督检查,按要求报送固定形式印刷品广告样本及其他有关材料,不得隐瞒真实情况、提供虚假材料。

广告经营者应当在每期固定形式印刷品广告首页顶部位置标明固定形式印刷品广告名称、广告经营者名称和地址、登记证号、期数、发布时间、统一标志"DM"。

固定形式印刷品广告名称应当由以下三部分依次组成:广告经营者企业名称中的行政区划;企业字号;"广告"字样。固定形式印刷品广告名称字样应显著,各组成部分大小统一,字体一致,所占面积不得小于首页页面的10%。

固定形式印刷品广告的首页和底页应当为广告版面,广告经营者不得将广告标题、目录印制在首页上。固定形式印刷品广告不得使用主办、协办、出品人、编辑部、编辑、出版、本刊、杂志、专刊等容易与报纸、期刊相混淆的用语。

固定形式印刷品广告中的广告目录或索引应当为商品(商标)或广告主的名称,其所对应的广告内容必须能够具体和明确地表明广告主及其所推销的商品或者服务,广告经营者不得以新闻报道形式发布广告。

广告经营者针对特殊群体需要发布中外文对照的固定形式印刷品广告,不得违反国家语言文字的有关规定。

案例 5-1

2016年1月,重庆市万州区工商局检查人员发现在万州街头有人正在分发、赠送《都市快讯》,该报不是重庆市某个新闻单位或者万州区的三峡都市报社发行的一种新报纸,它由重庆某文化传媒有限公司主办。仔细翻阅发现并非是"报",

虽然外形像"报",版式像"报",重点文稿像"报",行文方式像"报",有关标志也像"报",但却并未标注公开发行刊号,其"报头"下仅有的是"经营许可证:渝工商广固印登字[2015]11号"字样。检查人员还发现没有相应的批准出版字号,不可能是新闻出版管理部门批准的可供赠阅的内部资料。从《都市快讯》封面的标注和发刊词中了解到,今后《都市快讯》"每周一期",发行范围为:重庆市万州区党政机关、企事业单位、沿街门店、写字楼、小区、社区居委会,有7万份的发行量等信息。并且从该印刷品中找出十多处十分突出和明显的报纸特征,几乎涵盖了报纸的形式与内容的主要特征要素。问:是否应给予重庆某文化传媒有限公司行政处罚?

【解析】

重庆某文化传媒有限公司出版的《都市快讯》在形式上具有报刊特性,内容上有违规情节,属于利用固定形式印刷品广告从事非法出版活动的行为,工商局应给予行政处罚。

本案中的《都市快讯》属于固定形式印刷品。该印刷品违反了下列规定:①《印刷品广告管理办法》第13条规定,固定形式印刷品广告的首页和底页应当为广告版面,广告经营者不得将广告标题、目录印制在首页上。固定形式印刷品广告不得使用主办、协办、出品人、编辑部、编辑、出版、本刊、杂志、专刊等容易与报纸、期刊相混淆的用语;②《印刷品广告管理办法》第14条规定,广告经营者不得以新闻报道形式发布广告。

工商行政管理机关责令重庆某文化传媒有限公司停止违法行为,处以1万元的罚款。

第三节　店堂广告的法律监管

一、店堂广告的定义

根据《店堂广告管理暂行办法》,店堂广告是指利用店堂空间、设施发布的广告及在店堂建筑物控制地带发布的店堂牌匾广告。这里所称店堂包括:①商场(店)、药店、医疗服务机构;②体育场(馆);③各类等候室、休息室、会议室、阅览室、展览厅(室);④影剧院、歌舞厅等娱乐场所;⑤宾馆、饭店、酒吧等营业场所;⑥地铁车站、地下停车场;⑦铁路、民航售票厅及营业厅;⑧邮电、金融、证券等营业厅;⑨各类游乐场所;⑩其他店堂。

小贴士

店堂广告的管理范围

店堂广告是与户外广告相对应的概念,其范畴应包括除能够发布户外广告之外场所空间所发布的一切广告。如在各类交通工具内发布广告,应属于店堂广告的管理范围。

二、店堂广告的法律规定

（一）店堂管理者的义务

店堂管理者是指具有店堂经营管理权或者被授予负责店堂日常经营管理的法人、其他组织或者个人。

店堂管理者应当对店堂广告履行下列义务：①指定专人管理店堂广告；②负责店堂广告的合理规划、督促广告主、广告经营者、广告发布者保证店堂广告的清洁、美观、安全；③负责建立、管理本店堂广告档案。店堂广告档案应当包括广告主、广告经营者、广告发布者名称，广告形式、位置、数量、广告样件，发布日期等内容；④负责将广告样件送当地工商行政管理机关备案。

（二）对店堂广告经营资格的要求

店堂管理者从事店堂广告经营，应当依法取得广告经营资格，申请办理《广告经营许可证》时，应当提交下列证明文件：①营业执照或者其他关于法定主体资格的证明文件；②申请报告；③广告经营机构负责人、广告审查人员名单；④广告经营管理制度；⑤广告管理法规规定应当提交的其他证明文件。

（三）店堂牌匾广告的登记

为推销商品、服务，在店堂建筑物控制地带自行设立的店堂牌匾广告（仅以企业登记核准名称为内容的标牌、匾额除外），应当向当地工商行政管理机关办理登记，同时提交下列证明文件：①营业执照或者其他关于法定主体资格的证明文件；②含有广告发布地点、形式的申请报告；③广告样件；④广告管理法规规定应当提交的其他证明文件。

工商行政管理机关应当在申请人提交的证明文件齐备后予以受理，并在 10 个工作日内做出批准或者不予批准的决定。对批准设立的店堂牌匾广告核发《店堂牌匾广告发布登记证》。

（四）店堂广告的质量与内容管理

店堂广告的设计和制作，应当符合国家有关质量技术标准，与店堂环境相协调，不得粗制滥造。店堂广告使用文字、汉语拼音、计量单位等、应当符合国家有关规定，书写规范、准确。

（五）店堂广告与其他相关广告

1. 与户外广告

各类店堂牌匾广告，属于当地人民政府户外设置规划范围，设置地点依法律、法规须经政府有关部门批准的，应当按照户外广告予以管理、可不再进行店堂牌匾广告登记。

2. 与临时性广告

在店堂举办的展览、展销、模特表演和体育、文体活动等涉及广告经营的，依照《临时性广告经营管理办法》管理。

3. 与印刷品、显示屏广告

店堂内发布印刷品广告、显示屏广告，分别依照《印刷品广告管理办法》《广告显示屏管理办法》管理。

4. 与烟草广告

在国家禁止范围以外的店堂发布烟草广告,必须经省级以上广告监督管理机关或者其授权的省、直辖市广告监督管理机关批准。

　　某市 A 诊所在其大厅内作乙肝治疗店堂广告,甲患者说:"我得乙型肝炎 3 年了,现在在挂针、挂干扰素,而且我在吃中药。"A 诊所陈医师说:"我看这个转阴的效果是有限的,最好的方法是你和我们专家组联系一下,用系列中药结合干扰素应用,效果更巩固,用了我们的治疗方法,肝病是能够治好的,而且不会复发。"问:该店堂广告是否违反法律法规的规定?①

　　【解析】

　　A 诊所在其大厅内为自己的乙肝治疗作店堂广告违反了法律法规的规定。乙肝疾病医疗禁止做广告的规定,《店堂广告管理暂行办法》第 11 条规定,店堂广告的经营者、发布者,应当负责查验广告证明,核实广告内容,对证明不全或者内容不实的广告不得发布。《广播电视广告播出管理办法》第 9 条规定,禁止广播电视播出治疗恶性肿瘤、肝病、性病或者提高性功能的药品、食品、医疗器械、医疗广告。该店堂广告违反了上述规定,A 诊所应承担法律责任。

第四节　广播电视广告的法律监管

一、广播电视广告的含义与特点

　　广播广告是利用声音广播的媒介来发布商品或服务信息的广告形式。它可以充分利用广播媒介时效性强、传播范围广、声情并茂、通俗易懂和形式多样的特点,实现快捷、广泛、通俗悦耳和灵活多样的信息传播。

　　电视广告是利用电视媒介发布商品或服务信息的广告形式。它是兼有视听效果并运用了语言、声音、文字、形象、动作、表演等综合手段进行传播的信息传播方式。

我国广播电视广告的发展史上的 3 个第一次

　　1979 年 3 月 15 日,中央电视台首次播出外商广告——西铁城手表广告。1979 年 4 月 15 日,广东电视台设立中国电视史上第一个商业广告节目。1980 年元旦,中央人民广播电台播出建台以来第一条商业广告。

二、广播电视广告内容的规范

(一)《广告法》的基本规定

广告应当真实、合法,符合社会主义精神文明建设的要求。不得含有虚假的内容,不得

---

①　百度文库. http://wenku.baidu.com/view/faeeccf9910ef12d2af9e771.html.

欺骗和误导消费者。广告内容应当有利于人民的身心健康,促进商品和服务质量的提高,保护消费者的合法权益,遵守社会公德和职业道德,维护国家的尊严和利益。

(二)《广播电视广告播出管理办法》的具体规定

1. 广播电视广告坚持的方向

广播电视广告应当坚持正确导向,树立良好文化品位,与广播电视节目相和谐。

2. 广播电视广告禁止含有的内容

(1)反对宪法确定的基本原则的。

(2)危害国家统一、主权和领土完整,危害国家安全,或者损害国家荣誉和利益的。

(3)煽动民族仇恨、民族歧视,侵害民族风俗习惯,伤害民族感情,破坏民族团结,违反宗教政策的。

(4)扰乱社会秩序,破坏社会稳定的。

(5)宣扬邪教、淫秽、赌博、暴力、迷信,危害社会公德或者民族优秀文化传统的。

(6)侮辱、歧视或者诽谤他人,侵害他人合法权益的。

(7)诱使未成年人产生不良行为或者不良价值观,危害其身心健康的。

(8)使用绝对化语言,欺骗、误导公众,故意使用错别字或者篡改成语的。

(9)商业广告中使用、变相使用中华人民共和国国旗、国徽、国歌,使用、变相使用国家领导人、领袖人物的名义、形象、声音、名言、字体或者国家机关和国家机关工作人员的名义、形象的。

(10)药品、医疗器械、医疗和健康资讯类广告中含有宣传治愈率、有效率,或者以医生、专家、患者、公众人物等形象做疗效证明的。

(11)法律、行政法规和国家有关规定禁止的其他内容。

3. 禁止播出的广播电视广告

(1)以新闻报道形式发布的广告。

(2)烟草制品广告。

(3)处方药品广告。

(4)治疗恶性肿瘤、肝病、性病或者提高性功能的药品、食品、医疗器械、医疗广告。

(5)姓名解析、运程分析、缘分测试、交友聊天等声讯服务广告。

(6)出现"母乳代用品"用语的乳制品广告。

(7)法律、行政法规和国家有关规定禁止播出的其他广告。

4. 时政新闻类节(栏)目的规范

时政新闻类节(栏)目不得以企业或者产品名称等冠名。有关人物专访、企业专题报道等节目中不得含有地址和联系方式等内容。

5. 投资咨询、金融理财和连锁加盟的规范

投资咨询、金融理财和连锁加盟等具有投资性质的广告,应当含有"投资有风险"等警示内容。

6. 博彩性质的广告的禁止性规范

除福利彩票、体育彩票等依法批准的广告外,不得播出其他具有博彩性质的广告。

三、广播电视广告播放的监管

播放机构在播放广告时应当遵守下列规定。

1. 广播电视广告播出活动应当坚持的原则

根据《广播电视广告播出管理办法》规定，广播电视广告播出活动应当坚持以人为本，遵循合法、真实、公平、诚实信用的原则。

2. 广播电视广告播出的编排

广播电视广告播出应当合理编排。其中，商业广告应当控制总量、均衡配置。

3. 不得影响广播电视节目的完整性

广播电视广告播出不得影响广播电视节目的完整性。除在节目自然段的间歇外，不得随意插播广告。在转播、传输广播电视节目时，必须保证被转播、传输节目的完整性。不得替换、遮盖所转播、传输节目中的广告；不得以游动字幕、叠加字幕、挂角广告等任何形式插播自行组织的广告。

4. 广告播出时长

(1) 播出机构每套节目每小时商业广告播出时长不得超过 12 分钟。其中，广播电台在 11:00 至 13:00、电视台在 19:00 至 21:00，商业广告播出总时长不得超过 18 分钟。在执行转播、直播任务等特殊情况下，商业广告可以顺延播出。

(2) 播出机构每套节目每日公益广告播出时长不得少于商业广告时长的 3%。其中，广播电台在 11:00 至 13:00、电视台在 19:00 至 21:00，公益广告播出数量不得少于 4 条(次)。

(3) 播出电视剧时，不得在每集(以 45 分钟计)中间以任何形式插播广告。

5. 冠名标识

(1) 除电影、电视剧剧场或者节(栏)目冠名标识外，禁止播出任何形式的挂角广告。

(2) 电影、电视剧剧场或者节(栏)目冠名标识不得含有下列情形：①单独出现企业、产品名称或者剧场、节(栏)目名称难以辨认的；②标识尺寸大于台标，或者企业、产品名称的字体尺寸大于剧场、节(栏)目名称的；③翻滚变化，每次显示时长超过 5 分钟，或者每段冠名标识显示间隔少于 10 分钟的；④出现经营服务范围、项目、功能、联系方式、形象代言人等文字、图像的。

(3) 电影、电视剧剧场或者节(栏)目不得以治疗皮肤病、癫痫、痔疮、脚气、妇科、生殖泌尿系统等疾病的药品或者医疗机构作冠名。

6. 播出内容的限制

(1) 播出商业广告应当尊重公众生活习惯。在 6:30 至 7:30、11:30 至 12:30 以及 18:30 至 20:00 的公众用餐时间，不得播出治疗皮肤病、痔疮、脚气、妇科、生殖泌尿系统等疾病的药品、医疗器械、医疗和妇女卫生用品广告。

(2) 播出机构应当严格控制酒类商业广告，不得在以未成年人为主要传播对象的频率、频道、节(栏)目中播出。广播电台每套节目每小时播出的烈性酒类商业广告，不得超过 2 条；电视台每套节目每日播出的烈性酒类商业广告不得超过 12 条，其中 19:00 至 21:00 不得超过 2 条。

(3) 在中小学生假期和未成年人相对集中的收听、收视时段，或者以未成年人为主要传播对象的频率、频道、节(栏)目中，不得播出不适宜未成年人收听、收视的商业广告。

（4）播出电视商业广告时不得隐匿台标和频道标识。

（5）经批准在境内落地的境外电视频道中播出的广告，其内容应当符合中国法律、法规和本办法的规定。

四、广播电视广告监管机构

（一）监管机构

广播影视行政部门对广播电视广告播出活动实行属地管理、分级负责。国务院广播影视行政部门负责全国广播电视广告播出活动的监督管理工作。县级以上地方人民政府广播影视行政部门负责本行政区域内广播电视广告播出活动的监督管理工作。

（二）监管职责

县级以上人民政府广播影视行政部门应当加强对本行政区域内广播电视广告播出活动的监督管理，建立、完善监督管理制度和技术手段。建立公众举报机制，公布举报电话，及时调查、处理并公布结果。在对违法行为进行行政处罚时，应将处理情况报上一级人民政府广播影视行政部门备案。

因公共利益需要等特殊情况，省、自治区、直辖市以上人民政府广播影视行政部门可以要求播出机构在指定时段播出特定的公益广告或者做出暂停播出商业广告的决定。

（三）行业自律

（1）播出机构从事广告经营活动应当取得合法资质，非广告经营部门不得从事广播电视广告经营活动，记者不得借采访名义承揽广告业务。

（2）播出机构应当建立广告经营、审查、播出管理制度，负责对所播出的广告进行审查。

（3）播出机构应当加强对广告业务承接登记、审核等档案资料的保存和管理。

（4）药品、医疗器械、医疗、食品、化妆品、农药、兽药、金融理财等须经有关行政部门审批的商业广告，播出机构在播出前应当严格审验其依法批准的文件、材料。不得播出未经审批、材料不全或者与审批通过的内容不一致的商业广告。制作和播出药品、医疗器械、医疗和健康资讯类广告需要聘请医学专家作为嘉宾的，播出机构应当核验嘉宾的医师执业证书、工作证、职称证明等相关证明文件，并在广告中据实提示，不得聘请无有关专业资质的人员担当嘉宾。

（5）国务院广播影视行政部门推动建立播出机构行业自律组织。该组织可以按照章程的规定，采取向社会公告、推荐和撤销"广播电视广告播出行业自律示范单位"等措施，加强行业自律。

五、电视直销广告的规范

（一）电视直销广告的定义

电视直销广告是指电视台为客户专门设置的广告时间段，利用这个时间段专门为某一个厂家或企业介绍其生产或销售的产品。它对商品的特点和使用知识介绍得比较详细，播出时间较长，而且是定期定时播出，并且其推销的产品由于是通过热线电话购买的，所以价格比商场的零售价要低得多。

（二）电视直销广告的管理规定

国家广电总局于 2009 年发布了《关于加强电视购物短片广告和居家购物节目管理的通知》。

1．对电视购物广告的具体要求

（1）播出时间限制。根据《广播电视广告播出管理办法》，自 2010 年 1 月 1 日起，所有电视购物短片广告作为广告管理，计入广告播出总量。

（2）播出频道限制。新闻、国际等专业频道和电视购物频道，不得播出电视购物短片广告。教育、少儿等专业频道不得播出不宜未成年人收看的电视购物短片广告。上星频道每天 18 点至 24 点的时段内，不得播出电视购物短片广告。

（3）播出内容限制。电视购物短片广告和居家购物节目必须坚持正确导向，坚持良好文化品位。要如实介绍所售商品，标明商品销售企业名称，公布在一定期限内可"无条件退货"和"验货付款"的承诺。特殊类商品，还必须标明相关审批文号等信息。有投资风险或者可能产生副作用的商品，必须在广告或者节目中明确提示。

购物短片广告和居家购物节目严禁出现以下内容：①内容虚假违法、格调庸俗低下；②夸大、夸张宣传，误导消费；③以公众人物、专家等名义作证明；④虚构断货、抢购、甩货等情形推销商品；⑤谎称商品通过认证、获得奖项或者荣誉称号等；⑥虚构或者伪造科研成果、统计资料等材料作证明；⑦法律、行政法规、规章禁止的其他内容。

严禁播出下列电视购物短片广告和居家购物节目：①含有违反本通知第 4 条规定内容的；②介绍药品、性保健品和丰胸、减肥产品的；③介绍无产品名称、无生产厂厂名和厂址的产品的；④介绍帮助人体增高的器械或者内服产品的；⑤介绍植入人体式的或者需专业人士操作的各类医疗器械的；⑥出现人体性器官解剖图解、动画演示画面的；⑦法律、行政法规、规章禁止的其他广告和节目。

2．对电视购物企业资质和条件的要求

具体要求如下：①注册资本金不少于 1000 万元人民币；②具有固定经营场所；③具有不少于 100 个座席的呼叫系统、物流配送和结算系统；④具有规范的产品保修、退货、投诉处理等售后服务制度和相应机构、人员；⑤合作前三年内无商业欺诈和虚假违法等不良记录。

被省级以上工商、卫生、药监等有关行政部门处理或者被司法部门追究刑事责任的电视购物企业，广播电视播出机构在 5 年内不得接受其投放的广告。

此外，2010 年年初广电总局还下发通知，不允许电视购物短片广告中出现主持人，并严格限制容易误导观众判断的"叫卖式"夸张配音。

第五节　网络广告和其他新媒体广告的法律监管

一、新媒体广告概述

"新媒体"（New Media）一词最早是 1967 年由美国人戈尔德马克提出来的。对于什么是新媒体，人们的理解并不一致，一般认为新媒体是利用数字技术、网络技术、移动技术，通过互联网、无线通信网、卫星等渠道以及计算机、手机、数字电视机等终端,向用户提供信息和娱乐服务的传播形态和媒体形态。

新媒体是相对于传统媒体而言的,是报纸、广播、电视等传统媒体以后发展起来的新的媒体形态,严格来说,新媒体应该称为数字化媒体。清华大学的熊澄宇教授认为:"新媒体是一个不断变化的概念。在今天网络基础上又有延伸,无线移动的问题,还有出现其他新的媒体形态,跟计算机相关的,这都可以说是新媒体。"

媒体的发展阶段

媒体的发展经历了三个阶段:精英媒体、大众媒体和个人媒体。这三个阶段分别代表着传播发展的农业时代、工业时代和信息时代。

在互联网高速发展的今天,以个人为中心的新媒体已经从边缘走向主流。其中以博客最为典型。新媒体时代已经到来。

从媒体发生和发展的过程中,我们可以看到新媒体是伴随着媒体发生和发展在不断变化的。广播相对报纸是新媒体,电视相对广播是新媒体,网络相对电视是新媒体。科学技术在发展,媒体形态也在发展。当今需要去关注在数字媒体之后的新媒体形态。

二、网络广告的法律规范

(一)网络广告与网络安全

1. 网络广告的定义

网络广告是指在互联网的站点上发布的以数字代码为载体的各种经营性广告。常见的形式有网幅广告、图标广告、文字广告、导航广告、电子邮件广告等。

2. 网络广告的特点

与广播电视、报纸等传统广告媒体相比,网络广告的具有如下特点:①传播范围广,无时空限制;②灵活的互动性和选择性;③内容丰富、形象生动;④易于实时修改;⑤绝对价格低;⑥传播的被动性。[①]

3. 网络安全

根据公安部《计算机信息网络国际联网安全保护管理办法》的有关规定,任何单位和个人不得利用国际联网制作、复制、查阅和传播下列信息:①煽动抗拒、破坏宪法和法律、行政法规实施的;②煽动颠覆国家政权,推翻社会主义制度的;③煽动分裂国家、破坏国家统一的;④煽动民族仇恨、民族歧视,破坏民族团结的;⑤捏造或者歪曲事实,散布谣言,扰乱社会秩序的;⑥宣扬封建迷信、淫秽、色情、赌博、暴力、凶杀、恐怖,教唆犯罪的;⑦公然侮辱他人或者捏造事实诽谤他人的;⑧损害国家机关信誉的;⑨其他违反宪法和法律、行政法规的。

---

① 王悦彤,李明合.广告法规与管理[M].开封:河南大学出版社,2011:124.

（二）网络广告违法行为及处罚

1. 网络虚假广告

网络虚假广告是指网络广告发布者以谋取非法利益为目的，以欺骗的方式进行的使广告受众产生错误认识的网络广告宣传。对于虚假广告应当承担的法律责任，《广告法》第 37 条和第 38 条对此有明确的规定。

2. 网络广告不正当竞争行为

广告作为市场竞争的重要手段，有时候会被企业或个人用于不正当竞争，作为一种新兴的广告媒体形式，网络广告也被用于不正当竞争。比如，利用超链接技术进行不正当竞争，通过抄袭和剽窃他人网站内容进行不正当竞争，利用关键词技术进行不正当竞争。对于网络广告不正当竞争行为可以依据《广告法》《反不正当竞争法》进行处罚。

案例 5-3

大众搬场公司发现在百度搜索其公司名称时，在搜索结果页的左、右侧均出现了百度提供的广告链接，其中的不少链接还冠以该公司名义或者以该公司拥有"大众"商标为名义的搬场服务。遂诉至法院，要求百度停止侵权、赔礼道歉、赔偿损失。法院一审认定，百度构成侵权，并责以赔偿 5 万元、承担相关诉讼费用。①

案例 5-4

广东绿岛风公司发现在谷歌网站搜索"绿岛风"关键词时，搜索结果页右侧会出现带有"绿岛风"字样的广告链接，该链接指向竞争对手公司网站。该公司遂将谷歌和竞争对手告上法庭，法院一审认定，绿岛风公司的竞争对手构成侵权，而谷歌公司在诉讼过程中已及时停止了对其竞争对手提供关键词广告服务因此不构成侵权。

【解析】

案例 5-3、案例 5-4 纠纷都属于广告侵权案件，但审判结果不同。案例 5-3 中人民法院一审认定，百度公司构成侵权，并责以赔偿 5 万元、承担相关诉讼费用。案例 5-4 中人民法院一审认定，绿岛风公司的竞争对手构成侵权，而谷歌公司在诉讼过程中已及时停止了对其竞争对手提供关键词广告服务因此不构成侵权。

搜索引擎关键词服务是广告。如果按传播媒体来分类，搜索引擎关键字广告属于网络广告的一种形式。搜索引擎在各种因特网服务中使用度很高，它不仅体现在搜索引擎等搜索工具上，更重要的是被搜索的网页。站点可以根据用户输入的关键词来决定结果页面上出现的广告内容和各种链接关系。

《广告法》规定："广告主、广告经营者、广告发布者不得在广告活动中进行任何形式的不正当竞争。"如果竞争对手对产品、信息、服务等核心关键词采用了恶意的关键字广告，指向自己的链接或其他链接，构成不正当竞争，是侵权行为。

根据《广告法》规定，负责提供关键词服务的搜索引擎网站的法律身份就是

---

① 陈军梅.搜索引擎关键字广告亟待规范[N].珠海市消费者委员会维权网站，2009-02-19.

《广告法》上的广告经营者,负有监管广告内容合法性的法定义务。搜索引擎运营商对于虚假信息的失察,违反了《广告法》第24条的规定,广告主自行或者委托他人设计、制作、发布广告,应当具有或者提供真实、合法、有效的证明文件。

在现实中,搜索引擎关键字广告通常存在着搜索引擎运营商对关键词无法或不做出审核的问题,搜索引擎运营商在诉讼中往往进行免责申辩。从权利义务关系对等的角度来说,搜索引擎网站的关键词服务是收取费用的,收费是权利,就需要承担相对应的义务和责任,就应当审查收费服务中的违法情况。

案例 5-3 中人民法院认定百度公司对其关键词服务负有一定的监管责任,因此案例 5-3 中百度公司被判侵权,并承担赔偿责任。但是上海和广东这两个国内经济最发达的地区的法院都没有直接认定百度和谷歌的搜索关键词服务是广告。谷歌公司免于承担侵权责任。

知识链接

搜索引擎网站对搜索关键词服务内容进行审查

搜索引擎网站的关键词服务内容涉及两部分,一部分是文字链接,显示在搜索引擎网站搜索结果页上;另一部分是链接指向的广告发布者所指定的网站。

搜索引擎网站应全面对搜索关键词服务内容进行审查,对于商标关键字的内容,开发出一套以机器审查为主,人工审查为辅的审查系统。搜索引擎公司完全可以开发一个审查系统,将注册商标信息数据导入其审查系统,广告主投放关键词广告时,系统即可以要求其注明链接名称和要投放广告的商品,如果链接名称含有属于注册商标的关键词,广告主必须向搜索引擎网站提交其是商标注册人的证据,或者是该商标有用于通用或叙述性文字的说明,由系统提交搜索引擎公司的审查员进行人工审查。

国家相关部门有必要加强管理,把网络广告的主体部分——搜索引擎关键词服务也纳入《广告法》的管理范围,使其与成熟、规范、高效的市场经济体系匹配。[①]

3. 电子、网络广告的禁止性行为

(1)《广告法》第43条规定,任何单位或者个人未经当事人同意或者请求,不得向其住宅、交通工具等发送广告,也不得以电子信息方式向其发送广告。

以电子信息方式发送广告的,应当明示发送者的真实身份和联系方式,并向接收者提供拒绝继续接收的方式。

(2)《广告法》第44条规定,利用互联网从事广告活动,适用《广告法》的各项规定。

利用互联网发布、发送广告,不得影响用户正常使用网络。在互联网页面以弹出等形式发布的广告,应当显著标明关闭标志,确保一键关闭。

4. 其他网络广告违法行为

(1)垃圾邮件。随着电子邮件的普及,不少经营者利用电子邮件来进行广告宣传,众多而没有价值的电子邮件就像垃圾一样大量出现在用户的电子邮箱中,被俗称为"垃圾邮件"。互联网广泛采用匿名的邮件,使人们无法辨别信件的来源,不逐一阅读很难判定

---

① 游云庭.搜索引擎关键词服务的法律性质分析[N].知识产权报,2008-07-11.

其包含的信息是否有价值,不能直接将垃圾邮件删除,从而大量地浪费了网络用户的时间和金钱。

信息产业部 2006 年发布的《互联网电子邮件服务管理办法》第 13 条规定,任何组织或者个人不得有下列发送或者委托发送互联网电子邮件的行为:①故意隐匿或者伪造互联网电子邮件信封信息;②未经互联网电子邮件接收者明确同意,向其发送包含商业广告内容的互联网电子邮件;③发送包含商业广告内容的互联网电子邮件时,未在互联网电子邮件标题信息前部注明"广告"或者"AD"字样。

若违反该条规定,由信息产业部或者通信管理局依据职权责令改正,并处 1 万元以下的罚款;有违法所得的,并处 3 万元以下的罚款。

(2)网络强迫广告与网络隐形广告。网络强迫广告是指当用户上网浏览某一网站或网页时就会出现一些强制性的插播广告,以全屏、半屏,或小窗口等形式出现,有些可以关闭,有些甚至无法关闭的广告。

网络隐形广告是以消费者不易识别的形式,宣传商品或服务,诱使消费者使之误认为是新闻或其他类型信息,从而增加可信度。

我国目前没有从国家层面上对网络强迫广告、网络隐形广告的管制进行立法。

小贴士

网络广告的监管方式

国际上,对于网络广告的监管方式体现出两种截然不同的趋势。

(1)以欧美国家代表的实行较为宽松自由的监管方式。美国一直实行相对宽松自由的监管方式,实行比较宽松的登记制度,并尽可能少设置新的独立行政机构,而是将原有政府管理部门的职能相对地作延伸来适应新情况,再积极利用各种自发的非政府组织、自律组织和企业等。

(2)以日韩代表的实行较为严格谨慎的监控方式。日本对于网络广告的监管充分表现在立法的完善上。比如对于网络广告这个媒介——互联网的管理除了依据刑法和民法之外,还制定了《个人信息保护法》《禁止非法读取信息法》和《电子契约法》等专门法规来处置网络违法行为。[1]

三、手机广告

(一)手机广告的定义和形式

手机广告是指广告代理商或者广告主通过手机媒体平台,以手机用户为目标受众发布的广告以及所进行的广告活动,是手机媒体运营商和服务商提供数据库的支持、客户端软件、广告排期和广告内容的创意等服务。[2]

手机广告主要有短信广告、彩信广告和视频广告三种形式。

基于传播技术上的差异,手机广告管理与网络广告管理有所不同。手机广告是面向个人,而非面向大众,仅出现在个人与个人之间,而且个人拥有手机无须到工商部门注册,因此

---

[1]　中国社会科学网. http://www.cssn.cn/xwcbx/xwcbx_xwcbx_ggx/201406/t20140626_1229664.shtml.

[2]　王悦彤,李明合. 广告法规与管理[M]. 开封:河南大学出版社,2011:127.

要打击手机违法广告有一定的难度。目前,社会各界正呼吁政府尽快出台手机广告管理规定,运用法律手段规范和约束手机广告市场。

(二)电信信息服务广告的具体规范

国家工商行政管理总局、信息产业部于2005年发布了《关于禁止发布含有不良内容声讯、短信息等电信信息服务广告的通知》(以下简称《通知》)。《通知》要求如下。

1. 电信信息服务业务经营者提供的证明文件

电信信息服务业务经营者在自行或者委托他人设计、制作、代理或者发布声讯、短信息等电信信息服务广告时,应当具有并提供下列真实、合法、有效的证明文件。

(1)营业执照。

(2)"业务种类"中含有"信息服务业务"项目的《跨地区增值电信业务经营许可证》或者《增值电信业务经营许可证》。

(3)跨地区电信信息服务业务经营者还应当提供由当地省、自治区、直辖市通信管理局发出的关于确认信息服务业务经营许可证的备案确认文件。

2. 电信信息服务业务经营者应当标明经营者名称及其经营许可证编号

电信信息服务业务经营者在自行或者委托他人发布声讯、短信息等电信信息服务广告时,应当在广告中清晰标明经营者名称及其经营许可证编号。

3. 对声讯、短信息等电信信息服务广告的要求

声讯、短信息等电信信息服务广告必须符合社会主义精神文明建设的要求。禁止利用电视、广播、报纸、期刊、互联网、印刷品等各种媒介或者形式,发布含有淫秽色情、封建迷信等不良内容的声讯、短信息等电信信息服务广告。

4. 收费标准和收费方式要清晰

电信信息服务业务经营者在广告中应当清晰标明声讯、短信息等电信信息服务的收费标准和收费方式,不得欺骗和误导消费者。

5. 查验和核实广告内容的要求

广告经营者、广告发布者在设计、制作、代理、发布声讯、短信息等电信信息服务广告时,应当查验证明文件,核实广告内容。对含有不良内容的广告、不能提供信息服务业务经营许可证的广告,不得设计、制作、代理、发布。

《广告法》第45条规定,公共场所的管理者或者电信业务经营者、互联网信息服务提供者对其明知或者应知的利用其场所或者信息传输、发布平台发送、发布违法广告的,应当予以制止。

一、选择题

1. 户外广告按地点进行分类有（　　　）。

　　A. 码头广告　　　　　　　　　　　　B. 候车亭广告牌

　　C. 地铁广告　　　　　　　　　　　　D. 公交车广告

2. 提交虚假文件或者采取其他欺骗手段取得《户外广告登记证》的，由登记机关责令改正，并处以（　　　）以下的罚款；情节严重的，撤销登记证。

　　A. 3 万元　　　　　B. 2 万元　　　　　C. 1 万元　　　　　D. 5000 元

3. 印刷品广告可以分为（　　　）。

　　A. 一般形式　　　　B. 固定形式　　　　C. 特殊形式　　　　D. 流动形式

4. 对非法散发、张贴印刷品广告的个人，由工商行政管理机关责令停止违法行为，处以（　　　）以下的罚款。

　　A. 50 元　　　　　B. 100 元　　　　　C. 1000 元　　　　　D. 200 元

5. 店堂管理者应当对店堂广告履行（　　　）义务。

　　A. 指定专人管理店堂广告

　　B. 负责店堂广告的合理规划、督促广告主、广告经营者、广告发布者保证店堂广告的清洁、美观、安全

　　C. 负责建立、管理本店堂广告档案。店堂广告档案应当包括广告主、广告经营者、广告发布者名称，广告形式、位置、数量、广告样件，发布日期等内容

　　D. 负责将广告样件送当地工商行政管理机关备案

二、简述题

1. 简述申请户外广告登记应当具备的条件。

2. 简述《印刷品广告管理办法》对印刷品广告内容的规定。

3. 简述不得利用国际联网制作、复制、查阅和传播信息的内容。

4. 简述对购物短片广告和居家购物节目内容的禁止性规定。

5. 简述电子、网络广告的禁止性行为。

三、案例分析题

1. 湖南省某电视台电视购物频道发布低价黄金首饰的电视购物广告。"最后 10 组！再不抢就没了！""两只金手镯、两条金项链、两只金戒指，共计 50 克的 6 件套黄金首饰，原价要 1 万多元，现在只要 298 元。"湖南省常德市民朱女士花 596 元在该电视购物频道订购了两套黄金首饰。之后，朱女士收到了商家寄来的实物，却让她目瞪口呆。朱女士说："实物拿到手后好轻，好粗糙。"朱女士随后将自己购买的两套共计 100 克的"黄金"拿到正规金店鉴定。金店表示朱女士购买的并非黄金，而是工艺品。朱女士打了 20 多个电话要求退货，都没有回应。

分析：监管部门应如何加强对电视直销广告的监管？

2. 2016 年 5 月，高先生在长沙某餐饮管理有限公司网站上查到该单位可以进行餐饮经营特许，即与该单位联系加盟事宜，并直接来长沙进行洽谈。在洽谈过程中，该单位对高先

生宣传自己有几十年的餐饮经营经验,成功地创造了国际知名品牌,并荣获多项国际国内行业大奖等情况。在此种情况下,高先生即决定加盟该单位。

2016年7月15日,高先生与该单位签订了《湖南长沙××餐饮管理有限公司特许连锁加盟协议书》,约定该单位授权高先生在安徽省淮北市××区范围内开办××品牌系列快餐店,并约定了相关的权利义务。合同签订后,高先生即交纳了加盟费26800元。加盟合同签订不久,高先生即发现该单位在淮北同样设有加盟店,生产经营情况不佳。在这种情况下,高先生多次与该单位交涉要求退还加盟费并赔偿损失未果,高先生只得向长沙市工商行政管理局举报。

通过长沙市工商行政管理局的调查,发现该单位利用网络和印刷品广告宣传的"中国××""××(中国)连锁管理总部""××(中国)连锁管理总部"是为了提高加盟效率,诱使投资者加盟而虚构的名称,所宣传的几十年餐饮经营成功创造的国际知名品牌和荣获多项国际国内行业大奖与客观事实不符。

分析:工商局应当对长沙某餐饮管理有限公司做出哪些行政处罚?

第六章

广告行政管理

本章学习目标

通过学习使学生理解广告行政管理机关及其广告管理职责。熟悉广告行政管理的概念、特征以及意义。掌握广告经营资格检查和广告监测的相关法律规定，广告语言文字的相关法律规定，我国对虚假广告的法律规制。

引例

近期，国家工商行政管理总局对全国省、自治区、直辖市电视台卫视频道 2015 年 6 月 20 日—6 月 30 日发布的电视直销广告进行了集中监测。其中部分典型违法电视直销广告如下。

（1）甲卫视 6 月 28 日发布的雪泡瘦电视直销广告。该广告使用"想瘦哪里哪里瘦""20 天减了 30 斤"等保证。

（2）乙卫视 6 月 29 日发布的纯果肤立白电视直销广告。该化妆品广告使用"永久绝毛"等用语。

（3）丙卫视 6 月 28 日发布了癫痫片处方药电视直销广告。

（4）丁卫视 6 月 21 日发布的任仲传风痛康膜电视直销广告。该普通用品广告使用医疗用语或者易与药品混淆的用语，并使用专家、患者名义和形象证明产品功效。

（5）戊卫视 6 月 28 日发布的黑姿魔发梳＋永久黑电视直销广告。该化妆品广告使用"韩国最新科技""一生永久黑发"等用语。

对以上违法广告，工商部门责令停止发布，依法查处。

【解析】

国家工商行政管理总局认定，部分电视台未依法履行广告发布的审查责任,发布的药品、化妆品、保健用品、体育器材等电视直销广告违法问题比较突出,广告内容严重违反广告管理有关规定。

（1）甲卫视播出的广告夸大产品性能和效用,进行不科学的保证,误导消费者,严重违反广告法律、法规规定。

（2）乙卫视播出的化妆品广告绝对化用语夸大产品效用,并对消费者使用前后形象对比误导消费者,严重违反广告法律、法规规定。

（3）丙卫视播出的药品广告属于禁止在大众传播媒介发布的处方药广告,含有使用医疗机构、专家、患者的名义和形象作证明的内容,严重违反广告法律、法规规定。

（4）丁卫视播出的普通用品广告使用医疗用语或者易与药品混淆的用语,宣传产品的治疗作用,并使用专家、患者名义和形象证明产品功效,严重违反广告法律、法规规定。

（5）戊卫视播出的化妆品广告绝对化用语,夸大产品性能和效用,引用数据未注明出处,严重违反广告法律、法规规定。

《广告法》规定,广告不得含有虚假的内容,不得欺骗和误导消费者。《消费者权益保护法》规定,广告经营者、发布者设计、制作、发布关系消费者生命健康商品或者服务的虚假广告,造成消费者损害的,应当与提供该商品或者服务的经营者承担连带责任。国家工商总局和各地工商部门对多次发布严重虚假违法广告的企业、电视台,在给予行政处罚的同时,还会把有关处理情况通报相关部门,提请采取责令停业整顿、暂停产品销售、列入"黑名单"重点监管等措施。消费者面对此类违法广告时,应增强警惕和防范意识,不要轻信虚假广告宣传。

第一节　广告行政管理概述

一、广告行政管理的概念和意义

（一）广告行政管理的概念

广告行政管理是指国家通过一定的行政干预手段或者依照一定的行政管理的法律、法规和有关政策规定,对广告行业和广告活动进行监督、检查、控制、指导的一系列活动的总称。它是国家宏观调控经济的行为之一,属于上层建筑的范畴。对于这个概念主要应明确以下两个方面的内涵。

（1）广告行政管理的实施主体是国家行政机关。县级以上人民政府工商行政管理部门是广告监督管理机关。

（2）广告行政管理的范围涉及广告活动的全过程,既包括对广告市场准入资格的确认,也包括对广告设计、制作、发布的控制和监督,还包括对广告活动涉及的各种社会关系的维护和调整。

（二）广告行政管理的特征

广告行政管理作为政府对广告活动的监督管理,具有如下特征。

1. 指导性

广告行政管理是国家以市场为基础,通过立法、行政执法、行业政策等指导、协调广告业的活动,是间接的宏观管理。

2. 强制性和规范性

广告行政管理是国家广告行政管理机关依据国家法律、法规、政策,凭借法律手段和行政手段对广告活动实施监督管理,因此具有强制性和规范性。

（三）广告行政管理的意义

1. 充分发挥广告的积极作用,促进市场经济的发展

广告的作用有积极的和消极的两个方面,积极的一面是促进市场经济的发展,消极的一面是虚假广告等违法失德广告破坏市场经济的正常秩序。因此,广告行政管理通过行政手段,督促广告发挥其积极作用,促进市场经济的发展。

2. 保护合法的广告宣传,维护社会主义的经济秩序

国家对市场行为进行行政管理的主要目的是确定良好的市场和竞争秩序。广告行政管理也不例外。广告行政管理对经济秩序的维护,既表现为对合法广告经营的保护和扶持,又表现为对非法广告宣传的取缔和处罚。例如,广告行政管理机关在执法过程中对不法广告的查处,一方面打击了不法广告行为,净化了广告市场;另一方面,也保护了合法的广告宣传,维护了正常的广告市场秩序和市场竞争秩序。

3. 维护广大人民群众的利益,促进社会的安定

市场经济中的广告行为,与消费者有密切的联系。这就要求广告必须真实地介绍商品或服务,不允许有欺骗和误导消费者的行为,不能为了牟取暴利而损害消费者的利益。而在实践中,虚假广告的泛滥,侵害了消费者的权益,特别是有些别有用心的人利用广告招摇撞骗,严重损害了人们的身心健康,危害了社会秩序的安定。只有加强对广告的监督管理,才能保证广告的真实性,保证社会的安定和消费者利益。

二、广告行政管理机关及其职责

（一）广告行政管理机关

工商行政管理机关代表国家行使广告监督管理的职能,是我国主要的广告行政管理机关。除此之外,有关政府主管部门如卫生行政管理部门、医药行政管理部门、新闻出版部门、广播电影电视部门、农业行政管理部门、教育行政管理等部门,也在各自的职权范围内对广告发布等有关事项进行监督管理,也属于我国的广告监督管理部门。

目前,我国已经形成了一个以工商行政管理机关为主体、其他监管部门各司其职的比较完善的广告行政管理机构体系。其中,工商行政管理机关中的广告监管机构设置如下。

国家工商行政管理总局下设广告监管司,是工商行政管理部门广告行政管理的最高机关。各省、自治区、直辖市的工商行政管理局设广告监管处。地区、市工商行政管理局设广告监管科。县、自治县、自治州、市、省辖市属区工商行政管理局设广告监管股,在许多地方也用科的称谓。这些机构分别对辖区内的广告主体和广告活动进行监督管理。

（二）广告行政管理机关的职能

根据《广告法》和国务院的有关授权,广告行政管理机关在广告管理中主要行使以下职能。

1. 受托起草法律法规和确定广告管理规章

国家工商行政管理总局可以受国家立法机关和国务院委托起草法律、法规；可以单独或会同有关部门制定广告管理的行政规章；解释广告管理法规、规章，制定各类广告发布标准，并对地方工商行政管理部门进行业务指导。地方工商行政管理局可以受地方立法机关和地方政府委托，起草地方性广告管理法规。

国家工商行政管理总局发布的广告规范性文件

国家工商总局在广告监管领域发布的规范性文件，主要包括：①《广告经营资格检查办法》；②《广告经营许可证管理办法》；③《国家工商行政管理局关于规范广告监测工作的通知》；④《房地产广告发布暂行规定》；⑤《化妆品广告管理办法》；⑥《酒类广告管理办法》以及其他特殊类别商品的广告管理办法和广告发布标准。

2. 进行广告经营登记

对从事广告活动的主体进行广告经营登记是广告行政管理机关的一项重要职能，内容包括在专业广告公司及广告兼营企业的登记注册程序中对其从业资格进行审查批准，并核定广告经营范围；对从事广告发布活动的媒介单位进行资格审查，核定广告经营范围，核发"广告经营许可证"；对各类临时性或特殊形式的广告活动进行资格审查，核定广告经营范围，核发"临时性广告经营许可证"等。

《广告法》规定，广播电台、电视台、报刊出版单位从事广告发布业务的，应当设有专门从事广告业务的机构，配备必要的人员，具有与发布广告相适应的场所、设备，并向县级以上地方工商行政管理部门办理广告发布登记。

3. 对广告活动实施日常监督管理

广告行政管理机关对广告活动的日常监督管理，包括对广告主、广告经营者、广告发布者进行政策、法规的宣传和指导，对各类广告活动的监督检查，对广告样板、样刊、样带的备案审查等。

4. 受理投诉，查处和复议广告违法案件

广告行政管理机关的该项职能包括受理并解决消费者对广告的投诉；对广告违法案件进行立案调查并依法做出行政处罚；对情节严重、构成犯罪的，移送司法机关；做出处罚决定的上一级的工商行政管理部门，受理被处罚人不服处罚的复议申请，进行行政复议，并根据案件事实及法规适用做出维持、变更或者撤销原处罚决定的复议决定。

5. 指导广告业健康发展

广告行政管理机关还有一项重要的职能就是研究、制定并组织实施广告业的方针、政策及发展规划，指导广告行业组织健康发展。

三、广告行政管理的内容

基于广告行政管理机关的上述职能，广告行政管理工作的具体内容包括以下几个方面。

1. 对各类广告发布标准进行管理

广告发布标准是广告主、广告经营者、广告发布者必须遵守的准则。制定、解释、修改广告发布标准，是广告行政管理的一项基本内容。

2. 制定广告行业规划

为了保证广告行业的健康发展，广告行政管理机关要根据国民经济和社会发展的总要求，制定广告业在一定时期的发展目标、发展战略、发展重点、行业结构及相应的政策措施，使广告业与国民经济和社会发展相适应。

3. 对广告内容进行审查验证

我国对不同类别的广告规定了不同的发布要求、审查标准以及审查方法，广告行政管理机关的一项重要工作就是按照相关程序、依据法定的标准对广告进行审查，进而实现对广告的监管。例如，作为药品广告行政管理机关的药品监督管理部门可以根据《药品广告审查办法》和《药品广告审查发布标准》对药品广告进行审查，审查其是否合法，决定是否允许其发布等。

《广告法》第46条规定，发布医疗、药品、医疗器械、农药、兽药和保健食品广告，以及法律、行政法规规定应当进行审查的其他广告，应当在发布前由有关部门（以下称广告审查机关）对广告内容进行审查；未经审查，不得发布。

《广告法》第47条规定，广告主申请广告审查，应当依照法律、行政法规向广告审查机关提交有关证明文件。

广告审查机关应当依照法律、行政法规规定做出审查决定，并应当将审查批准文件抄送同级工商行政管理部门。广告审查机关应当及时向社会公布批准的广告。

《广告法》第48条规定，任何单位或者个人不得伪造、变造或者转让广告审查批准文件。

4. 对广告组织和广告行为进行管理

对广告组织及其行为的规范和管理是广告行政管理机关的广告监督管理的重要工作。对广告组织的管理包括管理广告经营者的资格和资质；而对于广告主体行为的规范包括对合法行为的保护和对违法行为的处理和制裁。

5. 对户外广告的管理

户外广告的管理，其实质属于对广告行为的管理，也是广告行政管理机关进行广告监管工作的一项重要内容。户外广告的管理包括户外广告的登记、发布标准和经营规范。

近期，国家工商行政管理总局对A、B、C三家电视台卫视频道2015年6月20日—6月30日发布的电视直销广告进行了集中监测。其中部分典型违法电视直销广告如下。

（1）A卫视6月28日发布的瑞眼矫视镜电视直销广告。该广告使用医疗用语或者易与药品混淆的用语。

（2）B卫视6月29日发布的Absolution 360健身器材电视直销广告。该体育器材广告宣传"电子刺激肌肉技术"，宣称"比普通运动有高达7倍的效果"。

（3）C卫视6月29日发布的法国芬滋巢电视直销广告。该食品广告使用医疗用语或者易与药品混淆的用语。

对以上违法广告，工商部门将责令停止发布，依法查处。

【解析】

国家工商行政管理总局认定,A、B、C三家电视台未依法履行广告发布的审查责任,发布的食品、医疗器械、体育器材等电视直销广告违法问题比较突出,广告内容严重违反广告管理有关规定。

(1)A卫视播出的医疗器械广告使用医疗用语或者易与药品混淆的用语宣传产品的治疗作用,夸大产品性能和效用,严重违反广告法律、法规规定。

(2)B卫视播出的体育器材广告夸大产品性能和效用,严重违反广告法律、法规规定。

(3)C卫视播出的食品广告使用医疗用语或者易与药品混淆的用语,宣传食品的治疗作用,夸大产品性能和效用,严重违反广告法律、法规规定。

《广告法》规定,广告不得含有虚假的内容,不得欺骗和误导消费者。《消费者权益保护法》规定,广告经营者,发布者设计、制作、发布关系消费者生命健康商品或者服务的虚假广告,造成消费者损害的,应当与提供该商品或者服务的经营者承担连带责任。国家工商总局和各地工商部门对多次发布严重虚假违法广告的企业、电视台,在给予行政处罚的同时,还会把有关处理情况通报相关部门,提请采取责令停业整顿、暂停产品销售、列入"黑名单"重点监管等措施。消费者面对此类违法广告时,应增强警惕和防范意识,不要轻信虚假广告宣传。

第二节　广告经营资格检查和广告监测

一、广告经营资格检查

(一)广告经营资格检查概述

广告经营资格检查是指广告监督管理机关依法定期对广告经营单位进行检查,确认其继续经营广告业务资格的管理制度。目前,广告经营资格检查的主要法律依据是国家工商总局1997年发布的《广告经营资格检查办法》。

根据《广告经营资格检查办法》的规定,国家工商行政管理局负责在国家工商行政管理局登记的广告经营单位的广告经营资格检查。省、自治区、直辖市及计划单列市工商行政管理局,负责在本局登记和上级工商行政管理局授权管辖的广告经营单位的广告经营资格检查。市、县(区)工商行政管理局,负责在本局登记和上级工商行政管理局授权管辖的广告经营单位的广告经营资格检查。广告经营资格检查的具体时间,由省、自治区、直辖市以上工商行政管理局确定。

凡经广告经营登记领取《广告经营许可证》及营业执照的广告经营单位,均应按照规定接受广告经营资格检查。广告监督管理机关对广告经营单位应当以户为单位建立广告经营资格检查档案,详细记载每次检查的时间、内容、检查结论和有关问题的处理等情况。

(二)广告经营资格检查的内容

(1)广告经营资质条件是否符合广告经营资质标准规定的要求。

(2)广告经营单位是否按照合法程序取得广告经营资格。

（3）是否按照审批登记的事项从事广告经营活动。

（4）广告业务承接登记、审核、档案、合同等基本管理制度建立和执行情况。

（5）执行广告审查员管理制度和广告专业技术岗位资格培训制度情况。

（6）执行广告服务收费标准规定和广告收费备案制度、广告财务制度的情况。

（7）户外广告、广告显示屏、印刷品广告、临时性广告等经营资格情况。

（8）设计、制作、代理、发布的广告是否符合国家法律、法规的规定。

（9）是否按照规定报送《广告经营单位基本情况统计表》。

（10）其他遵守国家法律、法规、政策的情况。

（三）广告经营资格检查的程序

1. 提交文件，广告经营资格检查

广告监督管理机关通知广告经营单位提交《广告经营许可证》副本和自检材料，按照规定时间参加广告经营资格检查。

根据规定，广告经营单位参加广告经营资格检查须提交下列自检材料：《广告经营单位广告经营资格检查表》；广告监督管理机关要求提交的其他材料。

2. 受理、审核、实地抽查

广告监督管理机关受理、审核自检材料，对广告经营单位进行实地抽查。

3. 加注标识

广告监督管理机关在《广告经营许可证》副本上加注广告经营资格检查标识。

广告监督管理机关对通过广告经营资格检查的广告经营单位，签署通过广告经营资格检查意见，并在其《广告经营许可证》副本上加盖广告经营资格检查标识后，广告经营单位取得继续经营广告业务的资格。

4. 发还《广告经营许可证》副本

广告监督管理机关发还《广告经营许可证》副本。

另外，广告监督管理机关对通过广告经营资格检查的广告经营单位，可以采取不同的形式予以公告。

（四）广告经营资格检查中责任追究

1. 暂缓通过广告经营资格检查，并责令其限期整改

广告监督管理机关对有下列情形之一的广告经营单位，暂缓通过广告经营资格检查，并责令其限期整改。

（1）广告经营资质条件达不到广告经营资质标准要求的。

（2）广告经营基本管理制度尚未建立和执行的。

（3）有违反法律、法规行为，尚未改正的。

2. 核减其广告项目，宣布《广告经营许可证》作废

对按照规定要求进行整改的广告经营单位，经广告监督管理机关复查合格后，予以通过广告经营资格检查；对未按要求采取有效整改措施的广告经营单位，广告监督管理机关可以核减其广告项目直至其《广告经营许可证》作废。

既领取《广告经营许可证》又领取营业执照的广告经营单位，其营业执照中广告经营项目应随《广告经营许可证》内容的变更及时变更。

3．办理广告经营注销手续

对核准登记后一年以上未开展正常广告经营业务的广告经营单位，广告监督管理机关应责令其办理广告经营注销手续；拒不办理的，其《广告经营许可证》作废。

4．限期不能补报广告经营资格检查材料的处以罚款

广告经营单位在广告监督管理机关广告经营资格检查通知规定的时间内，未报送广告经营资格检查材料的，限期补报广告经营资格检查材料，处 1000 元以下罚款。

5．宣布《广告经营许可证》作废

广告监督管理机关应当对在广告经营资格检查截止日期前未参加检查的广告经营单位实行公告。自公告发布之日起，30 日内无正当理由仍未到广告监督管理机关接受检查的，其《广告经营许可证》作废。

6．罚款处罚

广告经营单位在广告经营资格检查中隐瞒真实情况、弄虚作假的，广告监督管理机关应当责令其限期改正，并处 1 万元以下罚款。

广告经营基本管理制度尚未建立和执行的，广告监督管理机关应当责令其限期改正；逾期仍未改正的，处 5000 元以下罚款。

广告经营审批登记事项发生变化，未及时办理广告经营许可变更手续的，广告监督管理机关应当责令其限期补办，并处 5000 元以下罚款。

广告经营单位不按规定报送《广告经营单位基本情况统计表》的，广告监督管理机关应当责令其限期补报；逾期仍未补报的，处 1000 元以下罚款。

7．行政处分和追究刑事责任

广告监督管理机关工作人员在广告经营资格检查中玩忽职守、滥用职权、徇私舞弊的，给予行政处分。构成犯罪的，由司法机关追究其刑事责任。

（五）广告监督管理职责

工商行政管理部门履行广告监督管理职责，可以行使下列职权：

（1）对涉嫌从事违法广告活动的场所实施现场检查。

（2）询问涉嫌违法当事人或者其法定代表人、主要负责人和其他有关人员，对有关单位或者个人进行调查。

（3）要求涉嫌违法当事人限期提供有关证明文件。

（4）查阅、复制与涉嫌违法广告有关的合同、票据、账簿、广告作品和其他有关资料。

（5）查封、扣押与涉嫌违法广告直接相关的广告物品、经营工具、设备等财物。

（6）责令暂停发布可能造成严重后果的涉嫌违法广告。

（7）法律、行政法规规定的其他职权。

工商行政管理部门应当建立健全广告监测制度，完善监测措施，及时发现和依法查处违法广告行为。

二、广告监测

（一）广告监测概述

广告监测就是广告监督管理机关对已经发布的广告进行监测以发现问题、进行监管的工作。广告监测工作是广告监管日常工作的重要内容。广告监测对于广告监督管理机关发现违法广告,分析广告发布违法趋势,及时提出违法广告的社会识别预警和警示,制定监管措施具有重要意义。

(二) 广告监测规范

广告监测是对个案广告、类别广告、全部广告法律执行状况进行的跟踪检查。广告监测工作包括监测数据的采集汇总、分析整理、监测信息发布等。目前,广告监测的主要法律依据是国家工商局 1996 年发布的《关于规范广告监测工作的通知》以及 2004 年发布的《关于规范和加强广告监测工作的指导意见(试行)》。

1. 广告监测主体

省及省以下广告监督管理机关对在本辖区发布的广告进行监测。国家及省广告监督管理机关根据工作需要可以进行指定监测。广告监督管理机关应就广告监测工作建立健全专门的数据采集、监测报告、监测档案、监测信息发布、监测对象法规培训、违法广告查处等工作制度。

在坚持日常监测的同时,广告监督管理机关可以根据工作需要对一定区域、一定时期、一定媒介进行集中监测。集中监测的对象、范围、内容等应根据一定时期广告监管工作形势及重点提出意见,依工作程序确定。一经确定,即属保密内容,任何人不得擅自透露。

2. 广告监测数据的取得

广告监测用原始资料是监测数据采集的基础,应当准确。监测原始资料由被监测单位提供的,应当有被监测单位经办人的签字。广告监测数据采集的原始资料可以委托广告监测中介机构提供,但对于监测涉及公告和通报的个案广告,应当留案备查。

3. 广告监测报告

广告监测应坚持监测报告制度,集中监测后应形成监测报告。广告日常监测可根据需要形成日报、周报、月报、季报或年报等监测报告。广告监测报告应当真实、客观地反映监测结果,对典型违法广告应当进行核实。

广告监督管理机关根据监测报告分别形成向上级机关和有关部门的《广告发布情况专报》、面向监管系统的《广告监测通报》、面向社会的《广告违法警示公告》。

《广告监测通报》应当包括监测对象的违法率、违法量、主要违法表现、发布违法广告较多的广告主、广告发布者及相关监管工作等。

广告监督管理机关应当定期向社会发布《广告违法警示公告》,公告主要违法表现和典型违法广告,提醒公众注意识别。

小贴士

广告监测报告

各地广告监督管理机关会定期在其官方网站发布广告监测报告,其内容主要包括:监测数据概述、广告监测情况(按照不同类别分析广告监测情况)、广告监测分析等。大家可以到各地广告监督管理机关官方网站获取最新的广告监测报告。

4. 监测发现的违规、违法广告的处理

广告监督管理机关对于监测发现的危害国家利益、社会稳定、经济秩序等重大违法广告,应及时向上级和有关部门专门报告。符合紧急预警机制要求的,应依规定启动紧急预警处理程序,对隐瞒不报的要依党纪政纪追究责任。

广告监督管理机关应当根据监测结果显示的广告市场动态,确定广告监管系统一定时期的监管重点,落实典型违法广告案件的查处及对违法广告主、广告经营者、广告发布者的整改。

广告监测应与企业信用体系制度相结合,发布违法广告是广告活动主体信用的重要内容。对于发布违法广告严重的广告活动主体应当给予一定的信用警示和惩戒。

广告监测中发现的违法或者涉嫌违法广告,根据管辖原则由各地依法调查处理。广告监督管理机关对于公告和通报涉及的违法广告,应当限期办理。

对违法率居高不下、违法情节恶劣、违法地域广、社会影响极坏的广告发布者和典型违法广告,应部署全国或地区统一查处。

广告监督管理机关应视监测情况,结合广告审查员制度,组织对有关的广告主、广告经营者、广告发布者进行广告法规培训。

5. 广告监测档案制度

广告监测工作应建立监测档案制度,监测应保留原始资料。

(三)广告监测数据分析

广告监测数据分析是广告监测的重要工作,因为这是发现广告问题、研究原因并且提出监管、处理对策的基础工作。对于广告监测结果数据的分析,广告监管机关可以委托专业数据处理机构进行,但应签订书面协议,明确各方权利、义务,以便有效防止数据流失和信息泄露,维护技术方知识产权。

知识链接

广告监测中心

广告监测中心隶属于省、自治区、直辖市工商行政管理局,是具体进行广告监测活动的主体,负责对全市广告市场进行监测。其日常工作可分为 5 部分,即日常广告监测、违法广告分派、媒体互动、数据统计分析和广告发布趋势预测。

(1)日常广告监测:负责对本市电视广告、广播广告、网络广告及主要报纸杂志广告的实时监测。

(2)违法广告分派:发现违法广告并将之分派至辖区分局,以便各主管分局及时对违法广告进行处理。

(3)媒体互动:与监测媒体保持实时联系,提示媒体广告发布存在的问题。

(4)数据统计分析:对全市监测数据、违法广告处理数据进行统计分析,并定期向监管系统内部和社会公布分析结果。

(5)广告发布趋势预测:对监测数据进行科学研究,为监管决策提供科学依据。

《广告法》规定,国务院工商行政管理部门会同国务院有关部门,制定大众传播媒介广告发布行为规范。

工商行政管理部门依照《广告法》规定行使职权,当事人应当协助、配合,不得拒绝、阻挠。

任何单位或者个人有权向工商行政管理部门和有关部门投诉、举报违反本法的行为。工商行政管理部门和有关部门应当向社会公开受理投诉、举报的电话、信箱或者电子邮件地址；接到投诉、举报的部门应当自收到投诉之日起七个工作日内，予以处理并告知投诉、举报人。

工商行政管理部门和有关部门不依法履行职责的，任何单位或者个人有权向其上级机关或者监察机关举报。接到举报的机关应当依法做出处理，并将处理结果及时告知举报人。

有关部门应当为投诉、举报人保密。

第三节　广告语言文字管理

一、广告语言文字管理概述

语言文字是指普通话和规范汉字、国家批准通用的少数民族语言文字，以及在中华人民共和国境内使用的外国语言文字。对广告语言文字的管理也是广告行政管理的重要内容。

多数情况下，广告语言是广告要重点突出的内容，广告有可能用一些比较特殊的语言来突出产品或服务的特点。基于上述目的，广告语言会出现求新、求异上表现有余，而在规范、准确上表现不足的特点。这一方面可能对整个国家语言的规范产生冲击，另一方面也可能会对消费者认识广告所设计的产品或服务产生重要影响，同时也可能对市场竞争秩序产生影响。

如广告语言随意借用古诗和成语，久而久之会破坏语言的规范性，比如某品牌轿车的广告语"春眠不觉晓，处处车子跑"等改编古诗或者一些社会公众熟悉的成语的广告，这些改编对于语言文字和汉语文化都会产生冲击，尤其会对很多青少年的学习产生不利影响；含有"第一""最好""顶级"等夸大语言的广告则可能会对消费者的认知造成影响；而含有贬低他人内容的广告语则会构成不正当竞争，破坏市场竞争秩序等。

为促进广告语言文字使用的规范化、标准化，保证广告语言文字表述清晰、准确、完整，避免误导消费者，国家工商行政管理局1998年发布了《广告语言文字管理暂行规定》。这是我国目前规范广告语言文字的主要法律依据，凡在中华人民共和国境内发布的广告中使用的语言文字，均适用该规定。除此之外，《中华人民共和国通用语言文字法》（以下简称《通用语言文字法》）也对广告用语有一定的规范。

案例 6-2

2010年7月31日上午，《海南省实施〈中华人民共和国国家通用语言文字法〉办法》（以下简称《办法》）经海南省四届人大常委会第十六次会议审议通过，并于10月1日起开始实施。《办法》规定，广告用字不得使用错别字、繁体字和已经废止的异体字、简化字，不得用谐音篡改成语。对违反规定的，由县级以上工商行政管理部门对相关责任人给予警告，责令限期改正；拒不改正的，责令限期拆除，并处1000元以上10000元以下的罚款。

"默默无蚊"——某蚊香广告；"一戴添娇"——某女帽广告；"咳不容缓"——某

咳药广告……这些富有创意的广告,自 2010 年 10 月 1 日起,在海南省被禁止使用。[1]

【解析】

滥用汉字的情况,已在相当程度上产生了社会危害,不利于人们正确认识民族文化,混淆视听,对青少年产生了误导。汉字是世界上最古老的文字之一,也是中华文化最直接的载体。规范汉字使用的意义非比寻常,海南省颁布的禁令,无疑是给那些乱用谐音的异类广告下了"封杀令"。以立法的形式来规范汉字的使用,可以说是维护本土文化不失真的积极举措。

二、广告语言文字规范

(一) 对广告语言文字的一般规范

1. 广告语言文字的用语和用字应当规范准确

广告使用的语言文字,用语应当清晰、准确,用字应当规范、标准。

2. 广告语言文字应当符合社会主义精神文明建设的要求

广告使用的语言文字应当符合社会主义精神文明建设的要求,不得含有不良文化内容。

3. 广告用语用字应当使用普通话和规范汉字

根据国家规定,广播电台、电视台可以使用方言播音的节目,其广告中可以使用方言;广播电台、电视台使用少数民族语言播音的节目,其广告应当使用少数民族语言文字。

在民族自治地方,广告用语用字参照《民族自治地方语言文字单行条例》执行。

4. 广告中数字、标点符号的用法和计量单位等应当符合国家规定

广告中数字、标点符号的用法和计量单位等,应当符合国家标准和有关规定。

(二) 对广告语言文字的禁止性规范

1. 广告中不得单独使用汉语拼音

广告中如需使用汉语拼音时,应当正确、规范,并与规范汉字同时使用。

2. 广告中不得单独使用外国语言文字

广告中如因特殊需要配合使用外国语言文字时,应当采用以普通话和规范汉字为主、外国语言文字为辅的形式,不得在同一广告语句中夹杂使用外国语言文字。广告中的外国语言文字所表达的意思,与中文意思不一致的,以中文意思为准。

3. 广告中使用的外国语言文字不适用上述规定的情况

(1) 商品、服务通用名称,已注册的商标,经国家有关部门认可的国际通用标志、专业技术标准等。

(2) 经国家有关部门批准,以外国语言文字为主的媒介中的广告所使用的外国语言文字。

4. 广告用语用字不得出现的情形

(1) 使用错别字。

(2) 违反国家法律、法规规定使用繁体字。

---

① 赖志凯.海南:广告词篡改成语将被重罚[N]. 工人日报,2010-08-09.

（3）使用国家已废止的异体字和简化字。

（4）使用国家已废止的印刷字形。

（5）其他不规范使用的语言文字。

广告中出现的注册商标定型字、文物古迹中原有的文字以及经国家有关部门认可的企业字号用字等，不适用上述规定，但应当与原形一致，不得引起误导。

另外，根据《广告法》的规定，广告中不得使用国家级、最高级、最佳等用语，这也是对广告语言的规范。

（三）对广告语言文字的其他约束性规定

（1）广告中成语的使用必须符合国家有关规定，不得引起误导，对社会造成不良影响。

（2）广告中因创意等需要使用的手书体字、美术字、变体字、古文字，应当易于辨认，不得引起误导。

知识链接

其他规范性文件中对广告语言的约束

在《药品广告审查发布标准》《烟草广告管理暂行办法》等单项广告审查标准中有对相关广告语言文字的管理规定。例如，烟草广告中必须标明"吸烟有害健康"的忠告语；药品广告中不得出现"违反科学规律，明示或者暗示包治百病、适应所有症状的"以及"安全无毒副作用""毒副作用小"等内容的语言。所以，要设计广告语言，除遵守本节介绍的关于语言文字的法律规定外，还要遵守相关广告单项规定中对语言文字的约束。

第四节　虚假广告的法律规制

一、虚假广告概述

（一）虚假广告的概念

对于虚假广告，目前我国相关法规没有做出明确的界定，只在《广告法》第 3 条和《广告管理条例》第 3 条中笼统地规定，"广告应当真实，不得含有虚假的内容，不得欺骗和误导消费者"。根据该条的规定，可以看出，虚假广告是指广告主、广告发布者、广告经营者故意对广告的主要方面制造假象、隐瞒事实真相的、从而可能影响消费者做出正确决策的广告。

（二）虚假广告的特征

（1）虚假广告发生在商业活动中，其目的是推销自己的商品或服务。

（2）虚假广告的主体是进行产品或服务宣传的经营者（广告主），还包括广告经营者和广告发布者。

（3）虚假广告的内容虚假与客观实际不相符合。其内容主要针对商品和服务的基本要素，涉及商品的质量、制作成分、性能、用途、生产者、有效期限、产地、荣誉、价格，以及经营者所提供服务的质量、形式、特征等做出了虚假的宣传。虚假广告实际就是利用广告捏造事实，以并不存在的产品或服务进行欺诈宣传，或广告宣传的产品和服务的主要内容与事实不符。

（4）虚假广告会产生引人误解或欺骗了消费者的后果，这种后果可能是已经发生的致人误认误购的现实情况，也可能是足以引起消费者或用户误认误购的可能性。法律并不要求消费者因为虚假宣传实际上当受骗，只要求广告有使人误解的可能，就可认定为虚假广告，而不必对确实受骗进行举证。

案例 6-3

A 公司在阿里巴巴网站上宣传自己时称：本公司注册资金 5000 万元，已通过 ISO 9001 质量管理体系认证，公司员工人数为 100～200 人，年营业额为 2000 万～5000 万元，产品主要销往港澳台、北美、南美、西欧、东欧、东亚、中东等国家或地区。后经某市工商分局执法人员调查核实：A 公司实有注册资金 50 万元，从未取得 ISO 9001 质量管理体系认证，员工人数也只有 10 人，年营业额仅有 200 万元左右，公司本身并无进出口经营权，根本未对外出口过产品。据此某市工商分局决定对这起案件进行立案查处。问：某市工商分局应当如何依法处罚？

【解析】

A 公司的行为是一种发布虚假广告的违法行为。A 公司在网络广告中宣传的注册资本、员工人数、营业额等内容不真实，含有虚假的内容，严重误导经营者和消费者，属于《广告法》和《广告管理条例》规定中的利用广告弄虚作假、欺骗用户和消费者的违法行为。某市工商分局经过多次的调查取证，依据《广告法》《广告管理条例施行细则》的规定，责令 A 公司其在相应范围内发布更正广告并视情节予以通报批评、处以违法所得 2 倍罚款。

A 公司没有提出异议，按时履行了处罚决定。

（三）虚假广告的分类

虚假广告的表现形式多种多样，但归纳起来，依据虚假广告内容不同，把虚假广告分为以下两大类。

1. 欺诈性的虚假广告

欺诈性的虚假广告是指以牟取非法利益为目的，采取捏造事实等手段进行宣传，主观上故意制造虚假信息，欺骗消费者。

2. 误导性的虚假广告

误导性的虚假广告是指违背客观事实，滥用各种不实之词，对商品、服务进行吹嘘夸大，所宣传的内容与事实有较大出入的广告。比如，在广告中对质量未达到国家标准的商品谎称已达到国家标准的要求，非优质产品谎称已获某级政府颁发的优质产品证书，使用劣质原材料制成的商品谎称使用某种优质原材料制成，或者使用"全国第一""誉满全球"字样等。

二、虚假广告的法律规制

我国在很多法律法规中都有针对虚假宣传和虚假广告的规定，如《广告法》《反不正当竞争法》《消费者权益保护法》等。

（一）《广告法》对虚假广告的法律规制

根据《广告法》的规定，广告应当真实、合法，符合社会主义精神文明建设的要求。广告不得含有虚假的内容，不得欺骗和误导消费者。

如果广告主、广告经营者、广告发布者违反《广告法》的规定，利用广告对商品或者服务作虚假宣传的，由广告监督管理机关责令广告主停止发布并以等额广告费用在相应范围内公开更正消除影响，并处广告费用一倍以上五倍以下的罚款；对负有责任的广告经营者、广告发布者没收广告费用，并处广告费用一倍以上五倍以下的罚款；情节严重的，依法停止其广告业务。构成犯罪的，依法追究刑事责任。

另外，发布虚假广告，欺骗和误导消费者，使购买商品或者接受服务的消费者的合法权益受到损害的，由广告主依法承担民事责任；广告经营者、广告发布者明知或者应知广告虚假仍设计、制作、发布的，应当依法承担连带责任。广告经营者、广告发布者不能提供广告主的真实名称、地址的，应当承担全部民事责任。社会团体或者其他组织，在虚假广告中向消费者推荐商品或者服务，使消费者合法权益受到损害的，应当依法承担连带责任。

（二）《反不正当竞争法》对虚假广告的法律规制

详见本书第四章第五节广告活动中反不正当竞争行为的法律规范　二、广告行为中的不正当竞争行为。

（三）其他法律法规对虚假广告的法律规制

1.《广告管理条例实施细则》对虚假广告的法律规制

根据《广告管理条例实施细则》的规定，广告客户利用广告弄虚作假欺骗用户和消费者的，责令其在相应的范围内发布更正广告，并视其情节予以通报批评、处以违法所得额三倍以下的罚款，但最高不超过3万元，没有违法所得的，处以1万元以下的罚款；给用户和消费者造成损害的，承担赔偿责任。

广告经营者帮助广告客户弄虚作假的，视其情节予以通报批评、没收非法所得、处以违法所得额三倍以下的罚款，但最高不超过3万元，没有违法所得的，处以1万元以下的罚款；情节严重的，可责令停业整顿，吊销营业执照或者《广告经营许可证》；给用户和消费者造成损害的，负连带赔偿责任。

发布更正广告的费用分别由广告客户和广告经营者承担。

2.《消费者权益保护法》对虚假广告的法律规制

根据《消费者权益保护法》的规定，消费者享有知悉其购买、使用的商品或者接受的服务的真实情况的权利。经营者应当向消费者提供有关商品或者服务的真实信息，不得作引人误解的虚假宣传。

消费者因经营者利用虚假广告提供商品或者服务，其合法权益受到损害的，可以向经营者要求赔偿。广告的经营者发布虚假广告的，消费者可以请求行政主管部门予以惩处。广告的经营者不能提供经营者的真实名称、地址的，应当承担赔偿责任。

经营者提供商品或者服务有欺诈行为的，应当按照消费者的要求增加赔偿其受到的损失，增加赔偿的金额为消费者购买商品的价款或者接受服务的费用的一倍。

另外，经营者对商品或者服务作引人误解的虚假宣传的，《产品质量法》和其他有关法律、法规对处罚机关和处罚方式有规定的，依照法律、法规的规定执行；法律、法规未作规定的,由工商行政管理部门责令改正,可以根据情节单处或者并处警告、没收违法所得、处以违法所得一倍以上五倍以下的罚款,没有违法所得的处以 1 万元以下的罚款;情节严重的,责令停业整顿、吊销营业执照。

虚假广告罪犯罪构成要件

　　虚假广告罪的主体既可以是达到刑事责任年龄具备刑事责任能力的自然人,也可以是单位。虚假广告罪在主观方面只能是故意,而不能是过失。虚假广告罪侵犯的客体是社会主义市场经济条件下商品正当的交易活动和竞争活动。虚假广告罪在客观方面表现为广告主、广告经营者和广告发布者,实施了情节严重的虚假广告行为。属于情节严重则构成犯罪,如果情节尚属一般不应以犯罪论处,可以适用民事或者行政处罚措施。

一、选择题

1. 广告行政管理具有(　　)的特征。

　　A. 指导性　　　　　B. 强制性　　　　　C. 规范性　　　　　D. 公平性

2. (　　)工商行政管理局,负责在本局登记和上级工商行政管理局授权管辖的广告经营单位的广告经营资格检查。

　　A. 省　　　　　　B. 自治区　　　　　C. 直辖市　　　　　D. 计划单列市

3. 广告经营单位在广告监督管理机关广告经营资格检查通知规定的时间内,未报送广告经营资格检查材料的,限期补报广告经营资格检查材料,处(　　)以下罚款。

　　A. 4000 元　　　B. 3000 元　　　C. 2000 元　　　D. 1000 元

4. 自公告发布之日起,(　　)内无正当理由仍未到广告监督管理机关接受检查的,其《广告经营许可证》作废。

　　A. 二十日　　　　B. 十日　　　　　C. 三十日　　　　D. 两个月

5. 广告日常监测可根据需要形成(　　)或年报等监测报告。

　　A. 日报　　　　　B. 周报　　　　　C. 月报　　　　　D. 季报

二、简述题

1. 简述广告行政管理机关的职能。

2. 简述广告经营资格检查的内容。

3. 简述广告监测制度。

4. 简述对广告语言文字的禁止性规定。

5. 简述《广告法》对虚假广告的法律规制。

三、案例分析题

1. 国家工商行政总局通过监测,发现了如下虚假违法广告。

(1) 2016 年 4 月 25 日,保健时报上赫然刊登着以"人活百岁不生病"为大标题的广告,后面的文章还说,靖仁堂阿尔法亚麻酸胶囊"一粒胶囊多种功能,快治 13 类慢性病,多活

30 年"。

（2）2016 年 4 月 30 日,京华时报的天泰降糖舒片广告就宣称"全面战胜糖尿病 6 大难题""降糖速度和平稳定,超过常用的多种西药,总体效率高"。

（3）山东某电视台 2016 年 4 月 26 日,多哈多生物电脉冲医疗器械广告宣称"解决了心脑重症后遗症恢复慢,彻底治愈率低的难题"。

（4）2016 年 4 月 25 日,河北省某市广播电台新闻广播播出的参鹿扶正胶囊药品广告就宣称"中国药品监督管理局、中国工商管理局特批全国 5 万名患者开展药品验证活动",在广告播出过程中又有多名"热心听众"打入电话以患者名义叙述用药后的效果。

（5）2016 年 5 月 25 日,山西省某市广播电台综艺广播发布的冠通片广告宣称该药"被指定为惠民工程补贴专用药"。

分析:以上违法行为都分别触犯了哪些广告法律法规,从不同的角度分析广告违法行为的社会危害性。

2. 2016 年 5 月 20 日,某市 A 县工商局公平交易分局执法人员在市场检查中发现:位于 A 县的××家具城卖场内悬挂有金虎家私"中央电视台上榜品牌"的宣传用语。经调查,××家具城不能向执法人员提交金虎家私"中央电视台上榜品牌"的证书及资料。A 县工商局通过网络向中央电视台广告部进行查询取证,中央电视台广告部发出严正声明:中央电视台广告部从未给任何企业、产品颁发过"中央电视台上榜品牌",也未授权给任何企业使用。

分析:××家具城在未取得"中央电视台上榜品牌"有关证明材料的情况下,擅自对外宣传其销售的金虎家私荣获"中央电视台上榜品牌"是什么行为? 应当如何处罚?

第七章

广告与知识产权法律制度

本章学习目标

通过学习使学生理解知识产权的概念、特征。熟悉著作权法律制度的基本内容,掌握知识产权制度在广告活动中的应用。熟悉商标法律制度的基本内容、专利法律制度的基本内容。

引 例

汇集了梁家辉、郭富城等众多明星的警匪题材香港电影《寒战》于2012 年 9 月在香港制作完成,银都机构有限公司、万有引力有限公司和安乐影片有限公司(以下简称安乐公司)是共同著作权人。经授权,安乐公司成为《寒战》在国内的唯一版权持有人。电影上映前,安乐公司便向各大视频网站发函声明影片的版权问题。

2012 年 10 月 17 日,安乐公司曾向全土豆文化传播公司(以下简称全土豆公司)发出律师函,说明自己是涉案影片的著作权人,并告知全土豆公司勿以任何方式传播涉案影片的片段或全片。2012 年11 月 8 日《寒战》在国内正式上映,同年 11 月 22 日,名为"寒战2012DVDScr"的视频也在土豆网上悄然出现,22 个小时,影片播放次数便达到 551 次。

事实上,直至 2013 年 2 月,全土豆公司才获得了 2013 年 2 月12 日至 2015 年 2 月 11 日期间《寒战》影片的信息网络传播权。为此,安乐公司起诉了全土豆公司侵害了自己的信息网络传播权,要求判令全土豆公司赔偿经济损失及合理费用 52 万元。

法院一审认定全土豆公司侵权成立,判决其赔偿经济损失 1.2 万元及合理费用 5000 元。安乐公司不服一审判决,上诉至上海一中院。

一中院审理后认为,原审判决全土豆公司赔偿经济损失 1.2 万元明显过低,遂于 2014 年 1 月 17 日二审改判其赔偿经济损失 12 万元,加上合理费用共计赔偿 12.5 万元。

【解析】

随着数字化技术和网络技术的飞速发展,影视作品在互联网上的传播技术上的限制逐渐消失,互联网已经成为影视作品传播的重要场所,而社会公众观影习惯也发生了极大的变化。土豆网在热播期擅自传播涉案作品,侵犯了原告安乐公司的信息网络传播权,且侵权行为持续的时间较长,原审考虑以上因素并结合全土豆公司网站的经营规模、经营模式、影响力以及权利人对第三方的授权许可费用,酌定的因素全面、合理,遂做出维持原判的终审判决。

人民法院在确定赔偿责任时力度不够,侵权人承担的侵权代价过小。国家有必要适度提高赔偿数额,以确保既能真正填补损害,又能充分发挥侵权行为法的制裁和指引功能,以加大保护力度。

第一节　知识产权法律制度概述

一、知识产权的概念和特征

(一)知识产权的概念

知识产权是指人们对于自己的智力活动创造的成果和经营管理活动中的标记、信誉依法享有的权利[①]。根据我国《民法通则》的规定,知识产权属于民事权利,是基于创造性智力成果和工商业标记依法产生的权利的统称。

知识产权从本质上说是一种无形财产权,它的客体是智力成果或者知识产品,是一种无形财产或者一种没有形体的精神财富,是创造性的智力劳动所创造的劳动成果。

(二)知识产权的特征

1. 无形性

知识产权的客体是智力成果,智力成果是一种没有形体的知识形态的产品。

2. 专有性

知识产权的专有性是指知识产权所有人对其知识产权具有独占权。知识产权的专有性主要表现在两个方面:第一,知识产权所有人独占地享有其权利,未经法律或者知识产权所有人许可,任何人不得擅自使用知识产权所有人的智力成果;第二,同样的智力成果只能有一个成为知识产权保护的对象,不允许有两个或两个以上同一属性的知识产权同时并存。

3. 地域性

知识产权的地域性是指知识产权只在授予其权利的国家或者确认其权利的国家产生,并且只能在该国范围内发生法律效力并受法律保护,而其他国家对其没有必须给予法律保护的义务。

---

① 吴汉东.知识产权法[M].6 版.北京:中国政法大学出版社,2012:1.

4. 时间性

知识产权的时间性是指知识产权只在法律规定的期限内受到法律保护,一旦超过了法律规定的有效期限,这一权利就自行消灭,或者说知识产权就依法丧失。

案例 7-1

"老干妈"作为中国著名品牌,其商标不仅在国内屡被盗用,随着其国际市场的开拓,在海外遭受商标侵权的情况也时有发生。在美国市场发现有泰国生产的同类产品侵犯该公司商标权的现象,贵阳南明老干妈风味食品有限责任公司给侵权企业发过律师函,对方在当地停销了一段时间,更换了产品商标,但之后又转战纽约、芝加哥等地继续销售。[①] 问:如何保护中国著名商标在海外市场的权利?

【解析】

此种侵权行为的发生,实际上是知识产权地域性的体现。要想避免此类侵权,我国企业在走出国门时,必须有知识产权的保护意识,提前在某国完成商标注册或者通过代理人完成交易,就可避免自己的知识产权受到侵犯。应该对自己的商标保护做出一定的预判,既要考虑公司的名称能否用作商标、域名注册,也要考虑包括公司名称在内的图形、字母、数字、三维标志和颜色组合,以及上述要素的组合能否申请到外观设计专利保护等。

二、知识产权的保护范围

知识产权的范围,有广义和狭义两种。

(一)广义知识产权的范围

对于广义的知识产权保护范围的界定,一般以世界知识产权保护组织的《世界知识产权组织公约》和世界贸易组织的《与贸易有关的知识产权协议》为依据确定。

根据上述两个公约的规定,广义的知识产权的范围包括以下方面。

(1)关于文学、艺术和科学作品的权利。主要是指作者权或称著作权、版权。

(2)关于表演艺术家的表演、录音和广播的权利。主要是指邻接权或与著作权相关的权利。

(3)关于人类在一切领域的发明的权利。主要是指人们就专利发明、实用新型及非专利发明享有的权利。

(4)关于科学发现享有的权利。

(5)关于工业品外观设计的权利。

(6)关于商品商标、服务商标、商号及其他商业标记的权利。

(7)关于制止不正当竞争的权利。

(8)其他一切来自工业、科学及文学、艺术领域的智力创作活动所产生的权利。

(9)地理标志权。

(10)集成电路布图设计(拓扑图)权。

---

① 老干妈商标海外遭受侵权. 中国广告网. http://www.cnad.com/,2012-10-24.

（11）未公开的信息专有权，主要是商业秘密权。

（二）狭义知识产权的范围

狭义的知识产权是指传统意义上的知识产权。一般包括专利权、商标权和著作权，还包括与著作权相关的权利即邻接权。

三、我国的知识产权法律体系

知识产权法是指因调整知识产权的归属、行使、管理和保护等活动中产生的社会关系的法律规范的总称。到目前为止，中国已经颁布了一系列知识产权的法律、行政法规，加入了不少知识产权国际组织和国际条约，建立起了比较完整的知识产权法律体系。

（1）我国已经制定颁布的知识产权法律包括《中华人民共和国著作权法》（以下简称《著作权法》）、《专利法》《商标法》《反不正当竞争法》。

（2）知识产权行政法规主要有《著作权法实施条例》《著作权集体管理条例》《计算机软件保护条例》《专利法实施细则》《国防专利条例》《商标法实施条例》《知识产权海关保护条例》《植物新品种保护条例》《集成电路布图设计保护条例》《信息网络传播权保护条例》等。

（3）知识产权行政规章，如国家工商行政管理局《关于禁止侵犯商业秘密行为的规定和商标评审规则》、我国海关总署《关于知识产权保护的实施办法》。

（4）知识产权司法解释，如《最高人民法院关于审理专利纠纷案件适用法律问题的若干规定》《最高人民法院关于诉前停止侵犯注册商标专用权行为和保全证据适用法律问题的解释》。

另外，我国在制定国内知识产权法律法规的同时，加强了与世界各国在知识产权领域的交往与合作，已加入了十多项知识产权保护的国际公约。主要有《与贸易有关的知识产权协定（TRIPS 协定）》《保护工业产权巴黎公约》《保护文学和艺术作品伯尔尼公约》《世界版权公约》《商标国际注册马德里协定》《建立世界知识产权组织公约》《保护表演者、录音制品制作者和广播组织者的罗马公约》《专利合作华盛顿条约》《关于集成电路的知识产权条约》等。

其中，世界贸易组织中的 TRIPS 协定被认为是当前世界范围内知识产权保护领域中涉及面广、保护水平高、保护力度大、制约力强的国际公约，对我国有关知识产权法律的修改有重要作用。

知识链接

广告与知识产权的关联

（1）在广告所宣传的产品或服务中很多具有知识产权属性，只有不断地推出与新时代相适应的新产品或新服务，广告主才能在市场中取得领先的地位。

（2）广告内容几乎都会涉及知识产权内容。

（3）广告所采用的音乐、舞蹈、戏曲、图像、文字等多种表现手法的传播方式，而这些元素本身是智力成果，具有知识产权属性，使用这些元素应取得知识产权人的授权或许可。

（4）广告作品本身也是智力创作的成果，也应当受到知识产权的保护。

第二节　广告中的著作权保护

一、著作权的概念和特征

（一）著作权的概念

著作权又称版权,是指作者或其他著作权人依法对文学、艺术和科学作品所享有的各项专有权利的总称[①]。它包括发表权、署名权、修改权、保护作品完整权等人身权利,还包括复制权、发行权、出租权、展览权、表演权、放映权、广播权、信息网络传播权、摄制权、改编权、翻译权、汇编权等财产权利。

（二）著作权的特征

著作权除具有知识产权的一般特征外,还具有自身的一些特征。

（1）著作权涉及的客体不仅包括文学艺术领域,还包括科学领域;而商标权和专利权的客体主要涉及工业领域。

（2）著作权一般在创作完成时自动取得,而商标权和专利权通常要具备法定条件经申请程序取得。

（3）著作权的保护期限相对较长。我国《著作权法》规定,公民的作品,其发表权和著作财产权的保护期间为作者终生及死后50年。

（4）著作权的取得。

《保护文学艺术作品伯尔尼公约》和我国的《著作权法》都确定了著作权的自动取得原则。即作者在创作完成之后不需要履行任何手续即可自动享有著作权。

二、著作权的主体

著作权的主体是指依法享有著作权人。根据我国《著作权法》第9条的规定,著作权人包括作者及其他依法享有著作权的公民、法人或者其他组织。根据我国《著作权法实施条例》第3条的规定,《著作权法》所称创作是指直接产生文学、艺术和科学作品的智力活动。为他人创作进行组织工作,提供咨询意见、物质条件或者进行其他辅助工作,均不视为创作。此规定对于正确认定著作权的主体意义重大。

（一）作者

作者是著作权的原始主体,享有完整的著作权。作者分为两类,一类是创作作品的自然人;另一类是符合法定条件,视同作者的法人或者其他组织。

（二）其他著作权人

其他著作权人是指作者之外的其他依法享有著作权的公民、法人、其他组织和国家。具体包括下列几种情况。

1. 因继承取得著作权的人

公民、法人或者其他组织都可以因继承而成为著作权的主体。

---

① 吴汉东.知识产权法［M］.6版.北京:中国政法大学出版社,2012:30.

2. 因合同取得著作权的人

公民、法人或者其他组织可以基于合同比如著作权转让合同而取得著作权，成为著作权人。

3. 国家

国家是著作权的特殊主体。国家可能基于著作权转让合同、接受赠予或者接收无人继承又无人受遗赠的著作权而成为著作权的主体。

4. 外国人

外国人包括外国公民、法人或者其他组织，也可以依法成为我国著作权的主体。我国《著作权法》及其实施条例对外国著作权人的保护作了专门的规定。

三、著作权的客体

著作权的客体是指可以获得著作权保护的作品。

1. 受著作权法保护的作品

根据《著作权法》及其实施条例的规定，可以获得著作权保护的作品主要包括：文字作品，口述作品，音乐、戏剧、曲艺、舞蹈、杂技艺术作品，美术、建筑作品、摄影作品，电影作品和以类似摄制电影的方法创作的作品，工程设计图、产品设计图、地图、示意图等图形作品和模型作品，计算机软件，法律、行政法规规定的其他作品。

2. 不受著作权法保护的作品

根据《著作权法》的规定，不受著作权法保护的作品是：依法禁止出版、传播的作品，法律、法规，国家机关的决议、决定、命令和其他具有立法、行政、司法性质的文件及其官方正式译文，时事新闻，历法、通用数表、通用表格和公式。

四、著作权人的权利

（一）著作权人的权利

著作权人的权利是指著作权主体对其作品依法享有的权利，包括人身性质的权利和财产性质的权利。

1. 著作人身权

著作人身权是指作者对其作品享有的各种与人身相联系而没有直接财产内容的权利。我国《著作权法》规定的著作人身权包括发表权、署名权、修改权和保护作品完整权。

（1）发表权即"决定是否公之于众的权利"。

（2）署名权即"表明作者身份，在作品上署名的权利"。

（3）修改权即"修改或者授权他人修改作品的权利"。作品修改与否、怎么修改都应当由作者自己决定，不能强制。修改者可以是作者本人，也可以是经作者授权的他人。修改权是作者的专属权利。

（4）保护作品完整权，即"保护作品不受歪曲、篡改的权利"。作者有权保证其作品的完整性，有权保护其作品不被他人丑化；未经作者许可，任何人不得对作品进行删减、变更。

2. 著作财产权

著作财产权是指著作权人自己使用或者授权他人以一定方式使用作品而获得物质利益的权利。

根据《著作权法》的规定,著作财产权主要包括下列内容。

(1) 复制权即以印刷、复印、拓印、录音、录像、翻录、翻拍等方式将作品制作一份或者多份的权利。

(2) 发行权即以出售或者赠予方式向公众提供作品的原件或者复制件的权利。

(3) 出租权即有偿许可他人临时使用电影作品和以类似摄制电影的方法创作的作品、计算机软件的权利,计算机软件不是出租的主要标的的除外。

(4) 展览权即公开陈列美术作品、摄影作品的原件或者复制件的权利。

(5) 表演权即公开表演作品,以及用各种手段公开播送作品的表演的权利。

(6) 放映权即通过放映机、幻灯机等技术设备公开再现美术、摄影、电影和以类似摄制电影的方法创作的作品等的权利。

(7) 广播权即以无线方式公开广播或者传播作品,以有线传播或者转播的方式向公众传播广播的作品,以及通过扩音器或者其他传送符号、声音、图像的类似工具向公众传播广播的作品的权利。

(8) 信息网络传播权即以有线或者无线方式向公众提供作品,使公众可以在其个人选定的时间和地点获得作品的权利。

(9) 摄制权即以摄制电影或者以类似摄制电影的方法将作品固定在载体上的权利。

(10) 改编权即改变作品,创作出具有独创性的新作品的权利。

(11) 翻译权即将作品从一种语言文字转换成另一种语言文字的权利。

(12) 汇编权即将作品或者作品的片段通过选择或者编排,汇集成新作品的权利。

(13) 应当由著作权人享有的其他权利。

(二) 著作权的保护期限

根据《著作权法》的规定,作者的署名权、修改权、保护作品完整权不受保护期限的限制。除此之外,《著作权法》对不同的著作权规定了不同的保护期限。

(1) 公民的作品,其发表权和著作财产权的保护期为作者终生及其死亡后五十年,截至作者死亡后第五十年的 12 月 31 日;如果是合作作品,截至最后死亡的作者死亡后第五十年的 12 月 31 日。

(2) 法人或者其他组织的作品、著作权(署名权除外)由法人或者其他组织享有的职务作品的发表权和著作财产权的保护期为五十年,截至作品首次发表后第五十年的 12 月 31 日,但作品自创作完成后五十年内未发表的,法律不再保护。

(3) 出版者版式设计专有权的保护期为十年,截至使用该版式设计的图书、期刊首次出版后第十年的 12 月 31 日。

五、广告中的著作权保护

(一) 广告活动和著作权的关系

广告活动包括一系列的创作活动,从最初的广告市场调查,到后来的广告创意,再到后来的广告制作,都是相关人员进行相应智力创作的过程。这一系列的创作活动一方面会产生很多的智力成果,获得著作权法的保护;另一方面也可能存在对他人智力成果的借鉴,构成对他人著作权的侵犯。所以,无论是自身创作产生的智力成果,还是对他人成果的借鉴,都把广告活动和著作权紧密地联系在一起。

（二）广告中的著作权

在广告活动中,产生的智力成果主要有下列几种。

1. 文字作品

整个的广告活动中,在很多环节可以产生文字作品。如调查方案、策划书、广告语言脚本等。这些文字作品如果符合《著作权法》的要求,就属于著作权的保护客体。另外,作品其中的内容也可能会构成商业秘密,受相关法律的保护。

2. 音乐、戏剧、曲艺、舞蹈、杂技艺术作品

随着广告形式的多样化,广告中对音乐、戏剧、曲艺、舞蹈以及杂技艺术的应用也越来越多,这就使广告的创作过程同时兼具了这些艺术作品的创作过程。所产生的上述作品也属于著作权法的保护范畴。

3. 美术作品

在广告制作过程中,美术作品的应用随处可见,而且,一件广告作品往往是汇集了众多的美术作品或者说要经过大量的前期美术制作,会产生很多的美术类"副产品"。这些作品无论是否会构成广告作品的一部分,都属于受《著作权法》保护的作品。

4. 摄影作品

摄影作品和美术作品类似,在广告的制作过程中,应用较多并且也会因广告的制作而产生很多。

5. 电影作品和以类似摄制电影的方法创作的作品

这类作品在电视投放广告中最为常见。

受著作权法保护的广告作品应当具备的条件

（1）属于文学、艺术和科学领域内的智力创作结果。

（2）必须具有独创性,即是由创作者独立创作完成的。

（3）必须是具有某种具体形式的客观表现。

（4）能够被固定在载体上,并能被复制使用。

（5）必须不属于著作权法明确规定不予保护和不适用著作权法的范围内。

（三）广告活动中对他人著作权的侵害

1. 著作权侵权行为

（1）《著作权法》第 47 条列举的侵犯著作权的行为:①未经著作权人许可,发表其作品的;②未经合作作者许可,将与他人合作创作的作品当作自己单独创作的作品发表的;③没有参加创作,为谋取个人名利,在他人作品上署名的;④歪曲、篡改他人作品的;⑤剽窃他人作品的;⑥未经著作权人许可,以展览、摄制电影和以类似摄制电影的方法使用作品,或者以改编、翻译、注释等方式使用作品的,本法另有规定的除外;⑦使用他人作品,应当支付报酬而未支付的;⑧未经电影作品和以类似摄制电影的方法创作的作品、计算机软件、录音录像制品的著作权人或者与著作权有关的权利人许可,出租其作品或者录音录像制品的,本法另有规定的除外;⑨未经出版者许可,使用其出版的图书、期刊的版式设计的;

⑩未经表演者许可,从现场直播或者公开传送其现场表演或者录制其表演的;⑪其他侵犯著作权以及与著作权有关的权益的行为。

（2）《著作权法》第48条列举的侵犯著作权的行为：①未经著作权人许可,复制、发行、表演、放映、广播、汇编、通过信息网络向公众传播其作品的,本法另有规定的除外;②出版他人享有专有出版权的图书的;③未经表演者许可,复制、发行录有其表演的录音录像制品,或者通过信息网络向公众传播其表演的,本法另有规定的除外;④未经录音录像制作者许可,复制、发行、通过信息网络向公众传播其制作的录音录像制品的,本法另有规定的除外;⑤未经许可,播放或者复制广播、电视的,本法另有规定的除外;⑥未经著作权人或者与著作权有关的权利人许可,故意避开或者破坏权利人为其作品、录音录像制品等采取的保护著作权或者与著作权有关的权利的技术措施的,法律、行政法规另有规定的除外;⑦未经著作权人或者与著作权有关的权利人许可,故意删除或者改变作品、录音录像制品等的权利管理电子信息的,法律、行政法规另有规定的除外;⑧制作、出售假冒他人署名的作品的。

2. 广告活动中常见的著作权侵权

在广告活动中,常见的侵权是因为借鉴而产生的,未经许可使用他人作品或者使用他人作品应当支付报酬而没有支付等,都可能发生著作权侵权。

（1）未经著作权人许可,在广告活动中使用其作品的。

由于广告作品的产生会涉及各种著作权客体,如图片、照片、文字、音乐以及表演形象等,所以在广告创作中对相关作品的借鉴和使用有时就在所难免。如果仅仅是借鉴,在他人成果的基础上产生了自己独创的成果,不会构成侵权;但是如果要直接使用他人的作品就必须要征得许可,否则就会构成侵权。

（2）使用他人作品,应当支付报酬而未支付的。

使用他人作品,如果不属于合理使用的范畴,就必须支付报酬。如果未支付报酬,则侵犯了著作权人的著作财产权。

（3）歪曲、篡改他人作品的。

无论是在利用他人成果的过程中,还是基于各种目的而故意歪曲、篡改他人作品的,都构成对著作权人保护作品完整权的侵害。

（4）未经表演者许可,在广告活动中使用其表演形象的。

表演者就其表演形象享有著作邻接权,该权利受法律保护,未经许可任何人不得擅自使用。所以,如果未经表演者许可,在广告活动中使用其表演形象的,构成侵权。另外,在这类侵权中,往往还会存在对他人人身权,如肖像权的侵犯。

案例
7-2

自2005年年初起,立邦涂料(中国)有限公司(以下简称立邦公司)在"立邦全效合一漆"的市场推广中,制作了一部广告片,其中使用了《孔雀飞来》作为背景音乐,在全国多家电视台播放。"一片被立邦漆染红的枫叶,飘过了城市的每个角落。"自此立邦漆的广告常常出现在荧屏上。

录音作品《孔雀飞来》曾获国家首届音像录制品奖,中国唱片上海公司享有该录音作品的著作权。在获悉此事后,中国唱片上海公司曾多次要求立邦公司停止侵权,但遭到拒绝,于是一纸诉状递到法院,索赔 30 万元,要求赔礼道歉。

被告立邦公司认为,自己委托一家注册在南非的 TenacityFilms 公司制作了这部广告,并花费 31.5 万美元,双方的交易已经结清。广告的著作权归南非广告公司所有,立邦公司只是使用者,立邦公司要求追加制作这一广告的公司为被告。如果判定背景音乐侵害了录音制品的著作权,也应该是立邦公司和南非广告公司共同承担侵权责任。[①] 问:立邦公司和南非广告公司是否应承担责任?

【解析】

中国唱片上海公司对歌曲《孔雀飞来》享有著作权,立邦公司和南非广告公司未经许可在广告活动中使用的行为构成侵权,应承担责任。

第三节　广告中的商标权保护

一、商标权概述

(一)商标及商标权

商标是识别商品或者服务的标志。根据我国《商标法》的规定,商标是指在商品或者服务项目上所使用的,用以识别不同生产、经营者所生产、制造、加工、拣选或者经销的商品或者提供的服务,由显著的文字、图形、字母、数字、三维标志、颜色组合或者上述要素的组合构成的可视性标志。

商标权是指商标所有人对其商标的使用享有的支配权。商标权的客体以注册商标为主,同时包括未注册商标。商标权在权利内容上分为注册商标专用权和未注册商标的正当权益。注册商标专用权即通常意义上的商标权,包括专用权、禁止权、转让权、使用许可权等。未注册商标的正当权益是指对抗不正当注册的权利和在先使用权[②]。

小贴士

我国商标注册的原则及限制性规定

我国商标注册的原则是自愿注册原则,即由商标使用人自己决定是否申请商标注册。但是需要注意的是,《商标法》在规定自愿注册原则的同时,又规定了对少数商品的强制注册要求。目前,我国规定必须使用注册商标的商品包括两类:人用药品和烟草制品。我国商标注册的限制性规定是,申请商标注册不得损害他人现有的在先权利,也不得以不正当手段抢先注册他人已经使用并有一定影响的商标。

(二)商标权的保护期限

商标权的保护期限是指商标受法律保护的期限,即商标注册人享有商标专用权的期限。根据我国《商标法》的规定,注册商标的有效期为十年,自核准注册之日起计算。注册商

① 搜狐网. http://news.sohu.com/20060803/n244602009.shtml.
② 吴汉东.知识产权法[M].6 版.北京:中国政法大学出版社,2012:294-295.

标有效期满,需要继续使用的,应当在期满前六个月申请续展注册;在此期间未能提出申请的,可以给予六个月的宽展期。宽展期满仍未提出申请的,注销其注册商标。每次续展注册的有效期为十年。

二、商标权的主体

我国商标权的主体包括自然人、法人和其他组织。外国人也可以成为我国商标权的主体。

三、商标权的客体

商标权的客体是指商标权人权利义务指向的对象,即商标。由于我国在商标取得上采取的是注册原则,所以,商标权的客体是指经核准注册的注册商标。

1. 商标的构成要素

《商标法》规定,任何能够将自然人、法人或者其他组织的商品与他人的商品区别开的标志,包括文字、图形、字母、数字、三维标志、颜色组合和声音等,以及上述要素的组合,均可以作为商标申请注册。

小贴士

音响商标与气味商标

音响商标是以音符编成的一组音乐或以某种特殊声音作为商品或服务的标志的商标。如美国一家唱片公司使用 11 个音符编成一组乐曲,把它灌制在他们所出售的录音带的开头,作为识别其商品的标志。

音响商标目前在我国最新修订的《商标法》已得到承认。

气味商标就是以某种特殊气味作为区别不同商品和不同服务项目的商标。目前,这种商标只在个别国家被承认。

2. 禁止作为商标使用的文字和图形

(1) 同中华人民共和国的国家名称、国旗、国徽、国歌、军旗、军徽、军歌、勋章等相同或者近似的以及同中央国家机关的名称、标志、所在地特定地点的名称或者标志性建筑物的名称、图形相同的。

(2) 同外国的国家名称、国旗、国徽、军旗等相同或者近似的,但经该国政府同意的除外。

(3) 同政府间国际组织的名称、旗帜、徽记等相同或者近似的,但经该组织同意或者不易误导公众的除外。

(4) 与表明实施控制、予以保证的官方标志、检验印记相同或者近似的,但经授权的除外。

(5) 同"红十字""红新月"的名称、标志相同或者近似的。

(6) 带有民族歧视性的。

(7) 带有欺骗性,容易使公众对商品的质量等特点或者产地产生误认的。

(8) 有害于社会主义道德风尚或者有其他不良影响的。

县级以上行政区划的地名或者公众知晓的外国地名,不得作为商标。但是,地名具有其他含义或者作为集体商标、证明商标组成部分的除外；已经注册的使用地名的商标继续有效。

3. 不得作为商标注册的标志

（1）仅有本商品的通用名称、图形、型号的。

（2）仅仅直接表示商品的质量、主要原料、功能、用途、重量、数量及其他特点的。

（3）缺乏显著特征的。

前款所列标志经过使用取得显著特征并便于识别的，可以作为商标注册。

四、注册商标权的内容及对驰名商标的保护

（一）注册商标权的内容

注册商标权的内容是指注册商标所有人对其注册商标所拥有的权利范围。根据我国《商标法》及相关法规的规定，商标权的内容主要包括以下 6 个方面。

1. 注册商标的专有使用权

专有使用权是指商标注册人对其注册商标所享有完全独占使用的权利。注册商标所有人可以将商标用于商品、商品包装或者容器以及商品交易文书上，或者将商标用于广告宣传、展览以及其他商业活动中。注册商标的有效期为十年，自核准注册之日起计算。

2. 注册商标的续展权

注册商标的续展权是指商标权人在注册商标有效期届满前，向商标局申请并经批准，延续其注册商标期限的权利。我国商标法规定，注册商标有效期满，需要继续使用的，商标注册人应当在期满前十二个月内按照规定办理续展手续；在此期间未能办理的，可以给予六个月的宽展期。每次续展注册的有效期为十年，自该商标上一届有效期满次日起计算。期满未办理续展手续的，注销其注册商标。续展注册经核准后，商标局将予以公告。

3. 注册商标禁止权

禁止权是指商标注册人所享有的禁止他人未经其许可使用与其注册商标相混同的商标的权利。对他人未经许可在同一种商品或类似商品上使用与注册商标相同或近似的商标的侵权行为，商标权人有权请求工商行政管理部门处理，也可向人民法院起诉，要求排除侵权行为，保护自己的合法权益。

4. 注册商标使用许可权

许可使用权是指商标注册人享有的以一定的方式和条件许可他人使用其注册商标并获得收益的权利。在现实中，商标权人可与被许可人签订其注册商标使用许可合同，在被许可人支付商标使用费后，可以在一定的时间和范围内使用其注册商标，但商标权人有监督被许可人使用其注册商标的商品的质量的义务。

5. 注册商标转让权

转让权是指商标注册人所享有的将其注册商标所有权转让给他人的权利。注册商标转让的法律后果是商标权利主体变更。转让注册商标，应由双方当事人签订合同，并应共同向商标局提出申请，经商标局核准公告后方为有效。

6. 注册商标"即发侵权"的申请制止权

"即发侵权"的申请制止权是指商标权人对于即将发生的商标侵权行为，请求人民法院予以制止的权利。我国《商标法》第 65 条规定："商标注册人或者利害关系人有证据证明他

人正在实施或者即将实施侵犯其注册商标专用权的行为,如不及时制止将会使其合法权益受到难以弥补的损害的,可以依法在起诉前向人民法院申请采取责令停止有关行为和财产保全的措施。"我国《商标法》第 66 条规定:"为制止侵权行为,在证据可能灭失或者以后难以取得的情况下,商标注册人或者利害关系人可以依法在起诉前向人民法院申请保全证据。"

(二)对驰名商标的保护

我国《商标法》第 13 条规定:"为相关公众所熟知的商标,持有人认为其权利受到侵害时,可以依照本法规定请求驰名商标保护。"就相同或者类似商品申请注册的商标是复制、模仿或者翻译他人未在中国注册的驰名商标,容易导致混淆的,不予注册并禁止使用。

我国《商标法》第 32 条规定:"申请商标注册不得损害他人现有的在先权利,也不得以不正当手段抢先注册他人已经使用并有一定影响的商标。"

驰名商标的认定

认定驰名商标应当考虑下列因素:①相关公众对该商标的知晓程度;②该商标使用的持续时间;③该商标的任何宣传工作的持续时间、程度和地理范围;④该商标作为驰名商标受保护的记录;⑤该商标驰名的其他因素。

认定有一定影响的商标应当考虑下列因素:①实际使用,即商标附着于行销市面的商品或服务中;②公开使用,即以普通消费者可以接触到、可感知的方式使用;③持续使用,即带有商标的商品在市场上连续销售至少 6 个月以上;④商标声誉在使用中得以积累。

五、广告中的商标权保护

(一)广告活动与商标权

根据《商标法》的规定,服务企业可以申请注册服务商标。广告企业作为一类经营主体可以成为服务商标的商标权人。在品牌竞争日趋激烈、品牌价值凸显出重要意义的今天,在广告活动中对自身商标权的管理和维护是广告企业必须认真考虑和对待的问题。广告企业自身商标的管理和保护问题,参照前面《商标法》的相关规定就可以,在此不再赘述。

除了自身的商标权外,广告活动作为一种商品宣传和品牌推广的手段,必然要和众多的他人的品牌、商标紧密联系在一起。因此,广告作品不得对他人的商标构成侵权。

如何在广告中凸显商标形象,增加广告受众对广告品牌的良好印象,这是广告设计必须要考虑的技术层面上的问题,也是评价一个广告产品设计的是否成功的重要标准。而广告中的商标侵权是我们下面要讨论的法律问题。

(二)商标侵权行为

根据《商标法》第 57 条的规定,商标侵权行为的表现形式主要有以下几类。

1. 使用侵权

使用侵权是指未经商标注册人的许可,在同一种商品或者类似商品上使用与其注册商标相同或者近似的商标的行为。这是实践中最常见的侵权行为。

2. 销售侵权

销售侵权是指销售侵犯注册商标专用权的商品的行为。

3. 标识侵权

标识侵权是指伪造、擅自制造他人注册商标标识或者销售伪造、擅自制造的注册商标标识的行为。

4. 反向假冒侵权

反向假冒侵权是指未经商标注册人同意更换其注册商标并将该更换商标的商品又投入市场的行为。

5. 协助侵权

协助侵权是指故意为侵犯他人商标专用权行为提供便利条件，帮助他人实施侵犯商标专用权的行为。

6. 其他侵权

其他侵权是指给他人注册商标权造成损害的行为。

（三）广告活动中常见的商标侵权

广告活动中的商标侵权通常是结合侵权，即广告经营主体、发布主体和商标的侵权主体共同成为侵犯他人商标权的主体。举例来说，如果说一家商品的生产企业属于商标的侵权主体，在相同或类似商品上使用了与他人商标相同或近似的商标，而广告企业和广告发布主体为其制作、发布了广告，则使这种侵权的后果加重，因为广告使社会公众的混淆加重。

另外，在广告活动中，还可能通过比较广告侵权。而且比较广告，除了可能侵犯商标权、给他人品牌形象造成损害外，还可能构成违反《反不正当竞争法》规定的行为。比较广告，简单说就是拿自己和他人作比较的广告。比较广告的目的是要突出自己，但是在突出自己的同时，会给他人造成相应影响。比如某则广告"××牌香烟第一，中华烟第二"，该则广告就直接侵害了"中华"的商标权，损害了其商标价值。再如"××牌洗衣粉是唯一无毒洗涤用品"，该则广告虽然没有侵害某一个具体洗衣粉品牌的商标权，但是却对这些洗衣粉经营企业的实际经营产生了不利影响。

无论哪种比较，都被认为属于侵权，侵犯了其他主体的商标权或经营权益，构成不正当竞争。广告主要承担相应的法律责任，广告经营主体和发布主体也应该根据法律做出相应的防范。

小贴士

广告经营主体为防范商标侵权应当做好的工作

（1）做好商标审查。为了防止自己为侵权商品做"嫁衣"，广告经营主体在承接广告业务时，应当认真审查商标的相关信息，取得广告主及相应商品、服务商标的相关证件。只要做到这些，就不会发生和侵权主体共同构成对他人商标权侵犯的情况。

（2）避免在广告中对他人商标的影射、借用和比较。在广告中突出商品或服务自身品牌的方法有很多，应当尽量避免用比较的方法来贬低别人、突出自己。这样就不但可以有效地防止侵权，也可以满足起码的职业道德和诚信要求。

宝洁公司在中国大陆享有"沙宣""VIDAL SASSOON"等商标的注册商标专用权,上述商标经过长期使用,已经有了较强的显著性。2014年2月某皇家沙宣美容美发职业技能培训学校(以下简称沙宣学校)未经许可,擅自在其提供的美容美发职业技能培训服务的相关配套设施及宣传活动中使用"皇家沙宣""ROYAL VISAL SASSOON BEAUTY HAIR SCHOOL"等标识和文字。

宝洁公司以沙宣学校侵害宝洁公司商标权,并构成不正当竞争行为为由,将该校告上法庭。问:是否构成侵权?

【解析】

在广告活动中使用他人已经注册的商标,无论在事实上还是在法律上都构成了对他人注册商标专用权的侵犯,应当承担商标侵权的法律责任。①沙宣学校作为与宝洁公司具有竞争关系的市场主体,在其提供的服务及配套设施上使用与涉案注册商标相同或近似的标识,构成了侵害涉案注册商标专用权的行为。②沙宣学校将"沙宣"作为企业字号注册,并通过网站及其他途径进行宣传的行为已经构成了虚假宣传,损害了公司的合法权益,构成不正当竞争行为。故人民法院判令沙宣学校停止侵权行为,赔偿50万元经济损失。①

第四节　广告中的专利权保护

一、专利权的概念及其特点

(一)专利权的概念

专利权是指公民、法人或者其他组织依法对其获得专利的发明创造在一定期限内进行控制、利用并支配的专有权利②。专利权是由申请人向国家专利局提出专利申请,经专利局依法审查核准后,向申请人授予的。

(二)专利权的特点

1. 独占性

专利权是一种垄断性的权利,即发明创造一旦被授予专利权,除法律另有规定外,其他任何单位和个人不得以营利为目的擅自实施该专利,否则就会构成对专利权的侵犯。

2. 法定授权性

专利权是国家专利主管部门依照法定程序对发明创造者或者专利申请人的专利申请审查合格后,批准授予的专有权利。

3. 地域性

一般来说,专利权仅在授权国范围内有效,但是如果该国参加了专利方面的国际公约或

---

① 马云鹏,涂浩. 宝洁公司诉一美容美发学校侵害"沙宣"商标权. 中国法院网. http://www.chinacourt.org/,2013-02-27.

② 韩松. 知识产权法[M]. 2版. 北京:中国人民大学出版社,2006.

双边保护协定,则在该公约的成员国或协定国也有效。如中国作为《专利合作条约》成员国对于其他成员国国内权利人的专利权就应予以保护。

4. 时间性

专利权作为一种无形财产权,只能在法定期限内发生效力,法定期限届满,财产权利即刻消失,该专利也就进入公有领域,成为社会共有的财富,任何单位或个人都可以无偿地使用。

二、专利权主体

专利权的主体是指依法获得专利权,并承担与此相应义务的自然人或其他社会组织。根据我国《专利法》的规定,下列主体可以成为专利权的主体。

1. 发明人或设计人

发明人或者设计人是指对发明创造的实质性特点做出了创造性贡献的人。其中发明人是指发明或者实用新型的完成人,设计人是指外观设计的完成人。值得注意的是,在发明创造过程中只是负责组织、管理工作或者仅为有关物质条件的获得提供方便的人,或仅提出所要解决的技术问题而没能为解决技术难题提出具体方案的人,或在发明创造过程中仅从事辅助性工作的人,都不应认定为发明人或设计人。

2. 共同发明人或者设计人

如果两个或两个以上的人对发明创造的实质性特点均做出了创造性贡献,即发明创造是由两个或两个以上的人共同完成的,则全体人员是该发明创造的共同发明人和设计人,他们可以共同成为专利权的主体。

3. 发明人或设计人的工作单位

发明人或设计人的职务发明创造专利权的主体是单位,对于从属发明创造专利权的归属采用的是法定和约定相结合的原则。

职务发明创造

根据我国《专利法》和《专利法实施细则》的规定,下列发明创造属于职务发明创造:①在本职工作中所做出的发明创造;②履行本单位交付的本职工作以外的任务所做出的发明创造;③退职、退休或调动工作后1年内做出的,与其在原单位承担的本职工作或者分配的任务有关的发明创造;④主要利用单位的物质、技术条件完成的发明创造。

我国对于从属职务发明的专利申请权和专利权的归属,采用的是法定原则和约定原则相结合的体例,约定效力优于法定,即发明人或设计人与所在单位就从属发明专利申请权和专利权归属有约定的从其约定,无约定的前述权利归单位所有。

4. 合作或者委托完成的发明创造主体

合作或者委托完成的发明创造是指两个以上的单位或者个人合作或者一个单位或者个人接受其他单位或者个人委托的研究、设计任务所完成的发明创造。对于合作完成的发明创造,当事人对专利申请权和专利权的归属有明确约定的,按照约定办理;没有约定的,归合作各方共有。对于委托完成的发明创造,当事人对专利申请权和专利权的归属有约定的,按照约定办理；没有约定的，归受托方享有。

5．外国人

外国人是指具有外国国籍的自然人和依据外国法律成立并在外国登记注册的法人。对在中国有经常居所或者营业所的外国人，在中国申请专利权时享有与中国单位和个人完全相同的待遇，在中国没有经常居所或者营业所的外国人、外国企业或者外国其他组织在中国申请专利的，依照其所属国同中国签订的协议或者共同参加的国际条约，或者依照互惠原则，根据我国《专利法》办理。

三、专利权客体

专利权的客体是可以申请专利权、获得专利法保护的智力成果。根据我国《专利法》和相关国际公约的规定，专利权的客体主要包括：发明、实用新型、外观设计。

（一）发明

发明是指对产品、方法或者其改进所提出的技术方案。发明可分为产品发明、方法发明和改进发明。

（二）实用新型

实用新型是指对产品的形状、构造或者其结合所提出的适于实用的新的技术方案。

（三）外观设计

外观设计是指对产品的形状、图案或者其结合以及色彩与形状、图案的结合所做出的富有美感并适于工业应用的新设计。

（四）不授予专利权的科学技术成果

下列各项被排除在《专利法》的保护范围之外。

（1）科学发现。

（2）智力活动的规则和方法。

（3）疾病的诊断和治疗方法。

（4）动物和植物品种（动物和植物品种的生产方法，可以获得专利权）。

（5）用原子核变换方法获得的物质。

（6）对平面印刷品的图案、色彩或者二者的结合做出的主要起标识作用的设计。

四、专利权人的权利及保护

（一）专利权人的权利

专利权人的权利是指专利权人对其发明创造依法享有的权利，是其在一定时间、一定范围内对获得专利权的发明创造所享有的专有权。专利权人的权利主要包括下列内容。

1．独占实施权

独占实施权是指专利权人排他地利用和最终处分其专利权的权利。

产品发明和实用新型发明专利权人的独占实施权包括制造权、使用权、许诺销售权、销售权、进口权。方法发明专利权人的独占实施权包括使用专利方法和使用、许诺销售、销售、进口用专利方法直接获得的产品的权利。

2. 转让权

转让权是指专利权人将专利所有权转让给他人、由他人支付价款的权利。

3. 许可权

许可权是专利权人许可他人实施其专利、由他人支付专利使用费的权利。在专利许可中，被许可人得到的只是专利使用权，而专利所有权仍然属于专利权人。

4. 标记权

标记权即表明专利标记和专利号的权利。这是专利权人享有在其专利产品上或者该产品的包装、容器、说明书上、产品广告中标注专利标记和专利号的权利。

5. 保护请求权

专利权作为一种知识产权，受到国家法律的保护，如果专利权受到侵犯，专利权人有请求法律保护的权利，既可以请求管理专利工作的部门处理，也可以直接向人民法院起诉寻求司法救济。

6. 放弃专利权的权利

放弃专利权是专利权人对专利权行使的一种处分权，专利权人可以通过书面申请和不缴纳专利费的方式放弃其专利。

7. 署名权

署名权是指发明人或设计人有在专利文件中写明自己是发明人或设计人的权利。

（二）专利权人的保护

专利权人的保护是国家通过行政与司法程序，制止和制裁专利侵权行为，保障专利权人实际享有其依法获得的权利。要对专利权实施保护，首先需要明确专利的保护范围以及保护期限。

1. 专利的保护范围

发明或实用新型专利权的保护范围以其权利要求的内容为准，说明书及附图可以用于解释权利要求。外观设计专利权的保护范围以表示在图片或者照片中的该产品的外观设计为准，简要说明可以用于解释图片或者照片所表示的该产品的外观设计。

2. 专利的保护期限

各国对于专利的保护期限有不同规定。在我国，发明专利权的期限为二十年，实用新型专利权和外观设计专利权的期限为十年，均自申请日起计算。

五、广告中的专利权保护

为了规范专利广告的行为，根据《广告法》的规定，广告涉及专利内容的保护主要有以下方面。

（1）广告中涉及专利产品或者专利方法的，应当标明专利号和专利种类。

（2）未取得专利权的，不得在广告中谎称取得专利权。

（3）禁止使用未授予专利权的专利申请和已经终止、撤销或无效的专利做广告。

由于专利技术多数是直接应用于工业生产领域的，所以，在广告活动中较少涉及。但是，这并不是说在广告活动中不会出现《专利法》规定的侵权或违法行为，比如假冒专利的行为、使用他人专利号的行为等。但是和商标权、著作权相比，专利权在广告领域尤其是广告活动中的运用和体现确实是比较少的。所以，我们只简单介绍一下专利侵权的相关法律规定和法律责任,其他内容不再涉及。

（一）专利侵权行为的概念与构成要件

1. 专利侵权行为的概念

专利侵权行为是指在专利权有效期内,行为人未经许可,以营利为目的实施他人专利的行为[①]。

2. 专利侵权行为的构成要件

（1）未经专利权人许可。

只有未经专利权人许可而实施其专利的行为才可能构成侵权。凡是经过专利权人许可的实施行为,如签订了专利权转让合同、专利实施许可合同等,属于合法的权利行使行为。

（2）须在专利权的有效期间内。

一项发明创造只有在其被授予专利权的有效期内才受法律保护。对于在专利权被授予前或专利权被宣告无效后,或者专利权已终止或期限届满后的发明创造,第三人的实施行为不构成侵权。

（3）必须有侵害行为。

必须有侵害行为即行为人在客观上未经许可实施了他人的专利,并构成侵害行为。对产品专利而言,对专利权的法定侵害行为是指未经专利权人许可,以生产经营为目的制造、使用、许诺销售、销售、进口该专利产品的行为;对方法专利而言,侵害行为是指使用该专利方法以及使用、许诺销售、销售、进口依照该专利方法直接获得的产品的行为;对外观设计专利而言,侵害行为是指行为人未经专利权人许可,为生产经营目的制造、许诺销售、销售、进口该外观设计专利产品的行为。另外,未经专利权人授权而许可或委托他人实施专利、共有专利权人未经其他共有人的同意而许可他人实施专利或转让超过其应有份额的专利权的行为及假冒专利都属侵害专利行为。

（4）以生产经营为目的。

只有以生产经营为目的而实施发明创造的行为才构成侵权,非生产经营为目的的实施,如专为科学研究和实验而使用有关专利的行为、出自个人爱好和需要实施有关专利的行为都不属于专利侵权行为。

（二）专利侵权行为的种类

专利侵权行为的种类主要包括以下几种。

（1）制造专利产品的行为。

（2）故意使用发明或实用新型专利产品的行为。

（3）故意销售或许诺销售他人发明或实用新型专利产品的行为。

（4）使用专利方法以及使用、销售依照该方法直接获得产品的行为。

（5）进口专利产品或进口依照专利方法直接获得产品的行为。

（6）假冒他人专利的行为。

其中,假冒他人专利的行为包含以下两个方面内容。

---

① 吴汉东.知识产权法［M］.6 版.北京：中国政法大学出版社,2012(7)：236.

（1）根据《专利法实施细则》第 84 条的规定，下列行为属于假冒专利行为。

① 未经许可，在其制造或者销售的产品、商品的包装上标注他人专利号。

② 未经许可，在广告或其他宣传材料中使用他人的专利号，使人将所涉及的技术误认为是他人的专利技术。

③ 未经许可，在合同中使用他人的专利号，使人将合同涉及的技术误认为是他人的专利技术。

④ 伪造或者变造他人的专利证书、专利文件或者专利申请文件。

（2）根据《专利法实施细则》第 85 条的规定，下列行为属于冒充专利的行为。

① 制造或者销售标有专利标记的非专利产品。

② 专利权被宣告无效后继续在制造或者销售的产品上标注专利标记。

③ 在广告或者其他宣传材料中将非专利技术称为专利技术。

④ 在合同中将非专利技术称为专利技术。

⑤ 伪造或者变造专利证书、专利文件或者专利申请文件。

案例 7-4

　　2016 年 1 月，陕西省 A 市专利管理处组织知识产权执法人员对一起涉嫌销售"撒可富国际复合肥"外包装外观设计假冒专利案件进行调查处理。由于该经销点销售的撒可富国际复合肥料外包装上印有专利标识 ZL201230073073.5，因此执法人员对该产品外包装做了抽样取证，后经检索，该经销点所销售的撒可富国际复合肥料外包装标注专利标识的外观设计专利不是该抽样肥料的外包装，涉嫌假冒专利。执法人员要求其限期整改并处罚款处理。问：陕西省 A 市专利管理处执法人员处罚的依据是什么法律法规？

【解析】

　　在产品销售过程中，未经许可在其销售的商品的包装上标注他人专利号，构成《专利法实施细则》中规定的冒充专利的行为，将依法受到惩处。

一、选择题

1. 知识产权的范围包括（　　）。

　　A. 著作权　　　　　　　　　　　　B. 发明的权利

　　C. 科学发现享有的权利　　　　　　D. 工业品外观设计的权利

2. 公民的作品，其发表权和著作财产权的保护期间为作者终生及死后（　　）年。

　　A. 20　　　　　　B. 30　　　　　　C. 40　　　　　　D. 50

3. 我国商标权的主体包括（　　）。

　　A. 自然人　　　　B. 法人　　　　C. 其他组织　　　　D. 外国人

4. 专利具有（　　）的特征。

　　A. 独占性　　　　B. 法定授权性　　　C. 地域性　　　　D. 时间性

5. 专利侵权行为的种类有(　　　)。

    A. 制造专利产品的行为

    B. 故意使用发明或实用新型专利产品的行为

    C. 进口专利产品或进口依照专利方法直接获得产品的行为

    D. 假冒他人专利的行为

二、简述题

1. 简述广告知识产权保护的必要性。

2. 简述著作权的客体。

3. 简述广告活动和著作权的关系。

4. 简述商标侵权行为。

5. 简述冒充专利的行为表现。

三、案例分析题

1. 2016 年 4 月,五粮液集团有限公司(以下简称五粮液公司)发现深圳甲贸易商行未经五粮液公司许可,擅自在其公司门头广告中使用"五粮液"字样及图案,遂申请公证处进行证据保全。在公证处全程监督下五粮液公司对甲贸易商行外部装潢情况及周边环境进行了拍照,并封存作为证据使用。五粮液公司认为,贸易行未经许可或授权,在其门头广告使用"五粮液"注册商标,其行为已侵害了五粮液公司的商标权,遂将甲贸易商行诉至深圳市罗湖区法院,请求判令贸易行立即停止侵权、登报公开赔礼道歉、赔偿含律师费在内的经济损失人民币 20 万元。

在甲贸易商行看来,自己销售的商品中有"五粮液"等酒类产品,为了让顾客一目了然,也为了扩大商品销量,将"五粮液"字样及图案用作自己的门头广告。只要自己没有生产、销售假冒"五粮液"品牌的商品,仅在门头广告上使用"五粮液"注册商标并没有侵害"五粮液"注册商标权。而且,在门头广告上使用"五粮液"的注册商标,客观上替"五粮液"品牌进行了商品宣传,五粮液公司还应当支付自己广告宣传费。

分析:甲贸易商行是否构成侵权?若构成侵权,法律依据有哪些?

2.《灵芝》科普片制作完成,北京 A 电影制片厂、上海 B(集团)有限公司(以下简称 B 公司)为共同出品人。

2015 年 12 月 2 日起至 12 月 8 日连续 7 天,中国某电视台电视购物栏目播出了华纶(香港)发展有限公司(简称华纶公司)、北京 B 广告有限公司(以下简称 C 广告公司)的"灵芝王精华素"广告,每天播出一次。该广告片长度 14 分 27 秒,在介绍"灵芝王精华素"产品时,将《灵芝》科普片的片段作为背景使用。

科教电影制片厂、C 广告公司在中国某电视台电视购物节目中看到"灵芝王精华素胶囊"的电视广告后,遂向北京市第一中级人民法院提起诉讼,称华纶公司、C 广告公司侵犯其共同制作发行的《灵芝》科普影片的著作权,请求法院判令被告:消除影响,公开向原告赔礼道歉;赔偿原告经济损失 40 万元;支付律师费及其他费用 3 万元。

分析:华纶公司、C 广告公司播出的广告是否构成侵权?若构成侵权,法律依据有哪些?

第八章

广告审查制度

本章学习目标

通过学习使学生理解广告审查制度的概念和形式，广告审查制度的必要性。熟悉广告审查员制度、广告档案管理制度。掌握广告行政审查的法律依据、广告行政审查的内容和程序、广告自律审查的基本方法和程序。

引例

小付与芳芳已经恋爱多年，二人感情原本一直很好。芳芳是歌星张学友的歌迷，看到那句浪漫的广告语"爱她，就带她去看《雪狼湖》"后，非常想看张学友在郑州演出的《雪狼湖》，小付却囊中羞涩，无力去买相当昂贵的《雪狼湖》门票，这引起了两人的矛盾。望着那句浪漫的广告语"爱她，就带她去看《雪狼湖》"，芳芳认为小付已经不再爱自己了，便留下一封信后，离开了小付。小付认为女友芳芳的离开都是那句广告语惹的祸。

为了一句浪漫的广告语，女友和小付分手，小付一纸诉状将《雪狼湖》演出的组织者中国联通 A 分公司起诉至郑州市某区人民法院，要求被告中国联通 A 分公司支付精神损失费 5000 元。

中国联通 A 分公司认为，原告的起诉没有任何法律依据，且恋人之间的感情问题不属于人民法院审理的范围，要求法院依法判决驳回小付的诉讼请求。①

---

① 金妍. 浪漫广告词让浪漫女友走开 男子状告《雪狼湖》. 找法网，2011-03-10.

【解析】

人民法院认为此广告语的发布与小付女友弃他而去之间没有民法上的因果关系,当庭判决驳回了原告小付的诉讼请求。

被告中国联通A分公司作为广告主,为宣传其主办的《雪狼湖》歌剧,发布了"爱她,就带她去看《雪狼湖》"的广告语,从广告语内容上看,此广告语并不能必然推断出"不带她去看《雪狼湖》,就不爱她"的结论,原告恋爱关系终止并遭受精神痛苦的结果,与被告中国联通A分公司发布此广告语的行为之间没有民法上的因果关系,被告中国联通A分公司发布此广告语也不属于误导消费者接受其服务的行为。

第一节　广告审查制度概述

一、广告审查制度的概念

广告审查制度是指广告审查机关在广告交付设计、制作、代理和发布前,对广告主主体资格、广告内容及其表现形式和有关证明文件或材料的审查,并出具与审查结果和审查意见相应的证明文件的一种广告管理制度。广告审查制度是围绕广告审查的内容和环节而形成的一系列规定,是广告管理制度重要的组成部分。

广告审查的主体是法律、法规规定的国家有关行政主管部门、广告经营者和广告发布者。广告审查的客体是广告内容的合法性。广告审查的依据是《广告法》和其他广告管理法规规定的广告审查标准。

世界各国广告审查制度概况

(1)世界各国广告审查通常有三种途径可供选择。

一是前置审查。以加拿大、英国、法国、日本等国家为代表对全部或特定商品广告进行前置审查。如在加拿大,儿童广告、妇女卫生用品广告、化妆品广告、食品广告、无酒精饮料广告在电视中发布,必须由加拿大广告标准委员会进行审查合格后才能播放。在法国,所有的广告都必须经过前置审查,否则不能发布。

对特殊商品广告的专门审查制度是国际社会通常的做法。虽然各国在审查范围、审查机构组织、审查程序等方面有所不同,但都把特殊商品广告的发布前审查作为广告管理的一项重要制度。各国重点审查的商品广告包括食品、药品、化妆品、香烟、杀虫剂、金融等的广告。

二是事后惩罚。以美国为代表的许多国家倾向于建立事后严厉的惩罚机制,促使广告主和广告经营者、发布者主动谨慎地审查广告内容,防止广告内容违法。

三是前置审查和事后惩罚相结合。

(2)审查机构大致可分为三种。

一是由政府有关部门审查。例如,加拿大法律规定,所有通过广播和电视媒介发布的药品广告必须送国民健康福利部药品局审查。

二是由半官方的广告审查机构审查。例如,法国广播电视广告审查机构是由政府和三家国营电视台、法国消费者协会、广告公司等单位集资组成的,是较典型的半官方广告审查机构。

三是由广告行业自律机构审查。例如,美国广告审查委员会、英国广告标准局等。

有些国家是几种审查机构同时存在。

二、广告审查制度的基本形式

(一)广告审查机关的事前审查

《广告法》规定,利用广播、电影、电视、报纸、期刊以及其他媒介发布药品、医疗器械、农药、兽药等商品的广告和法律法规规定应当进行审查的其他广告,必须在发布前依照有关法律、行政法规,由有关行政主管部门对广告内容进行审查;未经审查,不得发布。

广告审查机关是指与以上规定中列举的待发布的特种广告的商品或服务有关的行政主管部门的简称。医疗广告审查的行政管理部门是卫生行政管理部门;药品广告、医疗器械广告审查的行政主管部门是食品药品监督管理部门;农药和兽药广告审查的行政主管部门是农业或农牧行政管理部门。这些部门熟悉该类商品或服务的专业技术,负责管理商品的生产、销售环节,因此由这些部门对商品或服务的广告进行发布前审查。

除了《广告法》中所规定的四种商品外,还有法律、行政法规规定应当进行发布前审查的商品或服务广告,必须由广告审查机关进行事前审查。例如,社会力量办学的广告,必须由教育行政部门进行事前审查。

(二)广告经营者、广告发布者的事前审查

《广告法》规定,广告经营者、广告发布者依据法律、行政法规查验有关证明文件,核实广告内容。对内容不实或证明文件不全的广告,广告经营者不得提供设计、制作、代理服务,广告发布者不得发布。广告经营者和广告发布者是广告活动中的两个主要行为主体,在广告内容的审查方面负有重要的责任和义务。广告经营者、广告发布者对广告内容进行事前审查的范围较广,凡其承办或发布的广告,无论是特殊商品广告,还是非特殊的一般商品广告,均要进行事前审查。

案例
8-1

2014年10月20日,某市有线电视台广告部与该市美玲科技实业公司签订播出"美玲神奇靓肤露"化妆品广告合同,随后该市有线电视台从10月29日至12月29日在《电视导购》栏目中播出该化妆品广告,宣传该化妆品为"纯中药制作,对黄褐斑、老年斑有特效",收取广告费15000元。该市有线电视台广告部工作人员在承接该化妆品广告时,只查看了广告主——美玲科技实业公司的《营业执照》,未按有关规定查验卫生行政部门核发的卫生许可证明及相关证明文件,就按照客户的要求发布了"美玲神奇靓肤露"化妆品广告,广告中宣传该产品对黄褐斑、老年斑有治疗效能。问:有线电视台的行为违反了《广告法》哪些规定?

【解析】

有线电视台作为广告发布者,没有依法查验广告证明,核实广告内容,致使违法广告发布,在社会上造成不良影响,其行为违反《广告法》第 27 条规定:广告经营者、广告发布者依据法律、行政法规查验有关证明文件,核实广告内容。对内容不实或者证明文件不全的广告,广告经营者不得提供设计、制作、代理服务,广告发布者不得发布。

应根据《广告法》第 40 条规定进行处罚,由广告监督管理机关责令负有责任的广告主、广告经营者、广告发布者停止发布、公开更正,没收广告费用,可以并处广告费用一倍以上五倍以下的罚款。

(三)广告监督管理机关在广告发布后的监测和检查

广告正式发布后,为确保广告发布质量、维护社会经济秩序,保护消费者的合法权益,广告监督管理机关对广告内容进行监测和检查。一般来说,监测的广告媒体是固定的,连续进行的,监测的范围是所有的广告。而检查则是非固定的,根据情况和需要检查某种形式或某种内容的广告。

第二节　广告行政审查制度

一、广告行政审查制度概述

(一)广告行政审查的概念

广告行政审查是指在广告发布前,由行政主管机关对广告内容的真实性和合法性进行审查的措施。

对广告内容的有效审查是保证广告真实性和合法性的重要手段。

(二)广告行政审查的特征

1. 强制性

广告法律法规所规定的特殊商品广告在发布前必须接受有关行政主管机关的审查,未经审查不得发布,违者将受到法律的制裁。

2. 特定性

并不是所有的广告发布都需要接受广告行政性审查,只有药品、医疗器械等特定商品广告才需要接受行政性审查,其他类型商品或服务广告只需要进行自律审查。

(三)我国的广告行政审查制度

我国实行行政管理机关的前置性审查和广告活动主体自我审查相结合的制度。

行政性审查是指由国家有关行政主管部门依法对药品等特殊商品的广告在发布前进行强制审查的制度,是行政机关的一种职责,其性质是行政机关依法行使行政职权。

广告活动主体的自我审查则是针对所有商品或服务的广告,是广告活动主体的一种义务,其性质是作为广告活动主体的广告经营者、广告发布者依法应当承担的查验有关证明文件、核实广告内容的义务。

知识链接

英国独立电视委员会负责电视广告监管

英国的广告由于各个广告监管环节都有严格的监督,总体而言质量很高,商业广告都极具创意。英国对商业电视节目中插播的广告有着严格细致的规定和审查制度,什么样的商品广告可以播出,在英国也有严格的限定。

英国负责电视广告监管的独立电视委员会不仅对各类商品是否可以做电视广告有明确的规定,而且对具有不同功能的同一类商品在做电视广告问题上也有不同的规定。其中对医药广告文字的规定就有 36 条 50 多款,涵盖医药、治疗、保健、营养和食品添加剂五大类。还规定广告中不准出现社会名人包括体育和娱乐界名人对产品的褒奖,更不允许这些名人直接做广告;不准在 16 岁以下的少儿节目中或节目前后刊播广告;绝对不允许医生参与广告等。有关烈性酒、色情诱惑、易对青少年造成身体伤害的运动广告被排斥在电视广告之外。为减少肥胖,英国政府推出一项政策,禁止各家电视频道在晚上 9 点之前播放任何"垃圾食品"广告。

二、广告行政审查的法律依据

(一)《广告法》

《广告法》中的《广告审查》一章主要是指广告的行政性审查,具体内容如下。

1. 需要由有关行政主管部门进行广告审查的主要是药品、医疗器械、农药、兽药等涉及人体健康以及人身财产安全的特殊商品

这几类商品直接关系到人民的生命、财产安全,一旦违法广告发布出去,会使消费者的人身安全受到伤害,甚至会造成严重的危害后果。因此,需要在发布前对这几类商品广告内容进行审查,以建立防范机制,尽可能把违法广告杜绝在发布之前。

2. 必须在发布前依法进行审查

这几类特殊商品广告如果通过广播、电影、电视、报纸、期刊等大众传播媒介或者其他媒介发布,必须在发布前依法进行审查,未经审查不得发布。我国的大众传播媒介深受群众信任,影响范围广。一旦发布违法广告,既会损害公众的利益,也会影响社会安定。因此有必要采取广告发布前的审查制度来积极加以防范。

3. 特殊商品广告需要审查

除了药品、医疗器械、农药、兽药等商品的广告需在发布前审查外,法律、行政法规还规定其他应当进行审查的特殊商品广告,例如食品、化妆品等,具体种类及审查标准、审查程序、审查部门都由有关法律、行政法规另行规定。

《广告法》中的条文仅是原则性规定,具体的审查标准、审查程序、审查部门还要依照有关法律、行政法规的规定进行。

(二)广告行政规章

1.《广告审查标准》

施行广告审查制度,必须要有广告审查的标准。国家工商行政管理总局为了加强对广告宣传的管理,维护消费者权益和社会公共利益,依据《广告管理条例》《广告管理条例施行细则》、广告管理各单项规章、国家涉及广告管理的法律、法规和国际上通行的广告宣传准则,制定了供广告发布前审查的基本标准《广告审查标准》,明确指出凡是违反国家有关广告管理法律、法规的,一律不得发布。

广告行政审查的法律依据——《广告审查标准》

《广告审查标准》是1994年由国家工商行政管理局颁布的,全文除"前言"外,共16章。其1、2、3章分别是《通则》《画面与形象》和《语言、文字和音响》,从广告的一般要素提出广告的审查标准;其4~16章,分门别类地从比较广告、儿童广告、家用电器广告、药品广告、农药广告、兽药广告、医疗器械广告、医疗广告、食品广告、研究广告、化妆品广告、金融广告和其他广告,共13类广告,较全面地提出广告的审查标准。

2. 其他重要广告审查行政规章

国家工商行政管理总局会同国务院有关部门联合制定了很多广告行政规章,有的行政规章根据广告市场的实际情况,进行了多次修订。具体包括:《药品广告审查发布标准》和《药品广告审查办法》;《医疗器械广告审查标准》和《医疗器械广告审查办法》;《农药广告审查标准》和《农药广告审查办法》;《兽药广告审查标准》和《兽药广告审查办法》。

其他有关部门也制定了一些需要进行审查的商品广告的管理办法,如国家食品药品监督管理局制定的《保健食品广告审查暂行规定》。上述法律规定以及行政规章共同构成了我国广告行政审查的法律依据。

三、广告行政审查的内容

广告审查机关应当根据《广告法》以及广告行政规章对广告内容进行审查,广告内容审查主要包括合法性审查、真实性审查以及科学性审查3个方面。

(一)合法性审查

合法性审查就是要审查广告主是否合法以及广告内容是否合法。广告主合法性审查是审查其是否具有合法经营资质。广告内容合法性审查包括以下几个方面。

1. 审查广告内容是否合法

《广告法》以及广告行政规章规定了一系列广告发布准则,这就需要审查广告内容是否符合法律法规规定,广告中有无广告管理法规规定禁止出现的内容。

2. 审查广告宣传的表现形式是否合法

如《广告法》规定,不得以新闻报道形式发布广告;国家工商行政管理总局规定,不得利用调查采访的形式发布广告。

3. 审查广告发布是否合法

审查广告发布媒体是否符合法律规定,发布方式是否符合法律法规的要求。如处方药广告只能在专业医药期刊杂志上发布。

(二)真实性审查

真实是广告的生命所在.也是《广告法》的基本原则,因此真实性审查必然是广告行政审查的重点。审查机关在对广告内容进行真实性审查时,着重审查以下几方面内容。

(1)广告所宣传的产品或服务是真实的、客观存在的;广告宣传的内容与商品或服务的实际状况完全符合;广告宣传的内容能够被科学的依据所证实。

(2)广告宣传的内容应当清楚明了,不能有歧义或者容易使消费者产生误解,以致误导消费。

(3)广告中使用艺术夸张应当恰当,不能超出限度,并能够被普通公众接受和识别。

(三)科学性审查

现代商品和服务很多是建立在科学技术的发展上,科学技术和科学理论的运用也经常是广告宣传的重要内容。对特定商品广告的科学性审查包括以下方面。

(1)广告中的专业理论、观点、断言等应当经过有资质机构的科学鉴定,或者是学术界的基本共识。不能以个别专家意见或不具有资质的鉴定机构的结论作为广告宣传的依据。

(2)广告中使用的术语、产品成分名称,应当符合国家标准,不能为制造"卖点"随意更改专用术语等。

(3)广告内容涉及科学知识的应当清楚明白,不能使普通消费者由于缺少专门知识而产生误解或错觉。

四、广告行政审查的程序

广告审查的程序是指广告审查机关依照法律、行政法规对审查范围内的广告进行审查的办法、步骤和要求。广告审查程序一般包括受理申请、审查、做出审查决定等步骤。

(一)受理申请

1. 广告主向广告审查机关申请广告审查

广告主利用任何媒介发布审查范围内的广告都必须向广告审查机关申请广告审查。属于审查范围的广告分为两个层次:第一个层次是《广告法》中直接规定的药品、医疗器械、农药和兽药广告等;第二个层次是法律、行政法规规定应当进行审查的其他广告,这一部分广告范围将根据客观需要,由国家法律、行政法规做出规定。因此,目前我国广告审查机关对广告审查的范围,实际上是涉及有关人身安全、生产安全和市场经济秩序的特殊商品广告,对于一般商品广告不需强制审查。

2. 广告主向行政主管部门提出审查申请

广告主应当向与特殊商品有关的行政主管部门提出审查申请。如农药和兽药的行政主管部门是农业或农牧行政管理部门。

3. 广告主提交有关的证明材料

广告主在向广告审查机关提出广告审查申请的同时,应当提交有关的证明材料。广告证明材料是用来表明广告主的主体资格是否合法和广告内容是否真实、合法的文件、证件、资料等。它是广告审查机关审核、判定广告内容的依据。广告主应该提交的广告证明材料包括:广告主的权限或资格证明,包括营业执照、生产经营许可证等;广告主经营的商品的质量合格的证明;其他需要提交的证明,如商标注册证、获奖证书、专利证书或专利使用许可合同等。

(二)审查

这是广告审查机关履行职责、对广告主申请审查的广告内容及提交的证明文件的真实性、合法性和有效性进行全面审查的过程,这一环节直接关系到审查结果。

1. 审查广告证明是否真实、合法和有效

广告审查机关就以下4个方面进行审查:广告证明的出具机关是否合法;广告证明是否真实、合法;广告证明和广告内容有无直接关系;广告证明的使用范围(如有效期限和地域,是否单项证明等)是否有效。

2. 依据广告证明审查广告主的主体资格和广告内容

主体资格的审查包含两个方面的内容:一是广告主必须是经登记主管机关核准注册的社会经济组织;二是广告内容应当符合广告主的经营范围。

对广告内容的审查也包括两个方面的内容:一是广告证明文件是否齐全;二是广告主要内容与广告证明是否相对应。

3. 依据国家法律法规、规章等审查广告内容

主要是审查广告内容是否真实合法,主要包括合法性审查、真实性审查以及科学性审查三个方面。

(三)做出审查决定

广告审查机关根据广告法律法规做出审查决定。对于符合法律要求的准予发布,授予广告批准文号,批准文号有效期一般为一年;对于不符合法律规定的予以驳回,按照法律的要求予以修改。

(四)进行复审

适用复审的情况如下。

(1)广告审查依据发生变化。

(2)上级审查机关要求复查。

(3)同级广告监督管理机关建议复查。

(4)产品在使用中发生新问题。

此外,国家广告审查监督管理机关可复审,如《药品医疗器械保健食品广告复审制度(暂行)》规定,省级食品药品监督管理部门审查批准的广告,被国家食品药品监督管理局责令改正,原广告审查机关有异议的,国家食品药品监督管理局可以根据需要,组织复审。

(五)重新审查

当广告的批准文号有效期满或广告内容需要修改时,广告主体应当提出重新审查。

(六)撤销广告审查批准决定

当广告主体不再具有经营资质或广告宣传的商品发生问题时,广告审查机关应当撤销广告审查批准决定。

五、对特殊广告审查的规定

(一)药品广告审查

在我国,凡利用各种媒介或者形式发布的广告含有药品名称、药品适应症(功能主治)或者与药品有关的其他内容的,为药品广告,应当按照法律法规的规定进行审查。

1.《药品广告审查发布标准》的主要规定

《药品广告审查发布标准》的主要内容包括:发布药品广告应当遵守的法律法规;不得

发布的药品广告；处方药与非处方药广告的发布；药品广告中的内容和药品广告违反本标准的处罚。其中关于药品广告审查的主要规定如下。

（1）下列药品不得发布广告：麻醉药品、精神药品、医疗用毒性药品、放射性药品；医疗机构配制的制剂；军队特需药品；国家食品药品监督管理局依法明令停止或者禁止生产、销售和使用的药品；批准试生产的药品。

（2）处方药可以在卫生部和国家食品药品监督管理局共同指定的医学、药学专业刊物上发布广告，但不得在大众传播媒介发布广告或者以其他方式进行以公众为对象的广告宣传。不得以赠送医学、药学专业刊物等形式向公众发布处方药广告。

处方药名称与该药品的商标、生产企业字号相同的，不得使用该商标、企业字号在医学、药学专业刊物以外的媒介变相发布广告。不得以处方药名称或者以处方药名称注册的商标以及企业字号为各种活动冠名。

（3）药品广告中必须标明药品的通用名称、忠告语、药品广告批准文号、药品生产批准文号；以非处方药商品名称为各种活动冠名的，可以只发布药品商品名称。

药品广告必须标明药品生产企业或者药品经营企业名称，不得单独出现"咨询热线""咨询电话"等内容。

（4）非处方药广告必须同时标明非处方药专用标识，非处方药广告不得利用公众对于医药学知识的缺乏，使用公众难以理解和容易引起混淆的医学、药学术语，造成公众对药品功效与安全性的误解。

2.《药品广告审查办法》的主要规定

《药品广告审查办法》对药品广告审查的对象、法律依据、审查和监督机关、提交文件、审查工作日程、复审和违反本办法规定的处理等作了详尽规定，其主要内容如下。

（1）药品广告审查的机关。

省、自治区、直辖市药品监督管理部门是药品广告审查机关，负责本行政区域内药品广告的审查工作。国家食品药品监督管理局对药品广告审查机关的药品广告审查工作进行指导和监督。申请药品广告批准文号，应当向药品生产企业所在地的药品广告审查机关提出。申请进口药品广告批准文号，应当向进口药品代理机构所在地的药品广告审查机关提出。

（2）药品广告审查所需证明文件。

申请药品广告批准文号，应当提交《药品广告审查表》，并附与发布内容相一致的样稿和药品广告申请的电子文件，同时提交以下真实、合法、有效的证明文件，具体如下。

①申请人的《营业执照》复印件。②申请人的《药品生产许可证》或者《药品经营许可证》复印件。③申请人是药品经营企业的，应当提交药品生产企业同意其作为申请人的证明文件原件。④代办人代为申办药品广告批准文号的，应当提交申请人的委托书原件和代办人的营业执照复印件等主体资格证明文件。⑤药品批准证明文件（含《进口药品注册证》《医药产品注册证》）复印件、批准的说明书复印件和实际使用的标签及说明书。⑥非处方药品广告需提交非处方药品审核登记证书复印件或相关证明文件的复印件。⑦申请进口药品广告批准文号的，应当提供进口药品代理机构的相关资格证明文件的复印件。⑧广告中涉及药品商品名称、注册商标、专利等内容的，应当提交相关有效证明文件的复印件以及其他确认广告内容真实性的证明文件。

（3）药品广告的复审。

已经批准的药品广告有下列情形之一的，原审批的药品广告审查机关应当向申请人发出《药品广告复审通知书》，进行复审。复审期间，该药品广告可以继续发布。

①国家食品药品监督管理局认为药品广告审查机关批准的药品广告内容不符合规定的。②省级以上广告监督管理机关提出复审建议的。③药品广告审查机关认为应当复审的其他情形。

经复审，认为与法定条件不符的，收回《药品广告审查表》，原药品广告批准文号作废。

（4）药品广告审查决定文件的撤销。

有下列情形之一的，药品广告审查机关应当注销药品广告批准文号。

①《药品生产许可证》《药品经营许可证》被吊销的。②药品批准证明文件被撤销、注销的。③国家食品药品监督管理局或者省、自治区、直辖市药品监督管理部门责令停止生产、销售和使用的药品。

（5）违法行为的处理。

①篡改经批准的药品广告内容进行虚假宣传的，由药品监督管理部门责令立即停止该药品广告的发布，撤销该品种药品广告批准文号，1年内不受理该品种的广告审批申请。②对任意扩大产品适应症（功能主治）范围、绝对化夸大药品疗效、严重欺骗和误导消费者的违法广告，省以上药品监督管理部门一经发现，应当采取行政强制措施，暂停该药品在辖区内的销售，同时责令违法发布药品广告的企业在当地相应的媒体发布更正启事。违法发布药品广告的企业按要求发布更正启事后，省以上药品监督管理部门应当在15日内做出解除行政强制措施的决定；需要进行药品检验的，药品监督管理部门应当自检验报告书发出之日起15日内，做出是否解除行政强制措施的决定。③对提供虚假材料申请药品广告审批，被药品广告审查机关在受理审查中发现的，1年内不受理该企业该品种的广告审批申请。对提供虚假材料申请药品广告审批，取得药品广告批准文号的，药品广告审查机关在发现后应当撤销该药品广告批准文号，并3年内不受理该企业该品种的广告审批申请。④被收回、注销或者撤销药品广告批准文号的药品广告，必须立即停止发布；异地药品广告审查机关停止受理该企业该药品广告批准文号的广告备案。⑤异地发布药品广告未向发布地药品广告审查机关备案的，发布地药品广告审查机关发现后，应当责令限期办理备案手续，逾期不改正的，停止该药品品种在发布地的广告发布活动。⑥对发布违法药品广告，情节严重的，省、自治区、直辖市药品监督管理部门予以公告，并及时上报国家食品药品监督管理局，国家食品药品监督管理局定期汇总发布。

对发布虚假违法药品广告情节严重的，必要时由国家工商行政管理总局会同国家食品药品监督管理局联合予以公告。

韩国药品广告审查

药品广告直接关系到消费者的生命和健康，药品的误用、滥用和副作用可能危及生命，因此药品广告成为各国控制最为严格的广告种类之一。在韩国，关于药品广告的法律规范散见于《公正交易法》《消费者保护法》《卫生法》《律师法》《医师法》和《药剂师法》等80多部法律、44个实施令和66个条例中，直接、间接地约束规范着药品广告。

　　韩国从 1989 年开始实行"事前审查制度",即在药品广告发布前必须经过食品药品安全厅下辖的"医药品广告事前审议委员会"的审查许可。韩国保健福利部将虚假夸大的医药品广告视为严重的社会问题,对违法药品广告实行了严厉的行政制裁措施。药品广告必须在内容和程序两方面完全符合法律规定。程序上,没有经过"事前审议"不能实施广告行为。内容方面的法律规范最为繁多,核心规定是禁止可能诱发误用和滥用的药品广告。

(二)医疗器械广告审查

　　凡利用各种媒介或者形式发布有关用于人体疾病诊断、治疗、预防、调节人体生理功能或者替代人体器官的仪器、设备、器械、装置、器具、植入物、材料及其他相关物品的广告,包括医疗器械的产品介绍、样本等,均应当按照法律法规规定予以审查。

　　1.《医疗器械广告审查标准》的主要规定

　　(1)下列医疗器械不得发布广告。

　　①未经国家食品药品监督管理局或省、自治区、直辖市医药管理局(或同级医药行政监督管理部门)批准进入市场的医疗器械。②未经生产者所在国(地区)政府批准进入市场的境外生产的医疗器械。③应当取得生产许可证而未取得生产许可证的生产者生产的医疗器械。④扩大临床试用、试生产阶段的医疗器械。⑤治疗艾滋病,改善和治疗性功能障碍的医疗器械。

　　(2)医疗器械广告应当与审查批准的产品市场准入说明书相符,不得任意扩大范围。

　　(3)医疗器械广告中不得含有表示功效的断言或者保证,如"疗效最佳""保证治愈"等。医疗器械广告不得贬低同类产品,不得与其他医疗器械进行功效和安全性对比。

　　(4)医疗器械广告中不得含有"最高技术""最先进科学"等绝对化语言和表示。

　　(5)医疗器械广告中不得含有治愈率、有效率及获奖的内容。

　　(6)医疗器械广告中不得含有利用医疗科研单位、学术机构、医疗机构或者专家、医生、患者的名义、形象作证明的内容。

　　(7)医疗器械广告不得含有直接显示疾病症状和病理的画面,不得令人感到已患某种疾病,不得使人误解不使用该医疗器械会患某种疾病或者加重病情。

　　(8)医疗器械广告中不得含有"无效退款""保险公司保险"等承诺。

　　(9)医疗器械广告不得利用消费者缺乏医疗器械专业、技术知识和经验的弱点,以专业术语或者无法证实的演示误导消费者。

　　(10)推荐给个人使用的医疗器械,应当标明"请在医生指导下使用"。

　　2.《医疗器械广告审查办法》的主要规定

　　(1)医疗器械广告的审查机关。

　　国家食品药品监督管理局和省、自治区、直辖市食品药品监督管理局或者同级医疗器械行政监督管理部门,在同级广告监督管理机关的指导下,对医疗器械广告进行审查。

　　境外生产的医疗器械产品广告,及利用重点媒介发布的医疗器械广告,需经国家食品药品监督管理局审查批准,并向广告发布地的省级医疗器械行政监督管理部门备案后,方可发布。

其他医疗器械广告,需经生产者所在地的省级医疗器械行政监督管理部门审查批准,并向发布地的省级医疗器械行政监督管理部门备案后,方可发布。

（2）医疗器械广告的初审。

医疗器械广告审查机关对广告申请人提供的证明文件的真实性、有效性、合法性、完整性和广告制作前文稿的真实性、合法性进行审查,并于受理申请之日起 5 日内做出初审决定,发给《初审决定通知书》。

（3）医疗器械广告的终审。

广告申请人凭初审合格决定及广告作品,再次递交原广告审查机关,广告审查机关在受理申请之日起 5 日内,做出终审决定。对终审合格者,签发《医疗器械广告审查表》及广告审查批准号;对终审不合格者,应当通知广告申请人并说明理由。

广告申请人可以直接申请终审,广告审查机关在受理之日起 10 日内做出终审决定。

（4）医疗器械广告的复审。

经审查批准的医疗器械广告,有下列情况之一的,广告审查机关应当调回复审。

①广告审查依据发生变化的。②国家食品药品监督管理局认为省级广告审查机关的批准不妥的。③广告监督管理机关或者发布地医疗器械广告审查机关提出复审建议的。④广告审查机关认为应当调回复审的其他情况,复审期间,广告停止发布。

（5）医疗器械广告的重新审查。

经审查批准的医疗器械广告,有下列情况之一的,应当重新申请审查。

①医疗器械广告审查批准号的有效期届满。②广告内容需要改动。③医疗器械产品标准发生变化。

（6）医疗器械广告审查批准文号的撤销。

经审查批准的医疗器械广告,有下列情况之一的,原审查机关应当收回《医疗器械广告审查表》,撤销广告审查批准号。

①医疗器械在使用中发现问题而被撤销产品注册号或者批准号。②被国家列为淘汰的医疗器械品种。③广告复审不合格。④应当重新申请审查而未申请或者重新审查不合格。

（三）保健品广告审查

随着我国社会发展和人民生活水平的提高,保健品的社会需求日益增加,保健品广告也随之繁荣,但其中违法的保健品广告占有较大比例。2005 年 5 月,国家工商行政管理总局颁布了《保健食品广告审查暂行规定》,其主要内容包括:明确规定对保健食品广告的指导、监督、审查和监测的主管机关;发布保健食品广告申请人的主体资格及应提交的文件和资料;保健食品广告发布形式和内容;保健食品广告审查的具体工作和结果;对违反本规定的处理和建立违法保健食品广告公告制度。

1. 保健品广告的审查机关

国家食品药品监督管理局指导和监督保健食品广告审查工作。省、自治区、直辖市食品药品监督管理部门负责本辖区内保健食品广告的审查。县级食品药品监督管理部门应当对辖区内审查批准的保健食品广告发布情况进行监测。

国产保健食品广告的发布申请,应当向保健食品批准证明文件持有者所在地的省、自治区、直辖市食品药品监督管理部门提出。

进口保健食品广告的发布申请,应当由该产品境外生产企业驻中国境内办事机构或者该企业委托的代理机构向其所在地省、自治区、直辖市食品药品监督管理部门提出。

2. 保健品广告审查所需文件和证明文件

申请发布保健食品广告,应当提交以下文件和资料。

(1)《保健食品广告审查表》,与发布内容一致的样稿(样片、样带)和电子化文件。

(2)保健食品批准证明文件复印件。

(3)保健食品生产企业的《卫生许可证》复印件。

(4)申请人和广告代办人的《营业执照》或主体资格证明文件、身份证明文件复印件;如有委托关系,应提交相关的委托书原件。

(5)保健食品的质量标准、说明书、标签和实际使用的包装。

(6)保健食品广告出现商标、专利等内容的,必须提交相关证明文件的复印件。

(7)其他用于确认广告内容真实性的有关文件。

(8)宣称申请材料实质内容真实性的声明。

3. 保健品广告审查申请材料的受理

保健食品广告发布申请材料不齐全或者不符合法定要求的,省、自治区、直辖市食品药品监督管理部门应当场或者在5个工作日内一次告知申请人需要补正的全部内容;逾期不告知的,自收到申请材料之日起即为受理。

国务院有关部门明令禁止生产、销售的保健食品,其广告申请不予受理。国务院有关部门清理整顿已经取消的保健功能,该功能的产品广告申请不予受理。

4. 保健品广告审查的决定

省、自治区、直辖市食品药品监督管理部门应当自受理之日起对申请人提交的申请材料以及广告内容进行审查,并在20个工作日内做出是否核发保健食品广告批准文号的决定。

对审查合格的保健食品广告申请,发给保健食品广告批准文号,同时将《保健食品广告审查表》抄送同级广告监督机关备案。对审查不合格的保健食品广告申请,应当将审查意见书面告知申请人,说明理由并告知其享有依法申请行政复议或者提起行政诉讼的权利。

省、自治区、直辖市食品药品监督管理部门应当将审查批准的《保健食品广告审查表》报国家食品药品监督管理局备案。国家食品药品监督管理局认为审查批准的保健食品广告与法定要求不符的,应当责令原审批地省、自治区、直辖市食品药品监督管理部门予以纠正。

5. 保健品广告的重新审查

保健食品广告批准文号有效期届满,申请人需要继续发布广告的,应当依照本规定向省、自治区、直辖市食品药品监督管理部门重新提出发布申请。

经审查批准的保健食品广告需要改变其内容的,应向原审批地省、自治区、直辖市食品药品监督管理部门申请重新审查。

保健食品的说明书、质量标准等广告审查依据发生变化的,广告主应当立即停止发布,并向原审批地省、自治区、直辖市食品药品监督管理部门申请重新审查。

6. 保健品广告审查的复审

经审查批准的保健食品广告,有下列情形之一的,原审批地省、自治区、直辖市食品药品监督管理部门应当调回复审,具体情形如下。

(1)国家食品药品监督管理局认为原审批地省、自治区、直辖市食品药品监督管理部门批准的保健食品广告内容不符合法定要求的。

（2）广告监督管理机关建议进行复审的。

7. 保健品广告审查批准文号的撤销或收回

经审查批准的保健食品广告，有下列情形之一的，原审批地省、自治区、直辖市食品药品监督管理部门应当收回保健食品广告批准文号，具体情形如下。

（1）保健食品批准证明文件被撤销的。

（2）保健食品被国家有关部门责令停止生产、销售的。

（3）广告复审不合格的。

擅自变更或者篡改经审查批准的保健食品广告内容进行虚假宣传的，原审批地省、自治区、直辖市食品药品监督管理部门责令申请人改正，给予警告，情节严重的，收回该保健食品广告批准文号。

省、自治区、直辖市食品药品监督管理部门做出的撤销或者收回保健食品广告批准文号的决定，应当报送国家食品药品监督管理局并抄送同级广告监督管理机关备查，同时向社会公告处理决定。

第三节　广告自律审查制度

一、广告自律审查概述

（一）广告自律审查的概念

广告自律审查是指广告经营者和广告发布者对其所设计、制作、代理或发布的广告作品的主体资格以及广告内容是否真实、合法、科学所做的审核活动。

（二）广告自律审查的特征

与行政性审查相比较，广告自律审查具有以下特征。

1. 全面性

行政性审查只是针对药品、医疗器械、农药、兽药等少部分商品广告，而绝大部分商品或服务的广告仍然需要广告活动主体进行自律审查。

2. 法定性

《广告法》规定，"广告经营者、广告发布者依据法律、行政法规查验有关证明文件，核实广告内容"。因此，广告活动主体进行广告自律审查是必须履行的法定义务。正因为自律审查是法定义务，如果所发布的广告含有违法内容，相关主体就必须承担法定民事责任和行政责任。

3. 自律性

广告内容真实合法是法律的要求，也是广告行业基本的道德规范。每一个广告活动主体在追求利润的同时仍然担负着一定的社会责任，因此，每一个广告活动主体应当自觉地、主动地对每一个设计、制作、代理或发布的广告作品进行认真审查，保证其真实、合法。广告自律审查在广告监督管理中起到最为重要的作用。

案例
8-2

陆飞是一位很有才气的"70后"摄影师，在苏州摄影圈中小有名气，在一次采风过程中，陆飞突发奇想，打算用镜头记录下美丽的苏州城。于是陆飞花了一年多的时间，蹲守在苏州多处景点延时拍摄2万多张照片，最终创作出一部震撼人心的延时摄影作品《大美苏州》。陆飞将作品上传到网络，一时间引起了苏州网友们的刷屏，大家纷纷转发为其点赞叫好。

不多久，陆飞就在朋友圈看到A微信公众号的营销公司制作的《你可知道苏州的美》网页，网页中加载的赫然就是自己的作品，阅读量还很惊人！原来公众号的管理人员发现了陆飞的延时摄影作品，觉得非常符合这期的主题，便将作品重命名为《你可知道苏州的美》上传了，没有告知原作品作者陆飞。

陆飞要求微信公众号的管理人员立即删除其发布的作品，并要求赔偿道歉。
问：A微信公众号营销公司行为是否侵犯了陆飞的权利？

【解析】

本案中被告A微信公众号营销公司未经原告陆飞许可，擅自使用了原告的作品，上传在网页中用于微信号的推广，侵犯了原告陆某享有的信息网络传播权。所谓信息网络传播权，是指以有线或者无线方式向公众提供作品、表演或者录音录像制品，使公众可以在其个人选定的时间和地点获得作品、表演或者录音录像制品的权利。

经人民法院调解，原被告双方达成协议，由A微信公众号营销公司一次性赔偿原告陆飞3万元。

二、广告自律审查的基本方法和程序

（一）广告自律审查的基本方法

1. 根据广告管理法规审查

广告管理法规对广告客户从事广告宣传活动应当遵守的行为规范做出了规定。广告经营者、广告发布者在承办广告时，应当依照广告管理法规确立的规范对广告内容及其表现形式逐项进行检查，发现有违法内容的，应当要求客户删除，广告客户拒绝删除的，做出不予承办的决定。

2. 依据证明文件审查

广告管理法规对广告客户委托广告经营者、广告发布者承办广告，应当提交和交验的证明文件做出了明确、具体的规定。广告经营者、广告发布者应当依据客户的证明文件对广告进行审查，检查广告内容是否与证明文件内容相符合，凡无合法证明、证明不齐以及证明文件不能证明广告内容真实合法的，做出不予承办的决定。

（二）广告自律审查的程序

广告经营者、广告发布者审查广告的程序分为4个阶段。

1. 承接登记

对委托办理广告业务的客户，首先将其基本情况（名称、地址、法定代表人姓名、职务、广告联系人姓名、职务等)和广告内容、提交和交验的广告证明记录在案。

2.初审

广告审查员依据广告管理法规和客户提交与交验的证明文件对广告进行审查,做出审查是否合格的结论意见,并记录在案。

3.复审

广告业务负责人对经过初审的广告,再次进行审查,最终做出审查是否合格,是否接受广告客户委托的广告业务的决定,并签署意见。

4.建档

有关承接登记和审查过程的记录材料在决定承办或不予承办后,按照一定规则将上述材料归档,以备查验。

广告档案管理制度

广告档案管理制度是指对广告经营者、广告发布者对广告主所提供的关于主体资格和广告内容的各种证明文件、材料以及在承办广告业务活动中涉及的承接登记、广告审查、广告设计制作、广告发布等情况的原始记录材料,进行整理、保存并建立业务档案,以备随时查验的制度。广告档案管理制度是对广告经营者、广告发布者在广告活动中必须保存各种广告证明文件及材料的一项具体要求,是广告自律审查制度的一部分。

广告审查员的一个重要任务就是负责收集、保管企业的广告业务档案。广告档案管理制度对规范广告活动,促进广告业的健康发展具有重要作用。

广告经营单位在广告活动中需要保存的档案是比较广泛的,涉及广告活动的各个环节和流程。具体有:广告主出具的各种证明文件;与广告主或被代理人签订的书面合同;广告内容的修改记录;广告客户的广告稿、资料、图片等;广告主对广告发布样稿的确认记录,广告审核意见,广告经营者发布广告的清样,如报刊广告的报刊、电视广告的录像带、广播广告的录音带、户外广告的照片等;广告客户、消费者对广告发布后的反映;广告经营者自己认为应当存档备查的证件。根据《广告管理条例施行细则》的规定,广告业务档案保存的时间不得少于 1 年。

三、广告审查员制度

广告审查员制度是指广告经营者和广告发布者设置专门人员负责查验广告主体资格以及审查广告内容真实性和合法性的措施。广告审查员制度是广告自律审查最为重要的形式。依据《关于广告审查员管理工作若干问题的指导意见(试行)》,广告审查员制度的主要内容包括以下方面。

(一)广告审查的范围

广告审查员审查广告的范围非常广泛,并不单纯是所有广告制成品的审查,还涉及广告设计、制作等很多环节的半制成品。广告审查范围具体包括广告创意稿、广告设计定稿及制作后的广告品、代理或者待发布的广告样件。

（二）审查广告的程序

广告审查员审查广告应当严格依据《广告法》以及相关法律法规的规定，审查工作具体按照以下程序进行。

1. 查验广告证明文件

查验各类广告证明文件的真实性、合法性、有效性，对证明文件不全的，提出补充收取证明文件的意见。

（1）查验广告客户的资质是否合法，是否具有合法的经营范围。

根据《广告管理条例》以及《广告管理条例施行细则》的规定，广告客户申请发布广告，应当出具下列主体资格证明。

①工商企业和个体工商户分别交验《企业法人营业执照》副本和《营业执照》。②机关、团体、事业单位提交本单位的证明。③个人提交乡、镇人民政府、街道办事处或所在单位的证明。④外国企业常驻代表机构，应当交验国家工商行政管理总局颁发的《外国企业在中国常驻代表机构登记证》。

（2）《广告管理条例》规定应当查验的与广告内容有关的证明文件。

《广告管理条例》第11条规定，申请刊播、设置、张贴下列广告，应当提交有关证明。

①标明质量标准的商品广告，应当提交省、直辖市以上标准化管理部门或者经计量认证合格的质量检验机构的证明。②标明获奖的商品广告，就当提交本届、本年度或者数届、数年度连续获奖的证书，并在广告中注明获奖级别和颁奖部门。③标明优质产品称号的商品广告，应当提交专利证书。④标明专利权的商品广告，应当提交专利证书。⑤标明注册商标的商品广告，应当提交商标注册证。⑥实施生产许可证的产品广告，应当提交生产许可证。⑦文化、教育、卫生广告，应当提交上级行政主管部门的证明。⑧其他各类广告，需要提交证明的，应当提交政府有关部门或授权单位的证明。

（3）《广告管理条例施行细则》规定应当查验的与广告内容有关的证明文件。

《广告管理条例施行细则》第10条规定，申请发布商品广告，应当交验符合国家标准、部标准（专业标准）、企业标准的质量证明。

《广告管理条例施行细则》第11条规定，申请发布下列广告应当提交有关证明。

①报刊出版发行广告，应当交验省、自治区、直辖市新闻出版机关核发的登记证。②图书出版发行广告，应当提交新闻出版机关批准成立出版社的证明。③各类文艺演出广告，应当按照有关规定提交证明文件。

《广告管理条例施行细则》第12条规定，申请刊播下列内容的广告，应当提交有关证明。①各类展销会、订货会、交易会等广告，应当提交主办单位主管部门批准的证明。②个人启事、声明等广告，应当提交所在单位、乡（镇）人民政府或街道办事处出具的证明。

2. 核实广告内容

核实广告内容的真实性、合法性、科学性。依据广告法以及相关法律法规的要求，审查广告内容是否符合实际，是否有违法内容，内容表述是否容易产生误导。检查广告是否符合社会主义精神文明建设的要求，是否有宣传封建、丑恶、淫秽、色情、暴力等不符合社会主义精神文明建设要求的内容。

3. 检查广告形式

检查广告形式是否符合有关规定。对广告的发布形式进行检查，是否有国家禁止发布的形式,如发布新闻形式广告等。

4. 审查广告效果

审查广告整体效果,确认其不致引起消费者的误解。结合广告文字以及画面等各种因素,进行审查,确保没有专业背景的普通消费者都能够正确理解广告内容。

5. 签署书面意见

签署对该广告同意、不同意或者要求修改的书面意见。根据广告审查的实际情况,排除其他各种意见的干扰,实事求是地签署广告审查的意见。

(三)违法广告的处置

对于经广告审查机关审查的广告中存在的违反广告管理法规的问题,广告审查员应当签署不同意代理、发布的书面意见,并及时向工商行政管理机关报告,也可以同时向该审查机关提出意见。

一、选择题

1. 广告审查制度的基本形式包括( )。

    A. 广告审查机关的事前审查

    B. 广告经营者、广告发布者的事前审查

    C. 广告审查机关的事后审查

    D. 广告审查机关的事中审查

2. 广告行政审查的特征包括( )。

    A. 强制性   B. 特定性   C. 自愿性   D. 公开性

3. 广告行政审查的法律依据包括( )。

    A.《广告法》   B.《农药广告审查标准》

    C.《药品广告审查办法》   D.《广告审查标准》

4. 医疗器械广告审查机关对广告申请人提供的证明文件的真实性、有效性、合法性、完整性和广告制作前文稿的真实性、合法性进行审查,并于受理申请之日起( )日内做出初审决定,发给《初审决定通知书》。

    A. 5   B. 10   C. 15   D. 30

5. 广告自律审查的程序包括( )阶段。

    A. 承接登记   B. 初审   C. 复审   D. 建档

二、简述题

1. 简述广告行政审查的特点。

2. 简述广告行政审查的内容。

3. 简述药品广告审查制度。

4. 简述广告自律审查的特征。

5. 简述广告自律审查的程序。

三、案例分析题

1. 2015 年周某伙同刘某、李某经过预谋,为骗取客户押金,共同出资成立一家电子科技有限公司,刘某担任法定代表人。通过在电视媒体投放广告,吸引众多客户为其代工制作中性水笔芯,后以制作的笔芯不合格为由拒收客户的产品,以此骗取客户的钱财。此外,曹某明知公司系诈骗公司,仍为公司充当质检员,多次以客户生产出的笔芯不合格为由拒收客户的产品。该公司通过上述手段,骗取被害人王某、房某等近百人共计120余万元。

与上述案件同类型的诈骗案件近年来有增多的趋势。

分析:广告审查制度有哪些作用? 为什么在诈骗案件中,犯罪嫌疑人能够屡屡得手?

2. 2016年1月,河南省A卫视播出一则保健品广告,宣称胡女士的B公司发明了一种"减肥汤",喝了该汤之后,"一天减体重一斤"。还播放了北京市居民章燕的神奇使用效果:之前用了各种减肥办法,体重都减不下来,自从喝上了680元一副的"减肥汤"后,不用锻炼,不用节食,一天减一斤,两个月的时间从原来的200斤减到了现在的110斤。

分析:河南省A卫视播出的保健品广告是否符合广告法律法规的规定?

本章学习目标

通过学习使学生理解我国广告行业自律组织的基本情况，我国广告行业自律的现状。熟悉广告行业自律的原则和作用。掌握广告行业自律的性质和特点、广告行业自律的基本内容和措施。

引例

国家工商行政管理总局对 2015 年 7 月全国部分电视、报纸、互联网媒体发布的保健食品、化妆品广告进行了监测抽查。发现的部分严重违法广告。

（1）海娜花人参植物水晶露化妆品广告（生产厂家为广州 A 化妆品有限公司）。广告语"鲜花加人参，黑发能再生""用鲜花洗洗头，只需要 30 天时间，就能重新长出满头黑发"。发布媒体：山西省临汾新闻综合频道。

（2）伊屏清斑化妆品广告（生产厂家为广州 B 生物科技有限公司）。广告语"祖传宫廷美颜方，2014 年国际美博会唯一一个以个人名义参展的祛斑产品""只需 1 瓶最多 37 天祛除女人脸上的各种色斑""安全有效，保证一次清斑一辈子不会长斑"。发布媒体：西藏自治区卫视。

（3）浪漫香榭丽化妆品广告（生产厂家为广州 C 化妆品有限公司）。广告语"使用 1 套色斑逐渐淡化、使用 2 套大面积色斑减少、坚持使用 3 套深层黑色素已经完全不见"。发布媒体：海南省海口新闻综合频道。

（4）脑鸣清保健食品广告（生产厂家为山东 D 保健品有限公司）。

广告语"独特中药组方,药力足、起效快、疗效稳定、没有副作用,针对脑鸣产生的根源用药""服用 1 周期脑鸣减轻,2 周期脑鸣停止,3 周期不再复发"。发布媒体:湖北省大家文摘报。

(5)益寿虫草口服液保健食品广告(生产厂家为 E 药业有限公司)。广告语"男性功能恢复有力,前列腺炎骨关节疾病恢复明显好转"。发布媒体:天津市滨海频道。

【解析】

广告全部或者部分违反了我国《广告法》《广告管理条例》《食品广告发布暂行规定》《医疗器械广告审查标准》《中国广告行业自律规则》等法律法规和行规规定。集中表现为:①含有虚假夸大产品的效用或者性能,使用他人形象、名义保证使用效果,误导消费者;②食品广告中使用与药品相混淆的用语,直接宣传食品治疗作用;③含有表示产品功效的断言或者保证;④利用专家、患者和消费者的名义和形象作证明,误导消费者。这些行为侵害了消费者的利益,严重破坏了正常的市场秩序,社会影响恶劣。

《广告自律劝诫办法》规定,中国广告协会通过行业自我约束和"一对一"的方式,对广告主、广告公司和广告发布者进行行业内部的劝诫,对于消费者反映强烈、情节严重、社会影响较大的广告,中国广告协会将通过新闻媒体向社会大众发出警示,同时对涉嫌违法单位进行通报批评,以督促其进行改正。

中国广告协会对造成负面社会影响的不良广告责任者采取"第一次劝诫、第二次劝诫、第三次通报批评,其中涉嫌违法广告报请国家工商总局甄别"的程序,实施自律劝诫。任何单位和个人都可以向中国广告协会投诉和举报。

第一节 广告行业自律概述

一、广告行业自律的性质与特征

(一)广告行业自律的性质

广告行业自律是广告发展到一定阶段的产物,它是广告业发展为独立经济行业后的必然结果。广告行业自律又叫广告行业自我管理,是由广告主、广告经营者和广告发布者自发成立的民间性行业组织,通过自行制定的广告行业自律章程、规定、工作守则、职责公约和会员守则等,对自身从事的广告活动进行自我约束、自我限制、自我协调和自我管理,使自己的行为符合国家的法律、法规和职业道德、社会公德的要求。[①]

广告行业自律的主体是广告行业组织成员;广告行业自律的规则是广告行业组织自订的章程、规定和广告行业共同订立的公约、准则等。这些章程、规定、公约、准则构成了广告行业自律的体系;广告行业自律的监督执行机构是广告行业组织即广告协会。

---

① 姜智彬,葛洪波,等.广告学概论[M].上海:上海人民美术出版社,2012:217.

广告行业自律的发展史

实行广告行业自律是目前世界上广告行业通行的一种行之有效的管理方式，并逐渐发展成为广告业自我管理的一种制度。在很多国家，广告监管主要依靠广告行业组织进行和完成。

最早的行业自律管理机构是由广告主、广告公司和媒介组成的。早在19世纪80年代，被称为现代广告之父的约翰·鲍威尔斯曾呼吁美国广告界制止虚假广告，并提倡广告语言要真实可靠和简洁生动，这是最早来自广告业内的对广告自律的要求。1903年，约翰·亚当斯·塞耶成为公开强烈反对欺骗性广告的第一个广告人。的确广告强调真实与诚意，真实之所以具有工具性价值，乃因为它们把握和传达了实际情况的本质。真实的实际效用是因为它恰如其分地表达了我们需要应对的现实对象和事件属性(尤其包括因果的和潜在的力量。)[①]两年后，一些广告经理组成美国广告联合俱乐部，并发起一场广告诚实化运动。同年，在广告联合俱乐部基础上成立了世界广告联合会，接受了"广告诚实化"的口号，在全美各地建立了管理广告的"警示委员会"，负责审理广告弄虚作假事宜。并通过《印刷者油墨》杂志，发起一场宣告不诚实广告为犯罪行为的州立法宣传促进运动。同年，制定了广告道德规范，确定对虚假和欺骗性的广告施加惩罚，并以立法形式加以巩固，即著名的《普令泰因克广告法案》。这一法规成为美国广告界最早的广告法律规范文件。最初在美国纽约州实行。1945年，此法规修改后被美国27个州定为广告法，并为其他17个州部分采用。

20世纪50年代，总部设在巴黎的国际商会所属的广告委员会，通过了《广告活动标准纲领》和《广告业务准则》，其宗旨是防止滥用广告，加强广告主对消费者的责任，规定了对消费者的伦理准则、广告主间的伦理准则和广告代理业及媒体业的伦理准则。第二次世界大战以后，世界广告联合会正式更名为国际广告协会。20世纪60年代，国际广告协会发表了《广告自律白皮书》。它的发表，对世界广告业的发展影响巨大而深远，成为世界各国制定本国广告行业自律规则的主要参考文献。

（二）广告行业自律的特征

广告行业自律主要通过建立、实施广告行业规范来实现，行业规范的贯彻落实主要依靠行业自律组织进行。广告行业规范作为广告活动主体遵循的规则和制度，主要体现了以下特征。

1. 自发性

广告行业自律是广告主、广告经营者、广告发布者及其行业组织的自愿行为和自主选择。与强调国家监管职能的政府管理不同，自律行为的产生、依据、实施和责任承担都具有自发性。遵守行业规范，实行行业自律，是广告活动主体自愿的行为，不需要也没有任何组织和个人的强制，自律规范的维护主要依靠广告活动主体的内在信念和业界评价以及社会

---

① 哈里·G.法兰克福.论真实[M].孙涤，等译.南京：译林出版社，2009：62.

舆论监督。

2. 广泛性

无论是法律法规还是行政管理均有其无法干预的领域，特别是在市场经济必须充分尊重市场主体的自主性的条件下，政府管理滞后于广告市场的现实，给广告活动领域留下大片空白，需要由自律体系加以补充。广告行业自律调整的范围比法律、法规调整的范围更加广泛，更能及时反映形势变化，在广告活动的方方面面，发挥着约束、调整作用。

3. 灵活性

广告法律，法规的制定、修改和废止需要经过严格的法定程序，一经颁布实施，必须保持其相对稳定性，不得随意更改。而行业自律规则比法律的规定更加严格和具体，当市场形势发生变化，法律法规未能及时调整时，行业自律可以利用其灵活迅捷的优势及时做出反应。

4. 专业性

广告行业自律的规则是广告行业组织自订的章程、规定和广告行业共同订立的公约、准则等，这种自律体制更贴近现实需要，更容易接受，具有更强的专业指向性，确保自律体系内的广告行业经济效益的实现和广告事业的健康发展。

5. 客观公正性、权威性

行业自律不是单纯的行业内部事务，尤其是广告行业，它是一个涉及面极广的行业，针对广告行为的规范管理可谓涉及方方面面的利益。所以，行业自律实际上是协调各方利益的过程。不管是行业内部，还是行业外部，都希望管理主体能尽职尽责，保护自己的正当利益，而不是偏袒一方而损害一方。这也是广告自律组织应尽量吸收独立的外部人士的根本原因，说到底就是为了确保自律主体的独立、客观、公正、权威性的体现。从而赢得社会信任。

知识链接

广告行业自律与广告行政管理的区别

广告行业自律和广告行政管理都是对广告业实施调整，二者之间既有密切联系，又有根本的不同。

（1）广告行业自律的原则是广告道德，它主要从内在方面划定出广告行业的职业道德规范。广告行政管理的依据是广告法规，它主要从外在方面对广告管理者的职责行为进行了规定。

（2）广告行业自律必须在法律、法规允许的范围内进行，违反法律的，将要被取消。广告行业自律的直接作用目的是维护广告行业在社会经济生活中的地位，维护同业者的合法权益。广告行政管理是行政执法行为。其直接作用是建立与整个社会经济生活相协调的秩序，它更侧重于广告业对社会秩序所产生的影响。

（3）广告行业自律的形式和途径是建立自律规则和行业规范，调整的范围只限于自愿加入行业组织或规约者。广告行业自律的组织者是民间行业组织，它可以利用行规和舆论来制裁违约者。广告行政管理是通过立法和执法来实现，以强制力为保障，违法者要承担法律责任，调整的范围是社会的全体公民或组织。

二、广告行业自律的内容和作用

（一）广告行业自律的内容

为促进全国广告行业的自我约束、自我完善，维护广告市场秩序，树立良好的行业风气，更好地发挥行业组织规范行为的作用，中国广告协会依据国家广告管理法律、法规，并借鉴国外广告行业的自律办法，制定了《中国广告行业自律规则》。规定广告主、广告经营者、广告发布者及其他参与广告活动的单位和个人，应当诚实守信，增强自律意识，遵守自律规则的要求，承担社会责任和社会义务。

1. 对广告内容的要求

（1）广告应当符合社会主义精神文明建设的需要，有利于维护社会公共秩序和树立良好社会风尚。

（2）禁止虚假和误导广告，也不应对商品或服务的属性作片面的宣传；不应将科学上尚未定论的观点、现象当作产品或服务的特点用于广告；以明显的艺术夸张手法作为表现形式，不足以造成公众误解的除外。

（3）法律法规禁止生产、销售的商品或提供的服务，以及禁止发布广告的商品或服务，不得广告。

（4）广告诉求和信息传递，应当充分尊重消费者的知情权和受众的认知能力，不得利用信息的不对称作引人误解的宣传。

（5）广告对商品或者服务的功效、性质和条件等内容有表示的，应当准确、客观，且能够被科学的方法所证实，不得有任何夸大；涉及商品的成分、含量及其他数据、统计资料的，应当提供有效的证明文件。

（6）广告应当尊重他人的知识产权，不抄袭他人专属的广告创意，未经许可不应在广告中使用他人受保护的各类作品。

（7）广告应当尊重妇女和有利于儿童身心健康，并正确引导大众消费。不适合未成年人的商品和服务，不应使用未成年人的形象和名义制作广告。

（8）广告应当尊重良好道德传统，弘扬健康民族文化，不应表现低俗、迷信和其他不良行为。

2. 对广告行为的要求

（1）广告活动主体之间应通过公平的方式开展竞争，认真履行各项签订的广告合同，不得以商业贿赂、诋毁他人声誉和其他不正当手段达成交易，不得利用广告进行不正当的市场营销，或干扰、损害他人合法的广告活动。

（2）广告主应当向广告经营者提供真实、可靠的商品或服务信息和齐备的证明材料，不得怂恿广告经营者设计、制作不实广告。

（3）广告主应当尊重广告公司及其他广告服务机构的合法权益，支付相应的代理费或服务费，不得无偿占有其劳动成果。

采用比稿形式选择广告公司时，应向所有提供策划、创意等方案的公司支付相应的费用。

（4）广告主和广告经营者不得以不正当的广告投放为手段干扰媒体节目、栏目等内容的安排。

（5）广告经营者应通过提高服务质量争取客户，不得恶意竞争、扰乱市场秩序，代理费的收取不得低于服务的成本费用。

（6）广告经营者和广告发布者应当认真履行广告的审查义务。对于各类广告证明，应查看原件，必要时还应与出证机构核实，切实把好广告制作、刊播的关口。

（7）广告发布者不得强制搭售广告时间、版面或附加其他不合理的交易条件。

（8）广告发布者公布的广告刊播价格和折扣条件应当统一、透明，在执行中一视同仁。

（9）广告代言人从事广告活动，应当自尊、自重，并事先对代言内容的真实性、合法性做必要的了解，切实对消费者负责。

（10）广告社会团体组织开展的各项活动，应当注重社会效果，积极、有益、公平、公正，不应以营利为目的。

3. 关于自律措施的规定

（1）对于涉嫌违反法律、法规和行业自律规则的广告内容和行为，任何单位和个人都可以向中国广告协会及地方各级广告协会投诉和举报。

（2）对于违反行业自律规则的相关责任者，经查证后，分别采取如下自律措施：自律劝诫；通报批评；取消协会颁发的荣誉称号；取消会员资格；降低或取消协会认定的中国广告业企业资质等级，报请政府有关部门处理。以上处理措施，可以单独适用，也可以合并适用。

（3）对于做出的自律处置有异议的，相关当事人可以向中国广告协会理事会提起申诉，由理事会做出最终自律处理决定。

（4）任何单位和个人均有权对协会实施行业自律的情况进行监督，对于违规行为有权向协会的上级主管部门举报。

小贴士

国家、地区和国际组织的广告行业自律规则

　　世界上许多国家和地区的广告行业组织都制定了广告行业自律规则，约束广告业的经营行为。如国际商会的《国际广告行为准则》，国际广告协会的《广告自律白皮书》，澳大利亚的《澳大利亚广告自律准则》，美国的《美国广告活动准则》，巴西的《巴西广告自律准则》，菲律宾的《菲律宾广告自律准则》，加拿大的《加拿大广告准则》，中国香港的《香港广告商会自律准则》等。

　　广告行业组织通过行业自律规则对自己会员的商业行为进行规范，达到维护行业形象和行业利益的目的。

（二）广告行业自律的作用

广告行业自律是在广告行业内建立起来的一种自我约束的道德伦理规范，因为这种自我约束是以遵守各种法律为中心而建立起来的自我限制。这种做法既可以起到补充政府法规的指导作用，又表现了广告行业自觉尊重法规的意愿。因此，自我约束对推动广告事业的发展起着积极的作用。

1. 行业自律是避免广告纠纷、保障广告行业良性运作与发展的有效途径

广告行业自律要求广告经营者了解有关法律，增强法制观念，科学地运用竞争手段，杜绝不正当竞争行为。通过行业自律，使广告经营者自我管理、自我教育，手段更灵活，方式更多样。在广告行业自律体系中，广告行业组织发挥了重要的调节功能。从自律规则的制定、实施,到对违反规则的处置,甚至包括广告纠纷处理,广告行业组织都起到了非常重要的作用。

2. 行业自律是国家广告监督管理的重要补充

国家的监管与广告行业的自律作为控制广告合法发布的两大力量,在推动广告业健康发展的过程中都起着重要的作用。有效的国家监管机制和较为完备的广告行业自律体系都是推动经济发展所不可缺少的,过分强调任何一方面的作用都可能造成不良的结果。行业自律是国家广告监督管理的重要补充。

案例 9-1

2016年5家报社在其报纸共9期的相关版面上刊登了"同仁养生茶"广告。"同仁养生茶"普通食品广告中多次出现"双向调血压""缓解心悸、心绞痛""熔化脑血栓,改善中风偏瘫症状"等食品宣传药品功能的表述。同时,该广告产品的包装物上还印有"同仁堂(香港)医药科技研究有限公司"字样,通过与中国北京同仁堂(集团)有限责任公司核实,其在香港并未注册上述公司,与"同仁养生茶"也毫无关系。问:5家报社刊登的"同仁养生茶"广告是否违规?

【解析】

5家报社刊登的"同仁养生茶"广告涉嫌虚假宣传并侵犯他人知识产权。违反了《食品广告发布暂行规定》第7条和《药品管理法》第61条第3款的相关规定。为切实维护广告行业的竞争秩序、保护广大消费者的合法权益,中国广告协会分别于2016年4月2日和4月8日向上述5家报纸发出劝诫通知书,要求其立即停刊涉嫌违法违规的"同仁养生茶"广告,对广告刊登工作进行整顿,避免违法违规广告再现,并就劝诫事宜做出书面回复。

5家报社停止刊登该则广告,按照通知书要求改正了涉嫌违法违规内容。同时表示,将在今后的工作中强化日常广告监管制度,建立长效机制,牢记媒体社会责任,加强自律,打造良好广告环境。

3. 行业自律是促进广告市场规范化运作和广告事业健康发展的保障

广告行业自律是广告业发展到一定阶段的必然产物,广告对企业而言它的重要作用已被企业所认知和接受,企业为了争夺市场,在广告宣传上下足功夫和本钱,并由此引发各种广告大战,为了控制企业利用广告攻击其他企业及其产品,或有暗示性的诋毁,广告自律就起到了巨大的作用。世界上广告业比较发达的国家都十分重视广告行业自律对于广告业发展的积极意义,行业自律逐步形成系统和规模,不断得到加强和完善。我国的广告管理法规在进一步完善和健全中,在这种状况下,广告行业自律的作用显得更加重大。实行行业管理,加强广告法规的管理研究和确定行业自律准则,是我国社会主义市场经济发展的需要。

4. 行业自律是广告法律环境的组成部分

广告时刻影响着消费者的购买行为,这就必须保证广告信息的真实性。有些不法分子利用虚假广告招摇撞骗,贩卖假货,特别是一些关系到人身安全与健康的医药、食品、化妆品、家用电器,不实的广告宣传会使消费者上当受骗,危及人身财产安全。为了规制这类行为,我国现已形成完整的广告法律环境,包括政府行政机关对广告的监管、广告行业自律、消费者权益保护和广告监管法律、法规与行政规章四个方面。

与法律法规的强制性和政府监管的权力性不同,广告行业组织是社团组织,自律的方式是建立在自律规则的基础上,自律规则反映出广告行业自身的要求,更容易被广告活动主体所接受和遵守。作为广告法律环境的组成部分,行业自律组织在保护消费者权益领域,做出了非常大的贡献。

广告行业自律是广告行业的自我管理,也是广告监督管理工作的必要补充。行业自律对于树立广告行业正气、增强广告业的社会责任感、抵制不正当竞争、促进广告事业的健康发展均起到重要的作用。

案例 9-2

(1) 贵州省某妇产女子医院医疗广告。广告语"25 项助孕技术专业治不孕""100 天解决不孕不育问题"。发布媒体:贵州省遵义新闻综合频道。

(2) 珊瑚七十味丸药品广告(生产厂家为西藏自治区 B 藏药厂)。广告语"一天 1 粒治疗心、脑、神经疾病"。发布媒体:青海省西海文摘报。

(3) 恒古骨王药品广告(生产厂家为云南省 C 制药有限公司)。广告语"治疗股骨头坏死只需 3 个月""北京、上海、广州 36 家三甲医院临床验证康复率高达98.33%"。发布媒体:陕西省生活文摘报。

(4) 活椎通络胶囊药品广告(生产厂家为北京 D 医药集团有限公司)。该广告利用专家、医生、患者的名义和形象作证明。发布媒体:搜狐网。问:上述广告是否违反法律和行政法规?

【解析】

上述广告全部或者部分违反了我国《广告法》《广告管理条例》《食品广告发布暂行规定》《医疗器械广告审查标准》《中国广告行业自律规则》等法律法规和行规,集中表现为:①含有虚假夸大产品的效用或者性能,使用他人形象、名义保证使用效果,误导消费者;②广告属于禁止在大众传播媒介发布的处方药广告,含有表示产品功效的断言或者保证;③利用专家、患者和消费者的名义和形象作证明等。这些行为侵害了消费者的利益,严重破坏了正常的市场秩序,社会影响恶劣。

《广告自律劝诫办法》规定,中国广告协会通过行业自我约束和"一对一"的方式,对广告主、广告公司和广告发布者进行行业内部的劝诫,对于消费者反映强烈、情节严重、社会影响较大的广告,中国广告协会将通过新闻媒体向社会大众发出警示,同时对涉嫌违法单位进行通报批评,以督促其改正。

中国广告协会对造成负面社会影响的不良广告责任者采取"第一次劝诫、第二次劝诫、第三次通报批评,其中涉嫌违法广告报请国家工商总局甄别"的程序,实施自律劝诫。任何单位和个人都可以向中国广告协会投诉和举报。

第二节 我国广告行业自律现状

一、我国广告行业自律的发展历史

自 1994 年 12 月以来,中国广告协会先后颁布了《广告协会自律规则》《广告宣传精神文明自律规则》《广告行业公平竞争自律守则》《城市公共交通广告发布规范(试行)》等自律性文件,为维护广告行业秩序和促进发展起到了积极作用。中国广告协会制定的《广告行业自律规则》,对广告应当遵循的基本原则以及广告活动所应体现的道德水准,做出了相应的规定,但是在行业内一直没有得到认真执行。

随着我国广告市场的日益活跃,原有自律规范已不适应新形势的要求,中国广告协会第五次会员代表大会审议通过了《中国广告行业自律规则》,并自 2008 年 1 月 12 日起施行。《中国广告行业自律规则》是广告行业自律的一个总纲性文件,起着最基础的规范作用。据此,中国广告协会进一步制定了《广告自律劝诫办法》《奶粉广告自律规则》《卫生巾广告自律规则》,这三项规则和办法自 2008 年 7 月 1 日起施行。

《广告自律劝诫办法》从程序上对行业自律措施予以明确,通过自我约束,对广告活动主体进行行业内部的劝诫。《奶粉广告自律规则》《卫生巾广告自律规则》则旨在对某些类别广告中的倾向性问题做出规范,使自律的要求更有针对性、更加具体化和更具可操作性。

二、我国的广告行业组织

(一)中国广告协会

1. 中国广告协会的性质

中国广告协会创立于 1983 年 12 月 27 日,是国家工商行政管理总局的直属事业单位,是中国广告界的行业组织,是经国家民政部登记注册的非营利性社团组织。协会由全国范围内具备一定资质条件的广告主、广告经营者、广告发布者、与广告业有关的企事业单位、社团法人等自愿组成。协会代表中华人民共和国参加国际广协组织。

中国广告协会的宗旨:坚持四项基本原则,贯彻执行改革、开放的方针,代表和维护会员的正当权益,团结全国广告工作者,抓自律、促发展,为建设社会主义物质文明和精神文明服务。

2. 中国广告协会的主要职能

在国家工商行政管理总局的领导下,承担着抓自律、促发展,指导、协调、服务、监督的基本职能。

3. 中国广告协会的主要任务

(1)制定行业自律规定,规范经营行为,开展争创文明先进单位活动,促进广告市场健康有序的发展。

(2)开展企业资质评审活动,扶植优势企业发展,促进产业结构的优化调整。

(3)抓好行业培训工作,确保从业人员的上岗资质,努力提高从业人员的业务素质,与教育部门联合共同进行广告专业大专班、本科班、研究生班的招生教学工作。

（4）加强广告学术理论研究，积极开展中外广告学术理论交流，促进和引导中国广告思想理论的发展。

（5）开展国际交流与合作，与世界各国广告协会建立联系，代表中国广告界参加世界广告组织和活动，组织中国广告界参加国际性的广告赛事。

（6）开展广告发布前咨询工作，为广告主、广告公司、媒介广告部提供法律援助。

（7）开发信息资源，建立信息网络，为行业提供信息服务。

（8）举办好中国广告节等会展活动，评选创意制作精良、广告效果好的优秀广告作品，推举新人，树立广告界的良好形象，促进广告业的发展。

（9）积极参与广告业的立法立规工作，向政府有关部门反映会员单位的意见和要求，提出合理建议。

（10）办好现代广告杂志，及时传递行业管理信息，发布行业统计数据，促进广告思想理论的发展和经营秩序的规范。

4. 中国广告协会的组织机构

中国广告协会目前有 14 个专业委员会：报纸委员会、广播委员会、电视委员会、广告公司委员会、铁路委员会、公交委员会、学术委员会、电力委员会、民航委员会、烟草委员会、法律咨询委员会、户外委员会、霓虹灯委员会、互动网络委员会。

所有专委会均按照协会章程的有关规定，在本专业系统范围内开展活动。

小贴士

中国广告协会互动网络委员会

中国广告协会互动网络委员会于 2007 年 6 月在北京成立。相比传统媒体的广告，互联网广告在地域和空间上的无限制性，以及对消费者的引导作用都不可小觑。中国广告协会互动网络委员会的成立，有助于推动基于互联网、手机等互动媒体之间的互动营销，研究并规范互动网络广告营销模式。

为实现网络广告行业的自我约束，维护广告市场的秩序和互联网用户的合法权益，中国广告协会互动网络委员会专门出台了《中国互动网络广告行业自律守则》。凡是违反守则、逾期未予整改、情节严重的网络广告，互动网络委员会会通过新闻媒体向社会披露。

（二）其他广告行业组织

1. 中国商务广告协会

中国商务广告协会即原中国对外经济贸易广告协会。中国对外经济贸易广告协会是 1981 年 8 月 21 日经国务院批准，民政部核准成立的第一个全国性的中国广告业的行业组织。由全国对外经济贸易系统的专业广告公司和报刊出版社等兼营广告单位，以及专业进出口总公司和工贸进出口公司的广告部门联合组成。2005 年 9 月经民政部核批更名。

中国商务广告协会核心的工作是"团结内外贸易领域的广告企业，促进广告业的交流和发展"。本土自主品牌建设，是商务部的重要战略任务。

2. 中国商务广告协会综合代理专业委员会

中国商务广告协会综合代理专业委员会，也称中国 4A。2005 年 12 月在北京正式成立。这家由高端会员组成的同业组织的出现，预示着中国广告业向国际惯例的广告代理制迈进了一大步。中国4A协会是综合性广告公司的高端联合体，是中国综合性广告公司以及相关研究机构组成的自律性、非营利性组织。中国4A广告代理商会员资格均经过中国商务广告协会严格评估、筛选，是国内最具实力、最专业、最优秀的综合性广告代理商。

3. 中国广告主协会

中国广告主协会成立于2005年11月27日，是全国性协会，是我国在世界广告主联合会的唯一合法成员。中国广告主协会以"维权、自律、服务"为宗旨，是广告主之家，是广大广告主权益的维护和服务者。中国广告主协会自成立之日起，就以引领和推动广告主企业走向世界，构建和谐社会为己任。

中国广告主协会主要工作职能：以"面向广告主、为广告主服务"为宗旨，以为广告主"维权、自律、服务"为基本职能。协会将积极发挥政府与企业间的桥梁和纽带作用，维护企业在营销传播中的合法权益，促进广告投资的科学化、规范化，不断提升广告主的市场竞争能力。协会致力于推动建立有利于广告投资的社会环境和相关法律法规的完善；加强行业自律，反对不正当竞争，逐步建立广告主、媒体、广告商三方合作制约机制。

4. 国际广告协会中国分会

国际广告协会中国分会设在中国广告协会。国际广告协会创立于1938年，总部设在美国纽约。国际广告协会是广告主、广告公司、媒体、学术机构以及营销传播界唯一的全球性广告组织，也是全世界唯一在96个国家和地区拥有会员、涉及品牌创建和营销传播领域的全球性行业协会。

国际广告协会的使命是：宣传广告为推动经济健康发展和促进社会开放的重要作用和意义；保护和促进商业言论自由和消费者自由选择的权利；鼓励广告自律的广泛实施和认可；通过对未来广告营销传播行业从业人员的教育和培训，引领行业向高水准方向发展；组织论坛，探讨不断出现的广告营销传播业的专业问题以及这些问题在飞速变化的世界环境中所引发的结果。

国际广告协会中国分会是1987年5月在北京正式成立的。这标志着中国的广告界与国际广告组织正式建立了联系；意味着中国的广告业开始向国际广告业靠拢与接轨。

5. 亚洲广告协会联盟中国国家委员会

亚洲广告协会简称亚广联，成立于1978年，是由亚洲地区的广告公司协会、与广告有关的贸易协会和国际广告协会在亚洲各国、各地区的分会等联合组成的洲际广告行业组织，每两年召开一次广告会议。它是一个松散型的组织。我国于1987年6月15日以"亚洲广告联盟中国国家委员会（AFAA）"的名义加入亚广联。亚洲广告协会联盟中国国家委员会与国际广告协会中国分会同时成立的。"亚广联"没有个人会员，全是以"国家委员会"作为其会员主体。

小贴士

《迎接上海世博 规范广告行为自律倡议书》

中国广告协会和上海世博会事务协调局联合北京市广告协会、上海市广告协会以及《人民日报》、中央电视台、国安广告公司、上海美术设计有限责任公司等27家单位联合发起的《迎接上海世博 规范广告行为自律倡议书》，倡导全国广告业形成尊重世博会知识产权、遵守世博会标志使用规则、切实防范埋伏营销广告行为、大力推进诚信服务和优质规范服务的良好氛围。

《倡议书》对全国广告业从业单位和从业人员提出了五项倡议：一是遵规守法，在广告活动中树立维护上海世博会知识产权意识；二是规范行为，不擅自在广告宣传中涉及世博会标志等知识产权；三是加强自律，切实杜绝埋伏营销广告行为；四是认真审查，核验有关广告的世博会知识产权使用许可证明；五是积极协助，配合有关部门制止侵害世博会知识产权的广告行为。这对于维护我国良好的知识产权保护国家形象都具有重要意义。

一、选择题

1. 广告行业自律的特征包括（　　）。

    A. 自发性　　　　　　B. 广泛性　　　　　C. 灵活性　　　　　　D. 专业性

2. 中国广告协会是在国家工商行政管理总局的领导下，承担的主要职能有（　　）。

    A. 抓自律、促发展　　　　　　　　　B. 指导、协调

    C. 服务　　　　　　　　　　　　　　D. 监督

3. 中国广告协会的主要任务是（　　）。

    A. 制定行业自律规定，规范经营行为，开展争创文明先进单位活动，促进广告市场
      健康有序的发展

    B. 开展企业资质评审活动，扶植优势企业发展，促进产业结构的优化调整

    C. 开展广告发布前咨询工作，为广告主、广告公司、媒介广告部提供法律援助

    D. 开发信息资源，建立信息网络，为行业提供信息服务

4. 中国广告协会目前有（　　）个专业委员会。

    A. 5　　　　　　　B. 7　　　　　　　C. 9　　　　　　　D. 14

5. 美国广告行业的自律机构有（　　）。

    A. 全国广告业自律机构　　　　　　　B. 地方广告业自律机构

    C. 美国商务信誉联盟　　　　　　　　D. 广告实践委员会

二、简述题

1. 简述广告行业自律的特点与作用。

2. 简述广告行业自律的作用。

3. 简述我国广告行业自律的发展。

4. 简述我国广告协会的管理制度。

5. 简述日本广告行业自律体系。

三、案例分析题

甲广告公司是 2016 年 A 杂志的广告总代理公司，此期杂志刊登了一则广告，载明乙电子公司举办数码相机的推广让利活动，并在广告中刊登了有关产品的介绍。李先生决定购买广告中所登载的 B 款数码相机，并按广告提供的信息情况支付货款。但是，李先生只收到 MP3 一台，并没有广告中所介绍的数码相机。李先生与收款人多次交涉未果。无奈之

下,李先生把作为广告经营者的甲广告公司告上了法庭,要求被告甲广告公司赔偿其财产损失。被告甲广告公司认为,它只负责刊登乙电子公司的广告,对于由于该电子公司自身原因与客户之间发生任何的纠纷都与其无关,不承担任何责任。李先生的损失是其草率购物的结果,应当由李先生自己承担。

分析:甲广告公司是否构成发布虚假广告的行为?应否承担法律责任?

第十章

广告社会监督管理

本章学习目标

通过学习使学生理解消费者组织广告社会监督管理的特点和任务。熟悉新闻舆论监督管理的概念和特点，广告受众社会监督管理的途径。掌握广告社会监督管理的概念和特点，广告受众社会监督管理权的内容，消费者组织广告社会监督管理的实施，新闻舆论监督管理的形式。

引例

（1）2014 年 4 月，江苏省南京 A 茶业有限公司未经许可，在户外广告上宣称该公司的雨花茶为南京青奥会的指定用茶，并使用了南京青奥会的会徽。

（2）2014 年 4 月底，南京 B 开发建设有限公司在户外广告上发布"青奥助力　时销 6 亿"的字样，户外广告牌在全市共有 12 块，分布在梦都大街、鼓楼邮局外立面、模范马路等地，由 3 家广告公司代理发布。

【解析】

青奥会的知识产权主要由商标权，特殊标志权和著作权 3 部分组成，会徽和吉祥物砳砳的图案就是青奥组委会的两个注册商标；2014 青奥会、南京 2014、Nanjing2014、吉祥物名称砳砳、lele 等都是青奥的特殊标志。凡是未经许可，为商业目的使用南京青奥组委的商标、特殊标志、享有著作权的作品等知识产权的，都属于侵权行为。此外，一些借助宣传手法进行商业宣传，使公众误以为该商业经营者与青奥会存在直接或间接关系的做法属于隐性市场行为，也侵犯了青奥会知识产权。

2014年青奥知识产权保护指挥中心共发现侵权线索62起，全部进行了及时处置。5月，南京市秦淮工商分局认定南京A茶业有限公司、南京B开发建设有限公司的户外广告侵犯了南京青奥组委特殊标志的专用权和注册商标的专用权，责令两公司整改违规广告牌，并处以罚款。有力地维护了青奥会的知识产权。[①]

第一节　广告社会监督管理概述

一、广告监督管理

（一）广告监督管理的概念

广告监督管理，是指对广告行业、广告经营行为和广告内容，由国家行政机关以法律法规为依据实施的监督管理、由广告行业组织进行的自我管理和由社会相关主体所施行的社会监督的总和，即由国家、社会和广告行业协会对广告活动实施的协调、控制、监督和处罚活动的总和。

广告监督管理的法律体系

广告监督管理法律体系是调整广告主、广告经营者、广告发布者共同参与的广告活动有关法律、行政法规、行政规章、地方性法规和其他规范性文件的总称。广告监督管理法律体系是庞大的、复杂的而又相对独立的经济法律体系，其组成部分具体如下。

（1）广告监督管理的法律包括专门的法律和相关的法律，前者即《广告法》；后者是广告作为一般意义上的经济活动和传播行为，同样也受到刑法、民法的有关规定及国家某些经济、社会管理法律法规的约束和规范，如《反不正当竞争法》《著作权法》《专利法》《消费者权益保护法》《食品安全法》《药品管理法》等。

（2）广告监督管理的法规是《广告管理条例》。

（3）广告监督管理的规章有《广告管理条例实施细则》，以及由国家工商管理总局和其他有关广告监督管理机关单独或共同制定的行政规章等。

（4）地方性法规如《浙江省广告管理条例》，其他规范性文件如北京、上海等省市制定的一些特定广告活动或商品服务广告予以规范的行政规定，如《北京市网络广告管理暂行办法》等。

（二）广告监督管理的内容

1. 广告行政监督管理

广告行政监督管理是指由政府行政管理机关，即工商行政管理部门以及卫生行政管理部门、医药行政管理部门、新闻出版部门、广播电影电视部门、农业行政管理部门、教育行政

---

① 吕晶晶.南京海峡城户外广告因侵权被调查[N]. 江南时报，2014-07-09.

管理部门等部门,对广告活动所实施的监督、审查、管理、处罚等依法履行其行政职责的行政行为。

2. 司法行政机关的法律服务和法律保障

司法行政机关担负着法律服务和法律保障等职能,努力维护社会主义市场经济的法律秩序和社会秩序,为构建社会主义和谐社会发挥着强有力的法制作用。法律服务是指由司法行政机关监督管理的法律服务机构、基层法律工作组织和法律服务工作者,对企事业单位、社会组织和个人提供的法律咨询、法律代理和法律援助等方面的法律服务行为。法律保障是指司法行政机关通过民事司法和刑事司法程序对广告违法者施以民事责任或刑事责任的制裁,法律保障一般是广告监督管理的最后一道防线。

3. 广告行业自律

广告行业自律作为广告行业的自我管理,是由广告主、广告经营者和广告发布者自发成立的民间性行业团体组织,通过协商自行制定组织章程、公约和会员守则等,对广告活动进行自我约束、自我监督和自我管理,对违约者实施内部惩罚,使之符合国家的法律法规和职业道德、社会公德的要求。

4. 广告社会监督

广告社会监督体现了人民群众参与广告事务管理的权利和机会,体现了社会公众的愿望和意志,可以让广告活动更好地为社会主义经济建设服务。广告社会监督的范围比较广泛,包括消费者、消费者组织和社会各界以及新闻媒体对广告活动的监督、举报、批评和建议。广告社会监督的主体以消费者组织和新闻媒介为主,以消费者和社会公众为辅,广告社会监督的客体是广告活动以及参与广告活动的单位和个人。

广告社会监督是规范广告经营、保证广告市场健康有序发展的必要手段,是对广告法律监督管理、行政监督管理和行业自律的必要补充。广告社会监督发动广大民众的力量,督促企业自觉履行广告的社会责任、遵纪守法和重视广告宣传的社会效果,是加强广告监督管理的有效方法。正是由于有了广大消费者监督参与,政府对广告管理才更加富有层次,广告的行政监督管理才更加有效、更加有力。

广告的法律监督管理、行政监督管理、司法行政法律服务与法律保障、行业自律、社会监督共同构成了广告监督管理体系,这些监督管理手段要综合运用,才能有效遏制广告欺诈行为,减少虚假违法广告的发生。

二、广告社会监督的概念和特征

(一)广告社会监督的概念

广告社会监督是指由广大民众通过某些社会组织、社会团体、舆论机关、各种群众自治组织或者公民自行进行的监督。它包括消费者协会的投诉处理、新闻媒介对不正当广告的披露、消费者的呼声、社会公众的谴责等。

(二)广告社会监督的特征

与政府管理、司法监督和行业自律相比,广告社会监督管理具有其自身的特征,具体如下。

1. 合法性

在《宪法》《消费者权益保护法》《产品质量法》等法律、法规中,对公民和社会组织的社会监督权都做了相关规定,广告社会监督有法有据,有利于实现法的价值。广告社会监督通过监督欺诈性广告等不法、不道德广告,其目的在于促进广告事业的健康发展,保护消费者的合法权益。

2. 广泛性

广告社会监督的主体是整个社会公众,每一个社会公众及社会组织都可以对广告行使监督权,这些社会监督组织代表的也是广大民众的利益和呼声,从而形成了一个庞大的监督阵容。任何一则广告信息一旦经过媒体发布出来,就会被置于广大消费者的监督之下,对广告的真实性与合法性给予监督,他们的监督行为影响着广告行业的发展。

3. 多样性

依据判断一则广告是道德缺失还是违法以及违法程度的不同,行政管理、司法监督、行业自律可以采取法律规定或协商约定的相应措施予以处理,而广告社会监督的方式并不是由法律明文规定的,是根据党和政府所倡导的、民众自发选择的监督方式如当面批评、书面建议、新闻媒介曝光、向有关机关举报等。民众可以自行选择以某种方式监督,或者自发组织起来抵制欺诈性或低俗广告,也可以向消费者组织和社会团体来反映广告违法行为,由他们选择以何种方式实施监督职能。

4. 全面性

由监督主体的广泛性,体现出参与广告社会监督的阵容庞大,各行各业的从业者同时也是消费者,他们具有不同的专业知识和技能,分别对不同形式的虚假广告、欺诈广告、低俗广告具备识别能力,这样所有的广告行为均处于社会公众的监督之下。这种全民参与的社会监督,有力地弥补了行政监督管理力量的不足,全面地监督违法失德广告行为,促进广告行业的发展。

三、广告社会监督力量

《广告法》第54条规定:"消费者协会和其他消费者组织对违反《广告法》规定,发布虚假广告侵害消费者合法权益,以及其他损害社会公共利益的行为,依法进行社会监督。"

(一)社会公众对虚假违法广告的投诉举报

社会公众是虚假违法广告的直接利害关系人,消费者有权对虚假违法广告向广告监督管理机关或者消费者组织投诉举报。

(二)社会组织对虚假违法广告的社会监督

社会组织对广告的社会监督,具有专业性和组织性的特点,是最重要的广告社会监督力量。中国的消费者协会是保护消费者合法权益的全国性社会团体,在维护广告市场秩序方面具有重要作用。该组织通过对商品和服务进行社会监督,受理并调解处理消费者对虚假违法广告的投诉,保护消费者的合法权益,引导广告消费者合理、科学地消费。

(三)新闻媒体对虚假违法广告的舆论监督

新闻媒体在公开揭露、批评虚假违法广告及低俗广告,引导消费者增强自我保护意识,提高维护自身合法权益的能力等方面,具有重要而不可替代的作用。如"三株口服液"广告夸大功效、无中生有、诋毁对手,虽经广东省卫生厅吊销了广告批准文号,并没引起社会的关注,但新闻媒体一则"八瓶三株口服液喝死一条老汉"的司法案件报道,却成了压倒三株公司的最后一根稻草。

第二节　广告受众的社会监督

一、广告受众社会监督权

知识链接

我国《宪法》关于公民民主监督权利的规定

　　《宪法》第 41 条规定："中华人民共和国公民对于任何国家机关和国家工作人员，有提出批评和建议的权利；对于任何国家机关和国家工作人员的违法失职行为，有向有关国家机关提出申诉、控告或者检举的权利，但是不得捏造或者歪曲事实进行诬告陷害。"

1. 广告受众的监督、检举和控告权

　　广告受众有权对商品和服务的宣传广告进行监督，广告受众有权检举和控告广告主、广告经营者、广告发布者侵害其合法权益的行为。每一位能接触到广告的社会成员，发现广告主、广告经营者、广告发布者制作和发布的商品广告或服务广告不符合国家规定的要求，广告内容虚假、低俗或者与民族风俗习惯相冲突，以及广告主、广告经营者、广告发布者有侵犯广告受众合法权益的违法行为，广告受众都有权向广告行政管理机关反映，并要求处理。

案例 10-1

　　2015 年宁夏回族自治区 A 市消费者王某看 A 卫视播出的《中国百年百枚银元珍品收藏册》广告后，花 6839 元订购了一套。收货后却发现银元并非正品，且与标注的克数不符。此后王某多次联系商家要求退货，均无结果。2016 年 1 月 4 日他投诉到 A 市工商局。经鉴定，所购银元是假货。问：该案件如何处理？

　　【解析】

　　宁夏回族自治区 A 市工商局与河南、浙江两省工商局多次联系协调处理退货，最终为消费者追回损失 6839 元。

　　工商部门应完善监管制度，遏制虚假广告，保障消费者的消费安全，加大对流通企业的监管力度。同时，质监部门对产品的生产环节也要加强监管。另外，广大消费者也应该养成维权的意识，坚决捍卫自己的合法权益。

2. 广告受众对国家机关及其工作人员的监督权

　　广告受众有权对国家机关及其工作人员在保护消费者权益工作中的违法失职行为进行监督。国家有关部门担负着保护消费者权益的任务，为了促使国家机关及其工作人员积极履行职责，广告受众有必要对其工作情况进行监督，如发现国家工作人员包庇、纵容广告主、广告经营者、广告发布者损害消费者利益，国家机关及其工作人员与广告主、广告经营者、广告发布者合作发布虚假欺诈低俗广告，国家机关及其工作人员对广告市场管理的不作为等，均有权检举和控告。

3. 广告受众有权对保护消费者权益工作提出批评、建议

广告受众有权对消费者保护工作中存在的问题，提出批评、建议，以促进保护消费者法律制度的完善和消费者保护工作的改善。

二、广告受众社会监督的实施

（一）广告受众社会监督的实现措施

1. 提高消费者和广告受众素质

消费者和广告受众是广告社会监督的主体，他们的监督能力直接决定了社会监督效果的实现，但目前我国广告受众的整体素质还有待提高，他们一方面缺乏产品质量认知、广告行为判断以及法律等相关专业知识；另一方面对于广告侵权行为，特别是尚未造成实际侵害的违法行为缺乏辨别能力和维权意识。因此，提高广告受众社会监督意识和能力，是实现广告受众社会监督的首要问题。

2. 营造广告受众社会监督的环境

（1）有关国家机关应当切实履行广告监督管理职责，并且要为广告受众社会监督权的实现提供必要的条件。

（2）各级消费者协会积极主动开展工作，受理广告受众的投诉并予以帮助解决争议，对于涉及面广、情节严重、久拖不决的投诉，可以支持广告受众起诉。

（3）广告主、广告经营者、广告发布者应当自觉接受广告受众的监督，充分尊重广告受众的监督权利。

3. 广告受众将社会监督作为一种义务

广告受众的社会监督权既是广告受众的一项自我保护的基本权利，同时又是一种义务，广告受众在社会生活和消费活动中，应当加强维护自身合法权益的意识，主动自觉地对损害消费者利益的行为给予揭露、批判，甚至诉诸法律。

（二）广告受众社会监督的途径

1. 与广告主、广告经营者、广告发布者协商和解

当广告受众和广告主、广告经营者、广告发布者因商品广告或者服务广告发生争议时，协商和解应作为首选方式，特别是因误解产生的争议，通过解释、谦让及其他补救措施，便可化解矛盾，平息争议。协商和解必须建立在自愿平等的基础上进行，协商和解的内容必须合法。重大纠纷，双方立场对立严重，要求相距甚远的，可寻求其他解决方式。

2. 请求消费者协会调解

消费者协会是依法成立的对商品和服务进行社会监督的保护消费者合法权益的社会团体，其职能之一就是对广告受众投诉事项进行调查、调解。消费者协会受理广告受众投诉，调解广告受众和广告主、广告经营者、广告发布者之间的争议时，应依照法律、行政法规和公认的商业道德调解，并由双方自愿接受和执行，消费者协会的调解不得妨碍广告受众行使诉讼权。

3. 向有关广告行政管理部门申诉

政府有关广告行政管理部门依法具有规范广告主、广告经营者、广告发布者的经营行为，维护消费者合法权益和市场经济秩序的职能。消费者权益争议涉及的领域很广，当合法权益受到侵害时,广告受众可根据具体情况,向工商行政管理部门、卫生行政管理部门、医药行政管理部门、新闻出版部门、广播电影电视部门、农业行政管理部门、教育行政管理部门等有关行政职能部门提出申诉,求得行政救济。

4. 提请仲裁机构仲裁

广告受众与广告主、广告经营者、广告发布者通过仲裁解决消费者权益争议的前提条件,是双方在发生争议后订立书面仲裁协议,自愿将双方的争议提交第三方裁决以解决纠纷。仲裁裁决自做出之日起即发生法律效力,仲裁裁决非因法定事由并经法定程序不能撤销。

5. 向人民法院提起诉讼

在广告受众的合法权益受到损害时,广告受众可直接向人民法院起诉。司法审判具有权威性、强制性,是解决消费者争议的最后手段,广告受众为求公正解决争议,可依法行使诉讼权。

第三节　消费者组织的监督管理

一、消费者组织概述

(一)消费者组织的概念和特征

消费者组织的概念,学术界存在不同的观点。按照我国《消费者权益保护法》第 31 条的规定,消费者组织是依法成立的对商品和服务进行社会监督的保护消费者合法权益的社会团体。消费者组织以对商品和服务进行社会监督为己任,以切实维护消费者的合法权益为宗旨。

消费者组织具有如下特征。

1. 消费者组织是非营利性组织

根据消费者组织的任务和相关法律规定,消费者组织是社会团体,消费者组织不得从事营利性经营。《消费者权益保护法》第 33 条规定:"消费者组织不得从事商品经营和营利性服务,不得以牟利为目的向社会推荐商品和服务。"《社会团体登记管理条例》第 4 条第 2 款规定:"社会团体不得从事营利性经营活动。"法律规定消费者组织不得从事营利性活动便于其全心全意为消费者服务。

2. 消费者组织以保护消费者利益为宗旨

消费者组织成立的目的就是保护消费者利益,这一宗旨将消费者组织与其他社会团体区别开。

3. 消费者组织是法人组织

依我国相关法律规定,消费者组织是社会团体,按《社会团体登记管理条例》第 3 条第 2 款规定:"社会团体应当具备法人条件。"既然消费者组织是社会团体,那么就应在法律上成为具有法人资格的社会团体。

国际消费者联盟组织

国际消费者联盟组织（International Organization of Consumers Unions，IOCU，简称 Consumers International，CI），1960 年由美国、英国、澳大利亚、比利时和荷兰五个国家的消费者组织发起成立，是一个独立的、非营利的、非政治性的组织。国际消费者联盟组织原总部设在荷兰海牙，现已迁至英国伦敦，亚太地区分部设在马来西亚的槟榔屿。现有 72 个国家和地区的近 200 个消费者组织加入，中国消费者协会在 1987 年被接纳为该组织的正式成员。

（二）消费者组织的职能

1. 向消费者提供消费信息和咨询服务

接受消费者教育是广大消费者的一项权利，向消费者提供消费信息和咨询服务则是消费者组织日常工作的重要内容。

2. 参与有关行政部门对商品和服务的监督、检查

消费者协会除依照法律和章程的规定对经营者的商品和服务进行社会监督外，还可以参与有关行政管理部门对与消费者利益密切相关的商品和服务的监督、检查活动。

3. 向有关行政部门反映、查询并提出建议

消费者协会可以就有关消费者合法权益的问题，向有关行政部门反映、查询，提出建议。消费者协会在日常工作中，发现经营者侵害消费者权益的行为，应当提出并予以制止，自己不能解决的，及时向有关行政部门反映、查询，提出建议。

4. 受理消费者的投诉并调查调解

消费者协会受理消费者的投诉，并对投诉事项进行调查、调解。对于消费者的投诉，属于消费者协会管辖范围的要及时调查、调解，不属于其管辖范围或处理不了的，要告知消费者寻求其他机关救济的途径。

5. 申请鉴定部门鉴定

投诉事项涉及商品和服务质量问题的，消费者协会可以提请鉴定部门鉴定，鉴定部门应当告知鉴定结论。消费者投诉事项涉及商品和服务质量的，消费者协会为弄清责任的归属，客观、公正地处理投诉事项，可以提请鉴定部门进行鉴定，得到鉴定结论。

6. 支持受损害的消费者提起诉讼

消费者协会就损害消费者合法权益的行为，应当支持受损害的消费者提起诉讼。

7. 公开揭露、批评损害消费者合法权益的行为

对损害消费者合法权益的行为，消费者协会应当通过大众传播媒介予以揭露、批评。

（三）消费者组织的权利限制

《消费者权益保护法》第 33 条规定："消费者组织不得从事商品经营和营利性服务，不得以牟利为目的向社会推荐商品和服务。"这一规定是根据消费者组织的性质、宗旨而对其提出的特殊要求，是消费者组织独立、公正地履行维护消费者职能的重要保证。消费者组织在依法履行保护消费者的法定职责时，必须履行法定的不作为义务，这些不作为义务是法律对消费者组织的权利限制。

二、消费者组织广告社会监督的特点和任务

（一）消费者组织广告社会监督的特点

与广告受众和新闻媒体的社会监督相比较，消费者组织社会监督的特点如下。

1. 消费者组织的"官意民办"性

在西方，广告社会监督组织，即各种消费者保护组织，都是自发成立的，完全代表消费者利益，几乎不带任何官方色彩，在社会上扮演着"消费者斗士"的角色。

（1）各级消费者协会都是由政府有关部门和社会团体共同发起、同级人民政府批准成立的，并非是消费者完全自发的行为。

（2）各级消费者协会没有独立的地位。各级消费者协会成立后挂靠在同级工商行政管理机关，工商行政管理机关是消费者协会的业务主管单位，各级消费者协会受同级工商行政管理机关和民政行政管理机关的业务指导和监督管理。

（3）各级消费者协会在经费、编制、人员及办公条件等方面需得到同级人民政府支持，缺乏自主权。

小贴士

中国消费者协会

中国消费者协会于 1984 年 12 月经国务院批准成立，是对商品和服务进行社会监督的保护消费者合法权益的全国性社会组织。

目前，全国县以上消费者协会已达 3000 多个，其中省、自治区、直辖市 31 个。在农村乡镇、城市街道设立的消协分会，在村委会、居委会、行业管理部门、高等院校、厂矿企业中设立的监督站，联络站等各类基层网络组织达 15.6 万个，义务监督员、维权志愿者 10 万余名。

中国消费者协会的组织机构是理事会。协会的日常工作由常设办事机构承担，秘书长、副秘书长专职管理，并向会长负责。中国消费者协会的经费由政府资助和社会赞助。

2. 消费者组织的权威性

（1）消费者协会职能是由国家法律授权。消费者协会是由各级政府批准成立，《消费者权益保护法》授予消费者协会七大职能，消费者协会是承担社会公共事务管理与服务职能的组织。

（2）消费者协会领导机构的半官方性。消费者协会领导机构为理事会，理事会由国家有关部门、有关人民团体、新闻单位等推举的理事组成，理事会选举产生由业务主管单位提名的会长、副会长和秘书长，名誉会长一般由同级人大常委会的主要领导担任，会长一般由同级工商行政管理机关的主要领导担任。由此可以看出，消费者协会领导成员的官方背景，这样也有利于各级消费者协会开展保护消费者权益方面的工作。

3. 消费者组织的重要补充性

消费者组织是国家行政管理的重要补充，各种类型的消费者组织是消费者为维护自身合法权益不受侵害而形成的社会团体，也是实施消费者监督和管理的主体单位。从国内外情况看，消费者组织能够对广告实行监督与间接管理，所发挥的作用已越来越大。

（二）消费者组织广告社会监督的任务

1. 对商品或服务广告进行社会监督

消费者组织在履行法律赋予的社会监督职责的同时，要积极宣传、动员一切可以动员的力量，包括来自社会公众、企事业单位、社会团体及其他组织的力量，对广告进行全方位的监督。

2. 保护广告受众接受真实广告信息的权利

消费者组织依职责受理广告受众对虚假、违法广告的举报与投诉，并对投诉事项进行调查和调解。消费者组织有责任与义务对虚假、违法广告损害消费者合法权益的行为，向大众传播媒介进行通报，并让新闻传媒对其进行曝光。消费者组织对损害消费者合法权益行为情节严重并造成了严重后果的，还应支持受损害的消费者向人民法院提起诉讼。

三、消费者组织广告社会监督的实施

（一）消费警示发布

1. 消费警示发布的作用

消费警示发布体现了消费者协会七项职能中的两个职能。

（1）向消费者提供消费信息和咨询服务。提醒消费者防备消费陷阱，揭露虚假广告的消费圈套，告诫广告主、广告经营者、广告发布者等不得以欺诈手段对待消费者。

（2）向有关行政部门反映、查询并提出建议。通过发布消费警示的形式，向政府和相关管理机关通报、传递商品和服务广告宣传的有关警示信息，呼吁政府有关部门尤其是广告监督管理机关加强监督管理，净化广告市场。

2. 消费警示来源

（1）消费者投诉。

（2）社会征集。

（3）新闻传媒的报道线索。

（4）各级消费者协会所提供的信息。

（5）政府主管部门、科技界、司法界、行业协会等与消费领域有关的社会各界提供的信息。

案例 10-2

俗话说"无酒不成席"，2015年羊年春节临近，照例到了白酒消费的旺季，一些不法经营者又伺机而动，白酒市场上侵害消费者合法权益的主要行为包括：①生产商和销售商推销假冒、仿冒名牌白酒，欺骗消费者；②普遍存在年份标准乱象，盲目跟风白酒"年份"消费，会造成不必要的损失；③"特供"和"专用酒"成为部分白酒生产商和销售商招揽生意，获得超额利润的重要手段；④销售商不具备酒类零售许可证；⑤大包装散装白酒（如大瓶装或罐装）的外包装上，没有厂名、厂址及酒精浓度等规范标识；⑥经营者不能出具与其营业执照相符的正式发票。问：消费者协会应该通过什么形式保护消费者避免损失？

【解析】

消费者协会是依法成立的对商品和服务进行社会监督的保护消费者合法权益的社会团体,对商品和服务进行社会监督是消费者协会的重要任务。消费者协会通过发布消费警示这一社会监督形式,提醒广告受众小心消费陷阱,养成理性的消费习惯,不盲目跟风消费。

消费者应选择大型商场、大超市和正规专营店购买白酒,并认准三个必备条件:①酒类零售许可证;②大包装散装白酒(如大瓶装或罐装)的外包装上,必须有厂名、厂址及酒精浓度等规范标识;③购买时应要求经营者出具与其营业执照相符的正式发票,并在发票上记录下所购酒类的批号或编号,遇到疑惑时应及时向相关企业和有关部门咨询。[①]

3. 消费警示内容

(1) 就已经或可能对消费者人身、财产、精神造成侵害的带有普遍性和苗头性的产品和服务问题提出警示。

(2) 就已经或即将上市的具有高新技术含量的商品或新的服务形式,由于消费者对此不能充分了解而可能造成的错误诱导、盲目消费或损害提出警示。

(3) 就一些带有普遍性的可能误导消费者的消费观念、消费行为提出警示。

(4) 就一般消费者由于无法确切掌握或知悉的法律法规、技术标准、专业知识等可能受到的损害提出警示。

(5) 就消费者由于自我保护意识薄弱而可能造成的其他损害提出警示。

(二) 参与对商品和服务广告宣传的监督、检查

消费者协会参与有关行政部门对商品和服务的监督、检查,这就将社会监督机制引入行政监督中,有利于消费者协会借助行政力量开展工作,使这种监督更具有权威性。消费者协会对广告市场的监督、检查,防止和追究不法分子利用广告欺骗社会公众的行为,从而正确发挥广告的促进生产、扩大渠道、方便人民生活、指导消费的作用。

(三) 受理广告受众的投诉并采取相应的措施

中国消费者协会在 1995 年就颁布实施了《中国消费者协会受理消费者投诉规定》,此后,为进一步规范消费者协会处理消费者投诉的工作,于 2003 年制定了《消费者协会受理消费者投诉导则(试行)》。依照《消费者协会受理消费者投诉导则》,消费者协会受理与处理广告受众投诉的程序如下。

1. 受理

(1) 广告受众投诉要有文字材料或投诉人签字盖章的详细口述笔录,文字材料或口述笔录要有以下内容。

① 投诉方及被投诉方基本情况。

② 损害事实发生的过程及与经营者交涉的情况。

③ 有关证据。

④ 明确、具体的维权主张。

---

① 郭亮.南通市消协发布春节白酒消费警示 不可盲目轻信年份酒特供酒.南通网,2013-02-05.

（2）对广告受众的投诉首先要审查投诉方与被投诉方的主体资格及投诉内容。

（3）消费者协会一般应在收到广告受众投诉材料之日起二十个工作日之内告知广告受众处理意见；特殊情况，在二十个工作日内通知广告受众并征得同意可延长至三个月。

（4）对于其他单位转来的消费者投诉，凡投诉人没有要求向消费者协会投诉的，可不受理，不答复投诉人。

2. 调查

（1）对已受理的投诉，消费者协会工作人员要认真阅读、研究有关资料，充分听取争议双方的陈述，严格审查相关证据，并对争议事实进行调查、核实，准确定性。

（2）调查可以采取电话、函件、现场勘察、当面询问等方式进行。

（3）消费者协会认为有必要时，可向投诉方、被投诉方及投诉事项涉及人员发出《调查/调解通知书》。

（4）必要时，消费者协会可就投诉事项向有关行政部门进行查询。

（5）解决争议过程中，经与争议双方协商，消费者协会可就投诉事项涉及的商品和服务质量问题，委托或指定检测、鉴定部门，检测、鉴定部门应当出具书面报告。

3. 调解

（1）消费者协会主持下的调解，应以双方自愿为基础。调解可以采取信函转办等简便方式处理。争议一方提出或消费者协会认为有必要组织公开调解的，应征得争议各方同意。

（2）消费者协会主持调解的人员最少应当为两人，必要时应作笔录。

（3）消费者协会组织调解一般应自《调查/调解通知书》送达争议双方之日起二十个工作日内进行。

（4）通过调解达成协议的，应当由消费者协会工作人员填写《消费争议调解协议书》。如有必要，调解主持人可督促争议各方及时履约。

（5）对涉及面广、情节严重、久拖不决的投诉，消费者协会可在调查核实后采取下列措施。

① 向有关行政部门反映，要求依法查处。

② 通过大众传播媒介予以揭露、批评。

③ 发布消费警示。

④ 支持广告受众起诉。

（四）支持受损害的广告受众提起诉讼

《消费者权益保护法》赋予了消费者协会支持受损害的消费者提起诉讼这项职能，为消费者协会支持受损害的广告受众提起诉讼提供了法律依据，有利于弥补消费者协会调解手段的不足，有利于重大、疑难广告受众权益争议案件的最终解决，有利于促进社会监督与司法监督的相互配合，鼓励广告受众运用司法手段保护自己的权益。

消费者协会支持广告受众提起诉讼应具备的条件如下。

（1）支持起诉的广告受众必须是为生活消费需要购买、使用商品或者接受服务的消费者。

（2）必须是广告受众要求消费者协会对其起诉予以支持的。

（3）损害广告受众的事实清楚、涉及面广、情节严重，经调解得不到解决，广告主、广告经营者、广告发布者按国家法律法规应承担法律责任的。

（4）通过其他途径如行政申诉途径得不到解决。鼓励广告受众采取其他途径解决争议，是由于通过诉讼途径成本较高，且耗时较长，程序也较为复杂。

（五）披露损害广告受众合法权益的行为

为构筑消费者救助体系，加强对商品和服务的社会监督，保护消费者的合法权益，中国消费者协会于 2006 年 3 月施行《消费者协会投诉披露制度》，按其规定应对损害广告受众合法权益的行为予以披露。

1. 投诉披露的范围

广告主、广告经营者、广告发布者有下列行为之一的可以予以披露。

（1）不接受消费者协会对有关投诉事项开展调查或者阻碍、干扰消费者协会依法履行调查、调解职能的。

（2）对消费者协会送达的广告受众投诉处理函件，在规定时限内不给予明确答复或故意拖延，经催办仍拒绝说明正当理由的。

（3）故意拖延或者拒绝履行在消费者协会主持下达成的调解协议中应承担的责任的。

（4）以欺诈等恶劣手段坑害广告受众的。

（5）同一企业的产品或服务的广告宣传在一个季度内有三起以上、半年内有五起以上、一年内有八起以上投诉且未能达成和解的。

（6）其他严重损害广告受众合法权益的行为。

此外，上级消费者协会披露的投诉案件可以包括下级消费者协会提供的典型案例。

2. 投诉披露的内容

（1）投诉案件的真实概况。

（2）侵害广告受众合法权益的主要行为及对社会的危害。

（3）对广告受众、经营者必要的提示和引导。

3. 投诉披露的形式

（1）召开新闻通报会，通过报纸、电视、广播、互联网等新闻媒体披露。

（2）以公告、通报的形式披露。

（3）以其他合法形式披露。

第四节　新闻媒体的舆论监督

一、新闻舆论监督的概念

（一）舆论监督的概念

夏征农主编的 1999 年版《辞海》对舆论监督阐述如下：舆论监督是公众通过舆论机关或运用舆论工具，行使宪法和法律赋予的法律监督权利。除对社会不良现象批评外，重点是对权力组织和决策人物的监督。监督的对象不包括公民的隐私。舆论监督是社会民主、公民参政议政的必要环节，也是促进社会管理部门改进工作、避免错误的有效方式，有利于维护社会秩序和保护公众利益。

舆论监督是指公民通过一定的组织形式和传播媒介，监督一切不良行为并充分地发表意见、建议,通过自由的表达舆论影响公共决策,是公民言论自由权利的体现,是人民参政议政的一种形式。

舆论监督的概念提出

舆论监督的概念是由中国共产党提出来的。最早出现在 1987 年中国共产党的十三大报告中,报告谈道:"要通过各种现代化的新闻和宣传工具,增加对政务和党务活动的报道,发挥舆论监督的作用,支持群众批评工作中的缺点错误,反对官僚主义,同各种不正之风做斗争。"1992 年党的十四大报告、1996 年党的《关于加强社会主义精神文明建设若干问题的决议》、1997 年党的十五大报告均出现"舆论监督"的概念。1990 年以后,舆论监督的概念被写入中国的法规(例如《报纸管理暂行规定》第 7 条)。1993 年以后,这个概念被写入中国的法律(例如《消费者权益保护法》第 6 条、《中华人民共和国价格法》第 38 条)。

（二）新闻舆论监督的概念

1. 新闻舆论监督的概念

新闻舆论监督是广大人民群众通过新闻媒介,对社会权力、公共政策、社会事态中的不良行为和丑恶现象进行披露、建议、批评的监督活动,是新闻媒介的一项基本功能。新闻舆论通过新闻追踪、报道和曝光等方式,揭露违法广告的内幕和真相,使违法者不仅不能实现预期非法目的,还要遭受公众谴责的不利后果。

新闻舆论监督,全世界的新闻媒体每天都在不断地进行,在西方新闻界叫"调查性报道"。

2. 新闻舆论监督的内涵

（1）新闻舆论监督的主体是社会公众,新闻媒介只是人民的口舌,是舆论监督的有效工具。

（2）新闻舆论监督的实施主体是媒体和媒体工作人员,新闻媒介作为"社会公器"代表和反映大多数社会成员的意志和主张。

（3）新闻舆论监督的客体是国家机关和国家工作人员,涉及公共利益的组织和个人,以及社会权力、公共政策、社会事态中的不良行为和丑恶现象。

（三）新闻舆论监督的法律依据

新闻舆论监督权来自《中华人民共和国宪法》第 27 条、第 35 条、第 41 条规定我国公民所享有的知情权、言论自由权和批评权,《消费者权益保护法》第 6 条明确规定了大众传播媒介对损害消费者合法权益的行为进行舆论监督。

二、新闻舆论监督的特点和作用

（一）新闻舆论监督的特点

1. 公开性

新闻舆论监督是通过新闻媒介来进行的,而新闻媒介是面向全社会的。通过新闻媒介的公开报道和评论,表达公众意愿,反映与公众利益相关的社会问题,引起公众的广泛关注和社会参与,舆论监督就可以最大限度地调动社会的正义和良知,与一切侵害广告受众合法权益的行为做斗争。

2. 广泛性

新闻舆论监督运用舆论的力量并借助新闻媒介进行,因此它在监督的主体上、对象上以及效果上,都具有广泛性。这样,新闻舆论监督实际上是一种全社会性的监督,它可以借助社会公众的力量,产生广泛而深刻的影响。

3. 及时性

新闻舆论监督通过新闻媒介进行,能够迅速反映和形成强大的舆论。对于所监督的侵害广告受众合法权益的事件,舆论监督既可以与其他监督力量相比提前介入,又可以进行追踪报道和连续报道,施加及时有效的影响。这样,新闻舆论监督既可以防微杜渐于前,又可通过对虚假违法广告的及时曝光,提醒广大消费者规避消费风险。

4. 间接性

新闻舆论监督本身并不具有强制力,它的监督效应体现在通过新闻曝光后营造一种舆论环境,对监督对象形成舆论压力,促使其加强自律或者推动社会进行他律,从而约束监督对象的行为。

(二)新闻舆论监督对保护广告受众合法权益的作用

1. 宣传作用

新闻舆论宣传国家有关消费方面的方针政策和法律法规,宣传消费者享有的权利,宣传消费科学知识,对消费者进行教育和引导。

2. 反映消费者意见和要求

通过新闻舆论,反映广大消费者的呼声、意见和要求,揭露批评各种损害消费者合法权益的行为,使领导机关和有关方面了解群众的痛苦,促使问题得到解决。

3. 社会监督

通过新闻舆论,对商品和服务进行社会监督,促使企业方面努力提高商品和服务质量,从而促进社会主义市场经济的发展。

4. 唤起社会支持

通过新闻舆论,宣传做好保护消费者权益工作的重要意义,唤起全社会都来关心、重视、支持保护消费者权益的工作。

小贴士　　　　　　　　　　　　**医疗美容的消费提示**

　　哈尔滨市消费者协会郑重提醒广大消费者:①医疗美容手术必须在限定的美容医疗机构才可以进行,普通生活美容院不具备开展此类项目资格;②一定要选择知名的医疗美容机构,主治医师必须是有行医资格的;③对于文身贴纸、美甲溶液、染发剂一定要看清楚生产日期及生产厂家,是否过保质期,清楚是什么品牌、是否有过敏源等说明,以免造成不必要的伤害;④对美容过程中出现的侵权行为,要敢于运用法律所赋予的权利,及时向医疗监督部门或消费者协会申诉投诉,依法维护自身的合法权益。①

三、新闻媒体对广告舆论监督的实施

(一)新闻媒体对广告舆论监督的途径

1. 促使监督客体自律

新闻舆论监督蕴藏着一种导向力量,矫正被监督对象的价值观念,并使监督客体实现主体的自戒自律。

2. 与国家行政监督、法律监督联动

新闻舆论监督通过与行政监督、法律监督的结合与联动,增强舆论监督的威严和法律监督的强制力,制约侵害广告受众合法权益的行为。如果没有权威的行政力量作为背景,没有行政监督和法律监督后续制裁,新闻舆论监督的作用就无法很好地实现。

(二)新闻媒体对广告舆论监督的形式

1. 消息

消息是关于人和事物情况的报道。新闻舆论监督的消息必须具备报道事件的完整性,要求内容新鲜、出手要快、事实准确、简明扼要、篇幅要短。对于不能全面展开报道的事件,可采取其他形式做后续报道。

2. 通讯

通讯是运用叙述、描写、抒情、议论等多种手法,具体、生动、形象地反映新闻事件或典型人物的一种新闻报道形式。它是记叙文的一种,是报纸、广播电台、通讯社常用的文体。通讯的特点是严格的真实性、报道的客观性、较强的时间性、描写的形象性。新闻舆论监督的通讯以事件通讯和工作通讯最为常见。

3. 调查报告

新闻舆论监督的调查报告是针对某一新闻事件或社会问题、工作问题,进行调查研究,把事情真相通过广播、电视、报纸向受众"报告"的报道形式。调查报告具有全面、深刻的特点,这种形式在新闻舆论监督中普遍采用。

4. 新闻评论

新闻评论是对某一新闻事件或问题的分析、论述和说理,直接表明新闻媒体的主张,是一种讲道理的报道形式。新闻评论的形式有社论、编辑部文章、评论、本报评论员文章、短评、编后、编者按、思想评论、专栏评论、新闻述评、论文、漫谈、专论、杂感等。

5. 记者来信、记者调查

记者来信、记者调查等都是记者以第一人称写的报道,常用来作为新闻舆论监督的报道形式。第一人称的叙述方式便于记者直接出面介绍事实、提出问题、发表评论,以及援引其他人的观点,它为记者表达广告受众的愿望和呼声提供了有力手段。

6. 广告受众来信、来电

广告受众的来信、来电也是新闻舆论监督常用的形式之一,以第一人称叙述,在采用广告受众的来信、来电前,新闻媒体要尽可能进一步核实事实,以免被极个别广告受众的不良

---

① 哈尔滨市消费者协会消费提示.中国消费者杂志社,2008(8).

动机所利用。

7. 其他形式

现在我国正在使用的新闻报道形式有六十多种,这些报道形式大多适用于新闻舆论监督,除上述六种主要的新闻舆论监督形式外,常用的还有对比报道、客观报道、曝光台、新闻调查、新闻照片和新闻漫画等。

一、选择题

1. 广告社会监督的特征包括( )。
　　A. 合法性　　　　　B. 广泛性　　　　　C. 多样性　　　　　D. 全面性

2. 广告受众社会监督权的内容包括( )。
　　A. 广告受众的监督、检举权
　　B. 广告受众的控告权
　　C. 广告受众对国家机关及其工作人员的监督权
　　D. 广告受众有权对保护消费者权益工作提出批评、建议

3. 广告受众社会监督的途径包括( )。
　　A. 与广告主、广告经营者、广告发布者协商和解
　　B. 请求消费者协会调解
　　C. 提请仲裁机构仲裁
　　D. 向人民法院提起诉讼

4. 消费者协会的职能有( )。
　　A. 向消费者提供消费信息和咨询服务
　　B. 参与有关行政部门对商品和服务的监督、检查
　　C. 受理消费者的投诉并调查调解
　　D. 申请鉴定部门鉴定

5. 消费者协会受理与处理广告受众投诉的程序有( )。
　　A. 受理　　　　　　　　　　　　　　B. 调查
　　C. 调解　　　　　　　　　　　　　　D. 支持受损害的广告受众提起诉讼

二、简述题

1. 简述广告社会监督的意义和主要监督力量。
2. 简述广告受众社会监督权的内容。
3. 简述消费者组织的职能。
4. 简述消费者组织广告社会监督的实施。
5. 简述新闻媒体对广告舆论监督的形式。

三、案例分析题

1. 当前,各种美容广告随处可见,"广告水分大":什么吸脂减肥、丰胸、隆鼻、去下眼袋、切眉、祛斑等,经常以举出实例、加以对比,用患者的现身说法,诱使消费者相信其疗效。深圳市居民小丽,30岁,本有一张人见人夸的姣好容貌,可是听信美容广告宣传,在一家非

正规的美容院做了去下眼袋的美容手术,本想变得更加美丽动人,没想到美容变成了毁容,脸上的疤痕越长越大,小丽没脸面对家人和朋友,每天只能戴着墨镜出门,"美容术"给身心造成巨大伤害。

分析:小丽应该如何维权?

2. 2016 年 3 月 23 日,甲广告公司和上海市 A 俱乐部有限公司(以下简称 A 公司)签订了一份广告合同书,双方约定,在全国足球超级联赛上海 A 队虹口主赛场内,其中 11 场主场比赛,由 A 公司提供场内的广告牌,甲广告公司则接受广告牌后组织广告,但要向 A 公司支付 81 万元作为购买广告牌的费用。在合同签订后,A 公司按照合同约定提供了广告牌,可是甲广告公司在支付了第一笔广告费 20 万元之后,剩下的 61 万元并没有按照合同规定的期限支付。

分析:A 公司对甲广告公司迟迟不支付广告费的行为,可以采取哪些维权措施?

第十一章

广告法律责任

本章学习目标

通过学习使学生理解广告法律责任和广告违法行为的概念、特征、构成要件和种类。熟悉广告行政复议的概念、申请范围、条件,广告行政诉讼的概念、特征、范围、条件。广告行政复议与广告行政诉讼的关系。掌握广告行政责任的概念、种类和违法广告的行政处罚,广告民事责任的概念和违法广告的民事责任,刑事责任的概念和违法广告的刑事责任。

引例

2015 年 2 月,借北京市和张家口市两市联合申办 2022 年冬季奥运会的契机,某市广播电视报社利用其出版的电视报,为 A 房地产公司发布擅自使用奥林匹克标志的房地产广告。消费者举报到某市工商行政管理局,经查 A 房地产公司未经权利人许可擅自将奥林匹克标志用于商业广告中,侵犯了奥林匹克标志专有权,可依《奥林匹克标志保护条例》第 10 条进行查处,对此,办案人员没有异议。但是涉案的广告发布者是否违法、能否查处?

【解析】

广告经营者、广告发布者为他人设计、制作、代理、发布擅自使用奥林匹克标志的商业广告,属于侵犯奥林匹克标志专有权的行为。《广告法》第 7 条第 2 款第(九)项规定,广告不得有"法律、行政法规规定禁止的其他情形"。而《奥林匹克标志保护条例》第 4 条第 2 款明确禁止任何人未经奥林匹克标志权利人许可为商业目的使用奥林匹克标志。

因此,广告经营者、广告发布者为他人设计、制作、代理、发布擅自使用奥林匹克标志的商业广告，违反了《广告法》第 7 条第 2 款第（九）项的规定，应按《广告法》第 39 条进行查处。

第一节　广告法律责任概述

一、广告法律责任

（一）广告法律责任的概念

广告法律责任是指广告活动主体违反广告法律、法规的规定，实施广告违法行为造成损害，应当承担的法律后果。广告活动主体不履行法定义务，违反广告法律、法规规定，必须承担相应的法律责任，才能确保广告法律、法规的贯彻执行。

（二）广告法律责任的构成要件

（1）存在广告违法行为，即广告主、广告经营者和广告发布者有违反我国广告法律、行政法规的行为。

（2）存在因广告违法行为造成的损害事实。

（3）广告违法行为与损害事实之间有因果关系，即损害事实是由广告违法行为直接造成的。

（4）广告违法行为人在主观上有过错，即广告主、广告经营者或广告发布者在主观上存在故意或者过失。

以上四个条件，必须同时具备，才能依法追究广告违法行为人的法律责任。

（三）广告法律责任的种类

不同的广告违法行为，性质和情节不同，侵犯的社会关系不同，对社会的危害后果不同，承担的法律责任也不同。针对不同的广告违法行为，我国的广告法律、法规将广告法律责任分为三类：广告行政责任、广告民事责任和广告刑事责任。

二、广告违法行为

（一）广告违法行为的概念

广告违法行为是指广告主、广告经营者和广告发布者在设计、制作和发布广告过程中，以及广告监督管理机关和广告审查机关的工作人员在监督审查广告过程中，违反广告法律、法规规定，应当受到法律制裁的行为。

（二）广告违法行为的种类

1. 广告违法行为的性质不同

广告违法行为按照性质不同可分为行政违法行为、民事违法行为和刑事违法行为。

（1）行政违法行为。它是指违反国家对广告活动的行政管理规定的广告违法行为。广告行政管理规定是国家行政机关管理广告活动的主要依据，广告违法行为中的大多数违法行为属于行政违法行为。

（2）民事违法行为。它是指广告活动中债的不履行和侵权行为。广告活动中债的不履行是指广告合同的当事人不履行或者不适当履行广告合同约定的义务,包括不按照广告合同要求进行设计,不按照广告合同规定交付设计作品,不按照广告合同约定支付报酬,不按照广告制作合同规定的材料数量和质量制作广告等。

广告活动中的侵权行为。它是指广告活动或者广告内容侵害他人人身权利或者财产权利的行为。侵害他人的生命权、健康权、姓名权、肖像权、名誉权等权利的行为属于侵犯人身权利,侵害他人财产权的属于侵犯财产权利,侵害他人专利权、商标权、著作权的属于既侵犯人身权利,又侵犯财产权利的侵犯知识产权的行为。《广告法》专门规定了广告活动中侵权行为的民事责任。

(3) 刑事违法行为。它是指广告违法行为触犯刑法,应当受到刑罚制裁的行为。刑事违法行为,与其他违法行为不同,属于严重违法行为,其社会危害性严重,需要用刑罚加以制裁,当然,广告活动中的刑事违法行为并不多,但影响较大。

2. 广告违法行为的违法表现和特点不同

广告违法行为按照违法表现和特点不同分为实体违法和程序违法。实体违法是指广告行为违反了广告法律、法规的实体性规定,如违反广告法对广告内容的禁止性规定。程序违法是指广告行为违反了广告法律、法规的程序性规定,如违反广告审查、出证和登记等程序性的规定。

3. 广告违法行为的违法程度和社会危害不同

广告违法行为按照违法程度和社会危害不同分为轻微违法、一般违法和严重违法,社会危害性大小和违法程度的轻重,是国家行政机关和司法机关依法追究广告违法行为的法律责任的重要依据之一。

案例 11-1

2015 年 1 月,成都市龙泉驿区某楼盘开发商甲房地产公司在没有取得预售许可证的情况下,大肆在媒体上发布销售广告,并在销售现场收取意向购房者每人一万元"VIP 诚意金"。所谓的"VIP 诚意金",就是意向购房者加入开发商成立的"会员中心"缴纳的"会员费",开盘以后可凭该费用按顺序优先选房。问:甲房地产公司的行为是否违法?

【解析】

甲房地产公司的行为违法,开发商变相收取"排号费"或"订金"。该楼盘并未取得销售房屋所必须的预售许可证,开发商收取的"VIP 诚意金"属违规行为。该楼盘不仅没有预售许可证,就连建设施工所必须的规划许可证、建筑工程施工许可证都尚未取得。该楼盘的开发商被当地有关部门责令停止发布广告,整改有关违规行为,退还消费者所缴纳的"VIP 诚意金"。

第二节　广告行政责任

一、广告行政责任的概念

广告行政责任是指广告主、广告经营者、广告发布者和广告代言人,或者广告监督管理机关和广告审查机关的工作人员,不履行广告法律、法规规定的义务或者实施广告法律、法规禁止的行为,应当承担的行政法律后果。

广告行政责任是负有广告监督管理职能的国家行政机关,依据广告行政法律、法规对广告违法行为进行的行政制裁。

二、广告行政责任的种类

根据行政制裁适用的违法行为、实施行政制裁的主体以及制裁方法的不同,行政责任可以分为行政处分和行政处罚两种。

行政处分是指国家机关、企事业单位和社会团体依据行政管理法律、法规、规章、章程、纪律,对其所属人员或者职工做出的处罚。行政处分有警告、记过、记大过、降级、降职、撤职、留用察看和开除八种形式。

行政处罚是指特定国家机关对违反行政管理法律、法规的单位或者个人依法给予的制裁。行政处罚是国家维护社会经济秩序、行使国家权力的重要措施。行政处罚主要有拘留、罚款、警告、吊销营业执照、吊销许可证、责令停业和没收违法所得等。

小贴士

行政处分和行政处罚的区别

（1）制裁依据不同。行政处分是依据国家有关奖惩工作人员、职工的规定以及单位内部的规章制度进行的,行政处罚是依据国家有关行政管理的法律、法规进行的。

（2）决定制裁的机关不同。行政处分主要由本单位或者本单位的上级机关进行,行政处罚由行政法律、法规规定的行政机关进行。

（3）制裁对象不同。行政处分主要针对本单位的内部人员,行政处罚针对整个社会的违法行为人。

（4）救济途径不同。当事人不服行政处分的,只能向上级机关或者行政监察机关申诉,当事人不服行政处罚的,可以向上级行政机关或者人民法院提起行政复议或者行政诉讼。

我国《广告法》规定的广告行政责任主要是行政处罚。《广告法》第五章"法律责任"中的多数条款规定的是对违反广告法律、法规的广告活动主体的行政处罚,只有第 72 条和第 73 条两个条款规定了广告审查机关、工商行政管理部门和负责广告管理相关工作的有关部门工作人员,违法行为要承担的行政责任。

三、广告行政处罚

（一）广告行政处罚的概念

广告行政处罚是指国家行政机关对违反广告法律、法规的广告活动主体的行政处罚。根据《广告法》的规定,对违反广告法律、法规的广告活动主体,主要由工商行政管理机关依法追究其行政责任。

工商行政管理机关在查明广告违法事实,查清广告违法种类、情节和危害程度的基础上,在广告法律、法规规定的处罚幅度内,实施相应的行政处罚。广告行政处罚的目的在于给予广告违法者以教育，从而防止新的广告违法行为以及更为严重的违法行为的发生。

案例 11-2

　　2016 年 3 月 11 日，A 市工商局发出 2016 年第 1 号虚假违法广告公告，此次公告曝光的虚假违法广告典型案例涉及化妆品、食品（保健食品）、保健用品、教育培训、医疗服务、医疗器械和房地产等行业领域，这也是 2016 年 A 市工商部门重点整治虚假违法广告的重点领域。

　　被曝光的产品、服务广告有："浪漫香榭丽"精纯美白祛斑组合、"波林丝育发专家""大成草虫草素含片""好丽友·薯愿"马铃薯膨化食品、"嘉选葡萄籽油"等 15 种商品、"清盈 1 号清脂胶囊""华蔚牌肤痒粉、睡眠贴膏""海哲教育""安博教育""沪太医院《沪太新风尚》""潘建业 PZ-100 高电位治疗仪"和"角里祥和坊"商铺项目。问：A 市工商行政管理部门应采取哪些措施处罚违法行为？

　　【解析】

　　此次公告曝光的虚假违法广告典型案例发布的媒介除利用一般传统媒体外，有 4 件是利用互联网进行虚假宣传，1 件利用手机短信发布虚假广告，1 件是利用交互式视频发布虚假广告。

　　A 市工商行政管理部门全年共查处各类虚假违法广告案件 3140 件，罚没款 5421 万元，其中互联网广告案件数已占 50% 之多。

　　A 市工商行政管理部门：①持续深入推进虚假违法广告专项整治工作，加强日常重点监管，注重执法与监测、巡查的对接，加大对虚假违法广告的处罚惩戒力度，保持执法高压威慑；②加强广告监管执法，切实维护消费者合法权益，努力促进上海广告市场健康有序发展。

（二）广告行政处罚的主要形式

根据《广告法》的规定，广告违法行为的行政处罚主要有以下 6 种形式。

1. 责令停止发布广告

责令停止发布广告是指广告监督管理机关对违反广告法律、法规的广告，采取行政措施，强制广告活动主体取消违法广告的发布。责令停止发布广告，是给予违法行为人最轻的一种行政处罚，是大多数国家的通常做法，也是保护消费者利益和竞争者权益的首要手段。对任何违反广告法律、法规的广告，广告监督管理机关首先要责令广告主、广告经营者或者广告发布者停止发布广告。这样做的目的，主要是为防止广告违法活动继续进行，进一步扩大违法广告的危害后果。

2. 责令公开更正

责令公开更正是指广告监督管理机关对违反广告法律、法规的广告，强制违法当事人承担费用以同样的传播方式在该广告影响涉及的范围内，向社会公众和消费者做公开澄清，说明该广告的违法之处，以消除该广告的消极影响。

广告通常是通过大众传播媒介进行发布的，即使责令广告主停止发布广告，有时也已经造成了极坏的影响，因此，为了消除违法广告对消费者和社会造成的不良影响，必须责令广告主在停止发布违法广告的同时，公开更正。

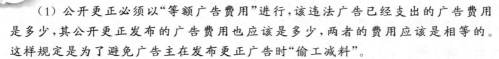

责令公开更正需要注意以下几点①

（1）公开更正必须以"等额广告费用"进行，该违法广告已经支出的广告费用是多少，其公开更正发布的广告费用也应该是多少，两者的费用应该是相等的。这样规定是为了避免广告主在发布更正广告时"偷工减料"。

（2）公开更正应"在相应范围内"进行，该违法广告在什么范围内发布的，还应在什么范围内发布更正广告，这样才能在违法广告发布的范围内有效地消除影响。

（3）有些违法广告不能"公开更正"。对一些法律、法规规定禁止生产、销售的商品或者提供的服务，以及禁止发布广告的商品或者服务所发布的违法广告，如违法烟草广告的行政处罚不能使用"公开更正"，否则又给了广告主一次发布违法广告的机会。

3. 罚款

罚款是指广告监督管理机关对违反广告法律、法规的广告主、广告经营者或广告发布者，强制其在一定期限内向国家缴纳一定数量的货币的制裁方法。我国《广告法》对罚款标准采取浮动限额，即罚款数额可以在一定范围内浮动。由于广告活动复杂多变，广告法律、法规不可能对所有广告违法行为都做出具体细致的处罚数额的规定，因此，必须根据具体情况，做出相应的处罚，即赋予广告监督管理机关一定的自由裁量权。

4. 没收广告费用

广告费是广告经营者、广告发布者设计、制作、代理、发布广告而收取的费用。没收广告费用是指广告监督管理机关将广告经营者、广告发布者从事违法广告活动收取的广告费用无偿收归国有，上缴国库的处罚措施。没收广告费用不适用于广告主。

5. 没收违法所得

没收违法所得是指广告监督管理机关依法没收违法广告活动取得的违法收入，如对伪造、变造或者转让广告审查决定文件所得的违法收入予以没收。没收违法所得不适用于广告主。

6. 停止广告业务

停止广告业务是指广告监督管理机关对违反广告法律、法规情节严重的广告经营者、广告发布者停止其广告业务活动，暂扣或者吊销广告经营许可证，取消其广告经营资格的行政处罚方式。停止广告业务剥夺了违法广告经营者、广告发布者的经营资格，是针对广告经营者、广告发布者最为严厉的一种行政处罚。停止广告业务不适用于广告主。

停止广告业务的违法情节

停止广告业务的前提是情节严重，可视为情节严重的情况如下。

（1）主观恶性深，多次设计、制作、代理、发布虚假广告，又屡教不改。

（2）虚假广告发布后，给消费者造成了严重的人身伤害、财产损失或其他严

---

① 张龙德.广告法规案例教程[M].上海：上海大学出版社，2001.

重后果。

（3）虚假广告在社会上造成严重不良影响。

（4）利用虚假广告，牟取非法利益，数额特别巨大。

（5）有其他犯罪情节的。

（三）违法广告的行政处罚

1. 发布虚假广告的行政处罚

违反《广告法》的规定，发布虚假广告的，由工商行政管理部门责令停止发布广告，责令广告主在相应范围内消除影响，处广告费用三倍以上五倍以下的罚款，广告费用无法计算或者明显偏低的，处二十万元以上一百万元以下的罚款；两年内有三次以上违法行为或者有其他严重情节的，处广告费用五倍以上十倍以下的罚款，广告费用无法计算或者明显偏低的，处一百万元以上两百万元以下的罚款，可以吊销营业执照，并由广告审查机关撤销广告审查批准文件、一年内不受理其广告审查申请。

医疗机构有上述规定的违法行为，情节严重的，除由工商行政管理部门依照本法处罚外，卫生行政部门可以吊销诊疗科目或者吊销医疗机构执业许可证。

广告经营者、广告发布者明知或者应知广告虚假仍设计、制作、代理、发布的，由工商行政管理部门没收广告费用，并处广告费用三倍以上五倍以下的罚款，广告费用无法计算或者明显偏低的，处二十万元以上一百万元以下的罚款；两年内有三次以上违法行为或者有其他严重情节的，处广告费用五倍以上十倍以下的罚款，广告费用无法计算或者明显偏低的，处一百万元以上两百万元以下的罚款，并可以由有关部门暂停广告发布业务、吊销营业执照、吊销广告发布登记证件。

2. 发布有禁止情形的广告的行政处罚

工商行政管理部门对有下列行为之一的，责令停止发布广告，对广告主处二十万元以上一百万元以下的罚款，由广告审查机关撤销广告审查批准文件、一年内不受理其广告审查申请；对广告经营者、发布者，由工商行政管理部门没收广告费用，处二十万元以上一百万元以下的罚款，情节严重的，并可以吊销营业执照、吊销广告发布登记证件：

（1）发布有《广告法》第9条、第10条规定的禁止情形的广告的。

（2）违反《广告法》第15条规定，发布处方药广告、药品类易制毒化学品广告、戒毒治疗的医疗器械和治疗方法广告的。

（3）违反《广告法》第20条规定，发布声称全部或者部分替代母乳的婴儿乳制品、饮料和其他食品广告的。

（4）违反《广告法》第22条规定，发布烟草广告的。

（5）违反《广告法》第37条规定，利用广告推销禁止生产、销售的产品或者提供的服务，或者禁止发布广告的商品或者服务的。

（6）违反《广告法》第40条第1款规定，在针对未成年人的大众传播媒介上发布医疗、药品、保健食品、医疗器械、化妆品、酒类、美容广告，以及不利于未成年人身心健康的网络游戏广告的。

3. 违法发布药品、医疗器械、医疗、保健食品、农药、兽药、饲料和饲料添加剂等广告的行政处罚

由工商行政管理部门对下列行为之一的，责令停止发布广告，责令广告主在相应范围内消除影响,处广告费用一倍以上三倍以下的罚款,广告费用无法计算或者明显偏低的,处十万元以上二十万元以下的罚款;情节严重的,处广告费用三倍以上五倍以下的罚款,广告费用无法计算或者明显偏低的,处二十万元以上一百万元以下的罚款,可以吊销营业执照,并由广告审查机关撤销广告审查批准文件、一年内不受理其广告审查申请。

(1) 违反《广告法》第 16 条规定发布药品、医疗器械、医疗广告的。

(2) 违反《广告法》第 17 条规定,在广告中涉及疾病治疗功能,以及使用医疗用语或者易使推销的商品与药品、医疗器械相混淆的用语的。

(3) 违反《广告法》第 18 条规定发布保健食品广告的。

(4) 违反《广告法》第 21 条规定发布农药、兽药、饲料和饲料添加剂广告的。

(5) 违反《广告法》第 23 条规定发布酒类广告的。

(6) 违反《广告法》第 24 条规定发布教育、培训广告的。

(7) 违反《广告法》第 25 条规定发布招商等有投资回报预期的商品或者服务广告的。

(8) 违反《广告法》第 26 条规定发布房地产广告的。

(9) 违反《广告法》第 27 条规定发布农作物种子、林木种子、草种子、种畜禽、水产苗种和种养殖广告的。

(10) 违反《广告法》第 38 条第 2 款规定,利用不满十周岁的未成年人作为广告代言人的。

(11) 违反《广告法》第 38 条第 3 款规定,利用自然人、法人或者其他组织作为广告代言人的。

(12) 违反《广告法》第 39 条规定,在中小学校、幼儿园内或者利用与中小学生、幼儿有关的物品发布广告的。

(13) 违反《广告法》第 40 条第 2 款规定,发布针对不满十四周岁的未成年人的商品或者服务的广告的。

(14) 违反《广告法》第 46 条规定,未经审查发布广告的。

医疗机构有上述规定违法行为,情节严重的,除由工商行政管理部门依照本法处罚外,卫生行政部门可以吊销诊疗科目或者吊销医疗机构执业许可证。

广告经营者、广告发布者明知或者应知有(1)规定违法行为仍设计、制作、代理、发布的,由工商行政管理部门没收广告费用,并处广告费用一倍以上三倍以下的罚款,广告费用无法计算或者明显偏低的,处十万元以上二十万元以下的罚款;情节严重的,处广告费用三倍以上五倍以下的罚款,广告费用无法计算或者明显偏低的,处二十万元以上一百万元以下的罚款,并可以由有关部门暂停广告发布业务、吊销营业执照、吊销广告发布登记证件。

4. 广告内容违法的行政处罚

有下列行为之一的,由工商行政管理部门责令停止发布广告,对广告主处十万元以下的罚款。

(1) 广告内容违反《广告法》第 8 条规定的。

(2) 广告引证内容违反《广告法》第 11 条规定的。

(3) 涉及专利的广告违反《广告法》第 12 条规定的。

(4) 违反《广告法》第 13 条规定,广告贬低其他生产经营者的商品或者服务的。

广告经营者、广告发布者明知或者应知有上述规定违法行为仍设计、制作、代理、发布的,由工商行政管理部门处十万元以下的罚款。

广告违反《广告法》第 14 条规定,不具有可识别性的,或者违反《广告法》第 19 条规定,变相发布医疗、药品、医疗器械、保健食品广告的,由工商行政管理部门责令改正,对广告发布者处十万元以下的罚款。

5. 擅自从事广告发布业务的行政处罚

违反《广告法》第 29 条规定,广播电台、电视台、报刊出版单位未办理广告发布登记,擅自从事广告发布业务的,由工商行政管理部门责令改正,没收违法所得,违法所得一万元以上的,并处违法所得一倍以上三倍以下的罚款;违法所得不足一万元的,并处五千元以上三万元以下的罚款。

6. 未按照国家有关规定建立健全广告业务管理制度、未对广告内容进行核对的行政处罚

违反《广告法》第 34 条规定,广告经营者、广告发布者未按照国家有关规定建立健全广告业务管理制度的,或者未对广告内容进行核对的,由工商行政管理部门责令改正,可以处五万元以下的罚款。

违反《广告法》第 35 条规定,广告经营者、广告发布者未公布其收费标准和收费办法的,由价格主管部门责令改正,可以处五万元以下的罚款。

7. 对广告代言人的违法行为的行政处罚

广告代言人有下列情形之一的,由工商行政管理部门没收违法所得,并处违法所得一倍以上两倍以下的罚款。

(1)违反《广告法》第 16 条第 1 款第四项规定,在医疗、药品、医疗器械广告中作推荐、证明的。

(2)违反《广告法》第 18 条第 1 款第五项规定,在保健食品广告中作推荐、证明的。

(3)违反《广告法》第 38 条第 1 款规定,为其未使用过的商品或者未接受过的服务作推荐、证明的。

(4)明知或者应知广告虚假仍在广告中对商品、服务作推荐、证明的。

8. 违法发送广告行为的行政处罚

违反《广告法》第 43 条规定发送广告的,由有关部门责令停止违法行为,对广告主处五千元以上三万元以下的罚款。

违反《广告法》第 44 条第 2 款规定,利用互联网发布广告,未显著标明关闭标志,确保一键关闭的,由工商行政管理部门责令改正,对广告主处五千元以上三万元以下的罚款。

9. 对公共场所的管理者和电信业务经营者、互联网信息服务提供者违法行为的行政处罚

违反《广告法》第 45 条规定,公共场所的管理者和电信业务经营者、互联网信息服务提供者,明知或者应知广告活动违法不予制止的,由工商行政管理部门没收违法所得,违法所得五万元以上的,并处违法所得一倍以上三倍以下的罚款,违法所得不足五万元的,并处一万元以上五万元以下的罚款;情节严重的,由有关部门依法停止相关业务。

10. 隐瞒真实情况或者提供虚假材料申请广告审查的行政处罚

违反《广告法》规定,隐瞒真实情况或者提供虚假材料申请广告审查的,广告审查机关不予受理或者不予批准,予以警告,一年内不受理该申请人的广告审查申请;以欺骗、贿赂等不正当手段取得广告审查批准的,广告审查机关予以撤销,处十万元以上二十万元以下的罚款,三年内不受理该申请人的广告审查申请。

11. 伪造、变造或者转让广告审查批准文件的行政处罚

违反《广告法》规定,伪造、变造或者转让广告审查批准文件的,由工商行政管理部门没收违法所得,并处一万元以上十万元以下的罚款。

12. 发布违法广告的行政处罚

广播电台、电视台、报刊音像出版单位发布违法广告,或者以新闻报道形式变相发布广告,或者以介绍健康、养生知识等形式变相发布医疗、药品、医疗器械、保健食品广告,工商行政管理部门依照本法给予处罚的,应当通报新闻出版广电部门以及其他有关部门。新闻出版广电部门以及其他有关部门应当依法对负有责任的主管人员和直接责任人员给予处分;情节严重的,并可以暂停媒体的广告发布业务。

新闻出版广电部门以及其他有关部门未依照前款规定对广播电台、电视台、报刊音像出版单位进行处理的,对负有责任的主管人员和直接责任人员,依法给予处分。

13. 广告管理机关及其工作人员的行政责任

(1) 工商行政管理部门对在履行广告监测职责中发现的违法广告行为或者对经投诉、举报的违法广告行为,不依法予以查处的,对负有责任的主管人员和直接责任人员,依法给予处分。

(2) 工商行政管理部门和负责广告管理相关工作的有关部门的工作人员玩忽职守、滥用职权、徇私舞弊的,依法给予处分。

有《广告法》规定的违法行为的,由工商行政管理部门记入信用档案,并依照有关法律、行政法规规定予以公示。

因发布虚假广告,或者有其他本法规定的违法行为,被吊销营业执照的公司、企业的法定代表人,对违法行为负有个人责任的,自该公司、企业被吊销营业执照之日起三年内不得担任公司、企业的董事、监事、高级管理人员。

案例 11-3

藏秘排油茶,3盒抹平大肚子……广告中极力推荐的"藏秘排油"产品。其实这就是"百草减肥茶"的变身。而藏秘排油实际上只是销售单位七彩集团七剑彩虹公司在2005年年底申请、至今还在受理中的商标,它并不是一个产品的名称。在整个广告宣传中都是围绕着西藏的概念设计制作的,但是在产品的包装盒上除绿茶以外,还标示着决明子、制何首乌、制大黄等7种中草药。这些药在中药里面应该说是常用的药,与藏茶没什么关系。在"藏秘排油"的宣传中,一家名为"亚洲藏茶医学保健研究所"的单位多次出现。但这家公司实际上是一个注册股本只有1万港币、注册地址找不到办公地点的私人公司,董事只有1个人。

北京市某市民看到"藏秘排油"广告之后买了两盒,"但根本没有效果,广告中所说的排油也好,黑色油腻大便也好,根本没有这个事"。代言的名人郭某曾称"敢为自己行为负责"。问:对亚洲藏茶医学保健研究所应依照哪些广告法律法规处罚?目前对代言人有处罚的法律规定吗?

【解析】

我国《广告法》明确规定,不得利用专家、医生、患者的名义和形象做证明。但是在"藏秘排油"的广告中,不但有医学专家,甚至还有各类人士的现身说法,而且夸大了原有的减肥和调节血脂的保健功能。

《药品广告审查发布标准》规定,药品广告不得以免费赠送、有奖销售、以药品作为礼品或者奖品等形式"直接或间接怂恿任意、过量地购买和使用药品"。违法发布药品广告,广告法没有具体规定广告主、广告经营者、广告发布者,处以一万元以下罚款;有违法所得的,处以违法所得三倍以下但不超过三万元的罚款。

《药品广告审查办法》规定,某种药品只要有一则广告弄虚作假,其所有广告文号都将被撤销,即不得在媒体上继续发布该药品的任何广告。①

所以,工商行政管理部门依照广告管理法律法规对亚洲藏茶医学保健研究所进行了处罚。但是因为无处罚无据,明星代言人郭某所受的惩罚主要是舆论谴责。依照新修订的《广告法》第62条的规定,对广告代言人的违法行为,由工商行政管理部门给予没收违法所得,并处违法所得一倍以上两倍以下的罚款的处罚。

第三节　广告民事责任与广告刑事责任

一、广告民事责任

(一)广告民事责任的概念

广告的民事责任是指广告主、广告经营者和广告发布者因实施广告违法行为,欺骗或者误导消费者,使购买商品或者接受服务的消费者的合法权益受到损害,或者有其他侵权行为,应承担的民事法律后果。

(二)承担广告民事责任的形式

承担广告民事责任的形式,就是对广告违法行为应采取的民事制裁措施。民事责任的形式如何,是由民事责任所担负的职能和被损害的情况决定的。各种广告违法行为的民事责任方式在实际处理中既可单独适用一种,也可同时适用多种。根据《民法通则》的规定,广告违法行为承担民事责任的方式主要有如下几种。

1. 停止侵害、排除妨碍和消除危险

停止侵害是受害人要求侵权人停止实施侵害行为。排除妨碍是权利人行使权利受到他人不法阻碍时,有权要求加害人排除妨害,保障权利正常行使。消除危险是消除造成他人人身或财产损害的可能性。停止侵害、排除妨碍和消除危险属于防止性责任形式,以防止和排除损害为目的,既适用于侵犯财产权利的侵权行为,也适用于侵犯人身权利侵权行为,是常见的承担民事责任的形式,对制止广告违法行为侵害人身权和知识产权等有重要作用。

2. 返还财产和恢复原状

返还财产是国家、集体或者公民个人的财产受到不法侵占时,财产所有人有权要求归还财产,以恢复权利人合法占有状态的一种保护性措施。恢复原状是财产被不法损坏而有复原可能时,受害人有权要求恢复到财产未受损坏时状态的措施。返还财产和恢复原状更多

---

① 腾讯财经. http://finance.qq.com/a/20070316/000054.htm.

地适用于侵犯财产权利的侵权行为,对维护财产的合法所有权有重要作用。

3. 修理、重作和更换

修理、重作和更换是产品质量不符合要求时,权利人有权要求修补缺陷,重新制作或者予以更换的补救措施。修理、重作和更换适用于不同情况。当有损伤瑕疵时,可以要求修理损伤,除去瑕疵,保证达到质量合格状态;如不能达到合格状态,可以要求重新制作或者在具备更换条件时,要求更换。

4. 支付违约金

支付违约金是当事人依照法律规定或者约定,在违约行为发生后,由违约方支付一定数量的金钱。违约金是违反广告合同承担民事责任的重要形式,其特点在于既有赔偿性又有惩罚性。

违约金可由法律规定或者在广告合同中约定,其数额一般根据违约金的性质来确定,赔偿性违约金的数额,应与实际损失数额相适应。惩罚性违约金,不以损失多少为限,但是,如果双方约定的违约金数额高于实际可得利益,则应依据公平和诚实信用原则认定为无效。

5. 赔偿损失

赔偿损失是广告违法行为造成受害人财产损失时,给受害人相应数额的补偿。赔偿损失是广告违法行为承担民事责任的主要方式,是保护消费者合法权益的重要手段。赔偿损失既适用于有形的财产损失,也适用于精神损害,既适用于广告违法行为的侵权损害赔偿,也适用于广告主、广告经营者和广告发布者之间违反广告合同的责任。赔偿损失数额的确定,一般以权利人所受的实际损失为准。

6. 消除影响、恢复名誉和赔礼道歉

消除影响和恢复名誉是公民或者法人的人格权受到不法侵害时,有权要求广告违法行为人在造成影响的范围内,以公开形式承认过错,澄清事实,以恢复未受损害时社会对其品行、才能和信誉的良好评价。赔礼道歉是公民或者法人的人格权受到广告违法行为的轻微侵害时,权利人可以要求广告违法行为人当面承认错误,表示歉意,以保护其人格尊严的责任方式。

消除影响、恢复名誉和赔礼道歉属于非财产责任形式,适用于广告违法行为对人身权的侵害,同时也适用于侵犯专利权、商标权或者违反广告合同等情节较轻微的情况。

总之,上述各种承担民事责任的形式,在实际处理中既可以单独适用,也可以同时适用,要根据具体情况进行选择。

确定著作权侵权损害赔偿数额的方法

根据《著作权法》第 49 条的规定,赔偿损失时,赔偿额有三种计算方法:一是按照权利人的实际损失给予赔偿,损失多少赔多少;二是按照侵权人的违法所得给予赔偿,这种计算方法适用于被侵权人的实际损失难以计算的情形;三是由人民法院根据侵权行为的情节,判决给予 50 万元以下的赔偿,这一方式即所谓的法定赔偿制度,适用于权利人的实际损失和侵权人的违法所得不能确定的情形。

（三）承担广告民事责任的具体情形

1. 发布虚假广告，欺骗、误导消费者的民事责任

违反《广告法》的规定，发布虚假广告，欺骗、误导消费者，使购买商品或者接受服务的消费者的合法权益受到损害的，由广告主依法承担民事责任。广告经营者、广告发布者不能提供广告主的真实名称、地址和有效联系方式的，消费者可以要求广告经营者、广告发布者先行赔偿。

关系消费者生命健康的商品或者服务的虚假广告，造成消费者损害的，其广告经营者、广告发布者、广告代言人应当与广告主承担连带责任。

上述规定以外的商品或者服务的虚假广告，造成消费者损害的，其广告经营者、广告发布者、广告代言人，明知或者应知广告虚假仍设计、制作、代理、发布或者作推荐、证明的，应当与广告主承担连带责任。

2. 广告侵权行为的民事责任

广告主、广告经营者、广告发布者违反《广告法》规定，有下列侵权行为之一的，依法承担民事责任：

（1）在广告中损害未成年人或者残疾人的身心健康的。

（2）假冒他人专利的。

（3）贬低其他生产经营者的商品、服务的。

（4）在广告中未经同意使用他人名义或者形象的。

（5）其他侵犯他人合法民事权益的。

二、广告刑事责任

（一）广告刑事责任的概念

广告刑事责任是指广告主、广告经营者和广告发布者在广告活动中，或者广告监督管理机关和广告审查机关的工作人员在执行职务中，实施的违法行为，情节严重，不但违反了广告法律、法规，而且构成了犯罪，依照《刑法》规定应当承担的刑事法律后果。

广告刑事责任比广告行政责任、广告民事责任要严厉得多，广告刑事责任追究的是对社会有严重危害性、触犯刑律、依法应当受到刑罚制裁的犯罪行为。

（二）违法广告行为的刑事处罚

1. 发布虚假广告的刑事处罚

（1）广告主、广告经营者、广告发布者有如下行为的，构成犯罪的，依法追究刑事责任。

违反《广告法》的规定，发布虚假广告的，由工商行政管理部门责令停止发布广告，责令广告主在相应范围内消除影响，处广告费用三倍以上五倍以下的罚款，广告费用无法计算或者明显偏低的，处二十万元以上一百万元以下的罚款；两年内有三次以上违法行为或者有其他严重情节的，处广告费用五倍以上十倍以下的罚款，广告费用无法计算或者明显偏低的，处一百万元以上两百万元以下的罚款，可以吊销营业执照，并由广告审查机关撤销广告审查批准文件、一年内不受理其广告审查申请。

（2）广告主、广告经营者、广告发布者有以下行为的，构成犯罪的，依法追究刑事责任。

广告经营者、广告发布者明知或者应知广告虚假仍设计、制作、代理、发布的，由工商行政管理部门没收广告费用，并处广告费用三倍以上五倍以下的罚款，广告费用无法计算或者明显偏低的,处二十万元以上一百万元以下的罚款;两年内有三次以上违法行为或者有其他严重情节的,处广告费用五倍以上十倍以下的罚款,广告费用无法计算或者明显偏低的,处一百万元以上两百万元以下的罚款,并可以由有关部门暂停广告发布业务、吊销营业执照、吊销广告发布登记证件。

2. 拒绝、阻挠工商行政管理部门监督检查的刑事处罚

违反《广告法》的规定,拒绝、阻挠工商行政管理部门监督检查,或者有其他构成违反治安管理行为的,依法给予治安管理处罚;构成犯罪的,依法追究刑事责任。

3. 广告审查机关人员的刑事处罚

广告审查机关对违法的广告内容做出审查批准决定的,对负有责任的主管人员和直接责任人员,由任免机关或者监察机关依法给予处分;构成犯罪的,依法追究刑事责任。

4. 广告管理人员的刑事处罚

有以下两种行为之一的,构成犯罪的,依法追究刑事责任。①工商行政管理部门对在履行广告监测职责中发现的违法广告行为或者对经投诉、举报的违法广告行为,不依法予以查处的,对负有责任的主管人员和直接责任人员,依法给予处分。②工商行政管理部门和负责广告管理相关工作的有关部门的工作人员玩忽职守、滥用职权、徇私舞弊的,依法给予处分。

《刑法》对广告活动中的犯罪行为及处罚做了相应的规定。根据广告刑事违法行为侵犯客体的不同,广告刑事违法行为可以构成下列犯罪。

(1)虚假广告罪。虚假广告罪是指广告主、广告经营者和广告发布者违反法律规定,利用广告对商品或者服务作虚假宣传,情节严重,依法应当追究刑事责任的行为。

(2)诽谤罪。诽谤罪是指利用广告故意捏造、散布虚假事实,损害他人商业信誉,造成重大损失或者有其他严重情节,依法应当追究刑事责任的行为。

(3)诈骗罪。诈骗罪是指以非法占有为目的,利用虚假广告骗取数额较大的公私财物,依法应当追究刑事责任的行为。

(4)假冒商标罪。假冒商标罪是指违反商标管理法律、法规的规定,利用广告假冒其他企业的注册商标,情节严重,依法应当追究刑事责任的行为。

(5)伪造、变造、买卖国家机关公文、证件、印章罪。伪造、变造、买卖国家机关公文、证件、印章罪是指在广告活动中,伪造、变造或者转让广告审查决定文件,情节严重,依法应当追究刑事责任的行为。

(6)渎职罪。渎职罪是指广告监督管理机关和广告审查机关的工作人员滥用职权、玩忽职守,或者利用职权徇私舞弊,违背公务职责的公正性、廉洁性和勤勉性,妨碍国家机关正常的职能活动,严重损害国家和人民利益,依法应当追究刑事责任的行为。

第四节　广告行政复议与广告行政诉讼

一、广告行政复议

(一)广告行政复议的概念

广告行政复议是指不服广告监督管理机关做出具体行政行为的公民、法人或者其他经济组织,依法向做出该具体行政行为的上级广告监督管理机关提出请求重新处理的申请,由上级广告监督管理机关在当事人参加的情况下,对已做出的具体行政行为进行审查,在规定期限内,重新裁决维持、变更或者撤销原具体行政行为的活动。

在广告监督管理过程中,广告活动主体与国家行政机关之间产生争议在所难免,广告行政复议就是解决广告活动主体与国家行政机关之间争议的行政救济手段。1999年4月九届全国人大常委会第九次会议颁布《中华人民共和国行政复议法》(以下简称《行政复议法》),标志着我国建立起独立的行政复议制度。

小贴士

广告行政复议与广告行政诉讼相比的优点

(1) 广告行政复议程序简便,可以不公开审理,争议双方当事人可以不到场辩论,也不进行调解,只进行调查和书面审查,做出裁决。广告行政诉讼程序繁复,一般应当公开审理,调解是必经程序,经过第一审、第二审程序审理终结做出裁决。

(2) 广告行政复议程序争议可以较快解决,有利于上级行政机关对下级行政机关进行监督,也有利于行政机关增强法制观念和提高执法水平。

(二) 申请广告行政复议的范围

根据《行政复议法》的规定,对广告监督管理机关的下列行为,公民、法人或者其他经济组织认为对其构成侵权的,可以依法申请行政复议。

(1) 对广告监督管理机关做出的罚款、没收广告费用和停止广告业务等行政处罚不服的。

(2) 对广告监督管理机关做出的有关广告经营许可证变更、中止或撤销的决定不服的。

(3) 认为广告监督管理机关侵犯其合法的广告经营自主权的。

(4) 认为广告监督管理机关违法要求履行义务的。

(5) 认为符合经营广告业务法定条件申请广告监督管理机关颁发广告经营许可证,广告监督管理机关拒绝颁发或者不予答复的。

(6) 认为广告监督管理机关侵犯人身权、财产权的。

(7) 对财产的查封、扣押、冻结等行政强制措施不服的。

(8) 法律、法规规定可以提出申请行政复议的其他行为。

(三) 申请广告行政复议的条件

(1) 申请人是认为广告监督管理机关的具体行政行为侵犯其合法权益的广告主、广告经营者或者广告发布者。申请广告行政复议必须以具体行政行为为前提,没有广告行政机关具体行政行为,就根本谈不上广告行政复议申请。

(2) 有明确的被申请人。被申请人是指做出具体行政行为的广告监督管理机关。

(3) 有具体的广告行政复议请求和事实根据。如果没有具体的复议请求和事实根据,广告行政复议机关不予受理。

(4) 属于申请广告行政复议的范围。超出申请复议范围的,复议机关不予受理。

(5) 属于受理复议机关管辖。广告行政处罚复议申请只能向做出具体行政行为的上级广告监督管理机关提出。

（6）广告行政复议申请必须在法定期限内提出。超过法定期限，复议机关不予受理。《行政复议法》规定："公民、法人或者其他组织认为具体行政行为侵犯其合法权益的，可以自知道该具体行政行为之日起六十日内提出行政复议申请；但是法律规定的申请期限超过六十日的除外。"

广告行政复议申请书应当载明的内容

（1）申请人的姓名、性别、年龄、职业、住址或者法人及其他组织的名称、地址、法定代表人的姓名。

（2）被申请人的名称、地址。

（3）申请广告行政复议的要求和理由。

（4）提出广告行政申请复议的日期。

（四）广告行政复议的受理、审查和决定

1. 广告行政复议受理

广告行政复议机关收到广告行政复议申请后，应当在五日内进行审查，对不符合本法规定的广告行政复议申请，决定不予受理，并书面告知申请人；对符合《广告法》规定，但是不属于本机关受理的广告行政复议申请，应当告知申请人向有关广告行政复议机关提出。否则，广告行政复议申请自广告行政复议机关负责法制工作的机构收到之日起即为受理。

2. 广告行政复议审查

广告行政复议机关受理复议申请后，应当对被申请复议的广告行政处罚进行审查，审查内容包括：广告行政处罚在援用法律、法规方面是否适当，事实认定是否清楚，是否符合法定权限，是否符合法定程序等。

3. 广告行政复议决定

广告行政复议机关经过复议审查，应当在收到复议申请之日起六十日内做出复议决定。广告行政复议决定一般有以下 4 种情况。

（1）广告行政处罚认定事实清楚，证据确凿，适用依据正确，程序合法，内容适当的，决定维持。

（2）被申请人不履行法定职责的，决定其在一定期限内履行。

（3）广告行政处罚有下列情形之一的，决定撤销、变更或者确认该广告行政处罚违法；决定撤销或者确认该广告行政处罚违法的，可以责令被申请人在一定期限内重新做出广告行政处罚。

① 主要事实不清、证据不足的。

② 适用依据错误的。

③ 违反法定程序的。

④ 超越或者滥用职权的。

⑤ 广告行政处罚明显不当的。

（4）被申请人不按照《行政复议法》规定提出书面答复、提交当初做出广告行政处罚的证据、依据和其他有关材料的，视为该广告行政处罚没有证据、依据，决定撤销该广告行政处

罚。广告行政复议机关责令被申请人重新做出广告行政处罚的,被申请人不得以同一事实和理由做出与原广告行政处罚相同或者基本相同的广告行政处罚。

广告行政复议机关做出复议决定,应当制作复议决定书,并加盖印章。复议决定书一经送达,即发生法律效力。

小贴士

广告行政复议决定书应载明下列事项

（1）申请人的姓名、性别、年龄、职业、住址或者法人及其他组织的名称、地址、法定代表人的姓名,如有第三人参加复议,还应当列明第三人的情况。

（2）被申请人的名称、地址、法定代表人的姓名、职务。

（3）申请广告行政复议的主要事实和理由。

（4）广告行政复议机关认定的事实、理由、适用的依据。

（5）广告行政复议结论,这一部分应当根据维持原处罚决定、撤销原处罚决定、部分维持部分撤销原处罚决定、部分维持部分变更原处罚决定四种情况做出不同表述。

（6）诉讼权及起诉期限。

（7）做出广告行政复议决定的年、月、日。

广告行政复议机关逾期不做出复议决定的,申请人可以在广告行政复议期满之日起十五日内向人民法院起诉。复议期间,被申请复议的广告行政处罚不停止执行。公民、法人或者其他组织不服复议决定的,可以在收到复议决定书之日起十五日内向人民法院提起诉讼。复议机关逾期不作决定的,申请人可以在复议期满之日起十五日内向人民法院提起诉讼。法律另有规定的除外。

二、广告行政诉讼

（一）广告行政诉讼的概述

《中华人民共和国行政诉讼法》（以下简称《行政诉讼法》）由 1989 年 4 月 4 日第七届全国人民代表大会第二次会议通过,自 1990 年 10 月 1 日起施行。2014 年 11 月 1 日,第十二届全国人大常委会第十一次会议表决通过了修改行政诉讼法的决定,习近平主席签署第 15 号主席令予以公布。《行政诉讼法修正案草案》是自 1989 年制定后首次修改。决定自 2015 年 5 月 1 日起施行。此次修订草案着力解决行政诉讼中"立案难、审理难、执行难"等问题。

（二）广告行政诉讼的概念和特征

广告行政诉讼是指广告主、广告经营者和广告发布者认为广告监督管理机关做出的广告行政行为侵犯其合法权益,而向人民法院提起诉讼,由人民法院在行政争议双方当事人、诉讼参与人的参加下,按照法定程序,对行政案件进行审理,做出裁决,解决行政争议的活动。

广告行政诉讼具有如下特征。

（1）广告行政诉讼的一方必须是广告监督管理机关,而且只能是被告。

（2）广告行政诉讼的原告是自身权益受到侵犯的广告主、广告经营者或广告发布者。

（3）广告行政诉讼中的原告和被告法律地位平等，在诉讼中享有平等的权利和义务。

（4）广告行政诉讼的客体只能是广告监督管理机关做出的具体广告行政行为。广告监督管理机关做出规定、发布具有普遍约束力的决定、命令等抽象行政行为，以及广告监督管理机关内部对工作人员的任免、奖惩决定等不是广告行政诉讼的客体。

（三）广告行政诉讼的范围

（1）对广告监督管理机关做出的罚款、没收广告费用和停止广告业务等行政处罚不服的。

（2）认为广告监督管理机关侵犯其合法的广告经营自主权的。

（3）认为广告监督管理机关违法要求履行义务的。

（4）认为符合经营广告业务法定条件申请广告监督管理机关颁发广告经营许可证，广告监督管理机关拒绝颁发或者不予答复的。

（5）认为广告监督管理机关侵犯人身权、财产权等合法权益的。

（6）对财产的查封、扣押、冻结等行政强制措施不服的。

（7）法律、法规规定可以提起行政诉讼的其他行为。

知识链接

中级人民法院管辖下列第一审行政案件

（1）对国务院部门或者县级以上地方人民政府所做的行政行为提起诉讼的案件。

（2）海关处理的案件。

（3）本辖区内重大、复杂的案件。

（4）其他法律规定由中级人民法院管辖的案件。

（四）提起广告行政诉讼的条件

1．原告适格

广告行政诉讼的原告必须是认为自身合法权益受到广告行政行为侵犯的广告主、广告经营者或广告发布者。

2．有明确的被告

未经广告行政复议的案件，做出行政处罚的广告监督管理机关是被告。经行政复议的案件，广告复议机关决定维持行政处罚的，做出行政处罚的广告监督管理机关是被告。广告复议机关改变行政处罚的，广告复议机关是被告。

3．有具体的诉讼请求和事实根据

诉讼请求必须具体、明确，不能模糊不清，难以认定。事实根据是广告行政行为争议是否存在的事实，不是广告行政行为是否违法的事实。

4．属于人民法院受案范围和受诉人民法院管辖

广告行政诉讼案件由最初做出具体广告行政行为的广告监督管理机关所在地人民法院管辖。经行政复议的案件，广告行政复议机关改变原具体广告行政行为的，也可以由广告行政复议机关所在地人民法院管辖。

知识链接

行政案件的管辖权

（1）行政案件由最初做出行政行为的行政机关所在地人民法院管辖。经复议的案件，也可以由复议机关所在地人民法院管辖。

（2）经最高人民法院批准，高级人民法院可以根据审判工作的实际情况，确定若干人民法院跨行政区域管辖行政案件。

（3）两个以上人民法院都有管辖权的案件，原告可以选择其中一个人民法院提起诉讼。原告向两个以上有管辖权的人民法院提起诉讼的，由最先立案的人民法院管辖。

（4）人民法院发现受理的案件不属于本院管辖的，应当移送有管辖权的人民法院，受移送的人民法院应当受理。受移送的人民法院认为受移送的案件按照规定不属于本院管辖的，应当报请上级人民法院指定管辖，不得再自行移送。

（5）上级人民法院有权审理下级人民法院管辖的第一审行政案件。

（6）下级人民法院对其管辖的第一审行政案件，认为需要由上级人民法院审理或者指定管辖的，可以报请上级人民法院决定。

（五）广告行政诉讼案件的审理和判决

1. 广告行政诉讼案件的审理

人民法院审理广告行政诉讼案件实行两审终审制。《行政诉讼法》规定："人民法院应当在立案之日起五日内，将起诉状副本发送被告。被告应当在收到起诉状副本之日起十日内向人民法院提交做出具体行政行为的有关材料，并提出答辩状。人民法院应当在收到答辩状之日起五日内，将答辩状副本发送原告。""人民法院审理行政案件，由审判员组成合议庭，或者由审判员、陪审员组成合议庭。合议庭的成员，应当是三人以上的单数。""经人民法院两次合法传唤，原告无正当理由拒不到庭的，视为申请撤诉；被告无正当理由拒不到庭的，可以缺席判决。人民法院审理行政案件，不适用调解。"

2. 广告行政诉讼案件的判决

人民法院经过审理，根据不同情况，分别做出以下判决。

（1）具体广告行政行为证据确凿，适用法律、法规正确，符合法定程序的，判决维持原处罚决定。

（2）对原具体广告行政行为的主要证据不足，或者适用法律、法规错误，或者违反法定程序，或者滥用职权、超越职权的，判决撤销或者部分撤销原广告行政行为，并可以判决被告重新做出具体行政行为。

（3）被告不履行或者拖延履行法定职责的，可以判决其在一定期限内履行。

（4）广告行政处罚显失公正的，可以判决变更原处罚决定。

《行政诉讼法》规定："人民法院判决被告重新做出具体行政行为的，被告不得以同一的事实和理由做出与原具体行政行为基本相同的具体行政行为"，"当事人不服人民法院第一审判决的，有权在判决书送达之日起十五日内向上一级人民法院提起上诉。

当事人不服人民法院第一审裁定的，有权在裁定书送达之日起十日内向上一级人民法院提起上诉。逾期不提起上诉的，人民法院的第一审判决或者裁定发生法律效力。人民法院审理上诉案件,应当在收到上诉状之日起两个月内做出终审判决"。

**人民法院判决撤销或者部分撤销,并可以判决
被告重新做出行政行为的情形**

  (1)主要证据不足的。
  (2)适用法律、法规错误的。
  (3)违反法定程序的。
  (4)超越职权的。
  (5)滥用职权的。
  (6)明显不当的。

三、广告行政复议与广告行政诉讼的关系

  (一)广告行政复议与广告行政诉讼的联系

  广告行政复议与广告行政诉讼是加强广告行政执法监督,保护公民、法人和其他组织合法权益的重要法律制度,是解决广告行政纠纷的重要途径。当事人对具体行政行为决定不服的,可以向做出具体行政行为机关的上级机关申请复议,也可以直接向人民法院起诉。申请广告行政复议,还是直接进行广告行政诉讼可以由当事人自由选择。

  广告行政复议不是广告行政诉讼的必经程序,当事人对广告行政复议决定不服的,还可以向人民法院提起广告行政诉讼。

  (二)广告行政复议与广告行政诉讼的区别

  1. 受理机关不同

  广告行政复议的复议机关只能是上级广告监督管理机关,广告行政诉讼的受理机关是人民法院。

  2. 适用程序不同

  广告行政复议程序是司法化的行政程序,兼有行政与司法两重性,简便、快捷。广告行政诉讼程序适用行政诉讼法规定的司法程序,严格全面、公正又相对复杂、烦琐。

  3. 受理范围不同

  广告行政诉讼的范围比广告行政复议的范围要广。

人民法院判决确认违法,但不撤销行政行为的情形

  (1)行政行为依法应当撤销,但撤销会给国家利益、社会公共利益造成重大损害的。

  (2)行政行为程序轻微违法,但对原告权利不产生实际影响的。

一、选择题

  1. 广告法律责任的构成要件包括( )。

A. 存在广告违法行为,即广告主、广告经营者和广告发布者有违反我国广告法律、行政法规的行为

B. 存在因广告违法行为造成的损害事实

C. 广告违法行为与损害事实之间有因果关系,即损害事实是由广告违法行为直接造成的

D. 广告违法行为人在主观上有过错,即广告主、广告经营者或广告发布者在主观上存在故意或者过失

2. 广告违法行为的表现形式有(　　)。

A. 发布虚假广告,欺骗和误导消费者

B. 在广告活动中,进行不正当竞争

C. 广告内容违反广告法律、法规禁止的情形

D. 广告表述内容不清楚,使用资料不真实、不准确

3. 广告行政责任中行政处分的种类有(　　)。

A. 警告　　　　　B. 记过　　　　　C. 记大过　　　　　D. 降职

4. 广告行政处罚的原则包括(　　)。

A. 处罚与教育相结合　　　　　B. 处罚法定原则

C. 公正原则　　　　　D. 公开原则

5.《广告法》规定的罚款的标准包括(　　)。

A. 1000 元以上 1 万元以下的罚款

B. 1 万元以上 10 万元以下的罚款

C. 广告费用 1 倍以上 5 倍以下的罚款

D. 5000 元以上 1 万元以下的罚款

二、简述题

1. 简述广告违法行为的构成要件。

2. 简述广告行政处罚的主要形式。

3. 简述广告民事责任与广告刑事责任。

4. 简述广告行政复议的规定。

5. 简述广告行政诉讼制度。

三、案例分析题

深圳 A 自行车(集团)股份有限公司上海分公司委托上海伊犁广告公司设计、制作"阿米尼"自行车广告,在九州商厦橱窗发布。该广告以中华人民共和国版图为背景,但缺少台湾省和海南省,经广告监督管理机关指出后,当事人予以修正,但修正后的两岛颜色与大陆颜色存在明显色差。广告监督管理机关认为该广告造成严重的政治性错误,有损于国家的尊严和利益,违反《广告法》第 9 条第 11 项的规定,根据《广告法》第 57 条做出行政处罚决定,没收上海伊犁广告公司广告设计制作费 19214.40 元,罚款 30 万元。

分析:伊犁广告公司不服广告监督管理机关的裁决,可以采取哪些途径解决?

第十二章

国际广告管理

通过学习使学生理解《国际电视广告准则》。熟悉国际广告行为规范。掌握外国广告管理。

引例

意大利菲亚特公司在巴西播出两部"激情四射"的新车广告片。这两部广告片不仅强调"激情四射"的驾驶方式，突出夜间在城市道路和隧道中赛车的场景，还与极限运动相比，鼓励年轻人在城市道路上冒险，与巴西政府倡导的安全行车理念背道而驰。广告片有煽动年轻人高速驾驶的嫌疑，"向消费者灌输了错误的驾驶理念，对道路交通安全构成了威胁"。

因有大量的巴西消费者投诉，巴西广告业自律委员会要求立刻停播，以免误导年轻消费者。菲亚特公司巴西分公司已表示尊重巴西广告业自律委员会的这一要求。[①]

【解析】

巴西最早规范广告的法律颁布于 20 世纪 60 年代。当时，巴西的广告审查非常严格，政府曾经要求所有广告播出之前必须经过审查。为了生存，巴西广告业制定了自律规则。

1978 年，第三届巴西广告大会一致通过了《巴西广告自律规则》，其主要目的是规范商业广告。《巴西广告自律规则》所遵循的主要原则是社会责任感、公平竞争以及符合国家经济、教育和文化发展目标等。

---

① 巴西广告行业自律委员会要求菲亚特公司停播新车广告片. 中华广告网，2007-04-29.

　　1980年,为贯彻这部法典,巴西成立了广告自律委员会。它虽然是一个非政府组织,但巴西大部分广告公司都服从该委员会的裁决。

第一节　国际广告行为规范

　　国际广告活动不仅受到广告发行区域国际广告管理法规的制约,而且还要遵从国际广告界普遍接受的广告业自律规则的规定。目前,国际上带有权威性的广告行为规范是国际商会(ICC)在1937年通过、1973年修改的《国际商会广告自律规则》和1963年通过的《国际商业广告从业准则》。

　　(一)《国际商会广告自律规则》

　　《国际商会广告自律规则》基本原则是所有广告必须合法、诚实和真实,每一广告必须具备应有的社会责任感,并遵守在商界公认的公平竞争原则。

　　《国际商会广告自律规则》一般标准如下。

　　1. 公平

　　任何广告不得有违反通行的公平标准的声明或描述。

　　2. 诚实

　　任何广告不得滥用消费者的信任,或利用消费者的缺乏经验和知识贫乏。广告不得使用恐怖、迷信手段,不得宣传暴力行为。广告要如实描述,不得通过直接或间接说明的方法,或通过省略、含糊其词、夸大的方法误导消费者,广告不得误用研究成果或错误引用科技著作。

　　3. 比较

　　对比广告不得产生误导作用,对比广告的内容应以具体事实为基础,不得以不正当的手段选择对比点。

　　4. 证明

　　广告证明必须合法有效,过期或已不再用的证明不得使用。

　　5. 贬低

　　广告均不得直接或间接地通过侮辱对方或嘲笑对方,或以其他方式,诋毁任何商品或产品。

　　6. 保护人身权

　　不管在公开或私下场合,事先未经许可,不得在广告中描绘或涉及任何人,不得以任何方式宣传他人的认同感受。

　　7. 信誉宣传

　　广告中禁止不合理地使用任何商行、公司、机构的名称或其开头字母。在广告中禁止不正当地利用另一商标或产品标志的信誉。

　　8. 模仿

　　广告不得在总体设计、正文、标识、解说词、音乐、音响效果等方面模仿其他广告。

　　9. 广告的识别

　　广告画面是清晰易辨的。在新闻媒介上发布广告须有明确标志。

10. 安全

广告不得展示或描述危险行为,也不得展示或描述忽视安全的情况。针对儿童、青少年的广告,尤其要特别注意安全;不得利用儿童的轻信或青少年缺乏阅历的特点来做广告。针对儿童、青少年的广告,不得对其产生不良影响或伤害其自尊心。

(二)《国际商业广告从业准则》

《国际商业广告从业准则》分为两大部分:《国际广告从业准则》和《国际电视广告准则》。

1.《国际广告从业准则》

为保护消费者的利益,要求该准则应由下列各当事人共同遵守:刊登广告的客户;负责撰拟广告文稿的广告客户、广告商或广告代理人;发行广告的出版商或承揽广告的媒介商。内容主要如下。

(1)保护消费者利益的广告道德标准。

应遵守所在国的法律规定,并应不违背当地道德及审美观念。凡是可能引起轻视及非议的广告,均不应刊登;广告的制作,也不应利用迷信或一般人的盲从心理。广告只应陈述真理,不应虚伪或利用双关语及略语的手法歪曲事实。广告不应含有夸大成分的宣传,致使顾客在购买后有受骗及失望的感觉。

凡广告中刊有的商号、机构或个人的介绍,或刊载产品品质、服务项目等,不应有虚假或不实的记载。凡捏造、过时、不实或无法印证之词句均不应刊登。引用证词者或作证者本人,对证词应负同等责任;未经征得当事人同意或许可,不得使用个人、商号或机构所做的证词,也不得采用其相片。对已逝人物的证词或言辞及其照片等,若非依法征得其关系人的同意,不得使用。

(2)广告活动的公平原则。

广告业应普遍遵守商业上的公平与公平竞争的原则,不应采用混淆不清足以使顾客对产品或提供的服务产生误信的广告。在本国以外国家从事广告活动的广告商应严格遵守当地有关广告业经营的法令,或同业之约定;广告商为广告客户所做的歪曲夸大的宣传,应予以禁止;广告客户对于刊登广告的出版物或其他媒介,有权了解其发行量,即有权提供准确发行数字的证明。广告客户如欲了解广告对象的听众或观众的身份及人数,以及接触广告的方法,广告业者应提供忠实的报告;各类广告的广告费率以及折扣,应有明了翔实而公开的刊载,并应确实遵守。

小贴士

《国际电视广告准则》的约定

《国际电视广告准则》是国际电视广告业的约定。最初是由"国际广告客户联合会"于1963年年会上提出通过的。比利时、丹麦、法国、美国、意大利、荷兰、挪威、瑞典、瑞士及西德诸国派代表出席会议。该会对电视商业广告,最初仅作若干原则性的规定,但为了达成前述目标,进一步订立细则。

依据《国际商会广告从业准则》的规定,所有电视广告制作的内容除真实外,应具有高尚风格。此外,还要符合在广告发行当地国家的法令及同业的不成文法。因电视往往为电视观众一家人共同观赏,故电视广告应特别注意其是否具有高尚道德水准，不应触犯观众的尊严。

2.《国际电视广告准则》

（1）儿童节目广告准则。

原则规定了在儿童节目中或在儿童所喜爱的节目中不应作伤害儿童身心及道德的广告。也不容许利用儿童轻信的天性或忠诚心，而做不正当的广告。特殊规定有：利用儿童节目发表的广告，不应鼓励儿童进入陌生地方，或鼓励与陌生人交谈；广告不应以任何方式暗示儿童必须出钱购买某种产品或服务；广告不应使儿童相信，如果他们不购买广告中的产品，则将不利于其健康和身心发展，或前途将受到危害，所谓如不购买广告中的产品将受轻视或嘲笑；儿童应用的产品，在习惯上并非由儿童自行购买，但儿童仍有表示爱恶的自主权。电视广告不应促使儿童向别人或家长要求购买。

（2）发布的广告内容要求。

虚伪或误人的广告，不论听觉或视觉的广告，不应对某产品的价格，或其顾客的服务等，作直接或间接虚伪不实的报道。使用科学或技术名词及利用统计数字、科学上的说明或技术性文献等资料时，必须对观众负责；影射及模仿不应采用足以使顾客对所推销的产品或服务发生错觉，借机遂行鱼目混珠的广告方式；不公平的广告及引证；避免滥用保证；揣实作证之原则。

（3）关于酒精饮料广告的规定。

各国对含有酒精的饮料广告，态度不一。一般而论，电视广告与其他广告相同，在发行广告国家当地法律的范围内，不应鼓励滥用酒精饮料，也不应以少年人为广告对象。

（4）关于香烟及烟蒂的规定。

各国对香烟及烟蒂的广告，态度颇为不一致。一般而言，电视广告与其他广告相同，在发行广告国家法律的范围内，不应鼓励或提倡滥吸香烟及烟蒂，也不应以少年人为广告对象。

（5）关于设备性产品的租用或分期付款购买的广告的规定。

广告对产品的总值、销售条件及详细办法应明确说明，以不致引起误信为原则。

（6）有关职业训练的广告规定。

凡为职业考试举办的某行业或某科目的训练班，其广告不得含有代为安排工作的承诺，或夸言参加此种课程者，即可获得就业的保障，也不可以授予未来为当地主管当局所认可的学位或资格。

（7）关于邮购广告的规定。

推行邮购业务的广告客户，须对广告业者提供证明，以证实广告中推销的产品却有足够数量的存货后，才可刊登邮购销售广告。仅有临时地址或信箱号码的商号，不得刊登邮购广告。

（8）与私生活有关的广告规定。

凡与个人私生活有密切关系的产品，其广告的制作应特别审慎，宜省略不宜在社会大众之前公开讨论的文辞，广告应特别强调其高尚风格。

（9）药物及治疗广告的规定。

① 应避免误人或夸张的宣传。除非具有足够的事实证明，广告中不可引用某大学、某诊疗所、某研究所、某实验室或类似的名称。无论是采取直指或含义的方式，广告不应对药

品的成分、性质或治疗有不实之说明,也不得对药物及治疗的适应症作不当的宣传。

② 不宜采用恐吓手段。广告不可使患者感到恐惧、给予暗示和不加以治疗则将陷于不治之境。

③ 广告不可揭示以通信方式诊治疾病。

④ 应避免夸大治疗效果的宣传。广告不可向大众宣示包治某种疾病。不宜滥为引用职业医生及医院临床实验的效果。除非有具体的理由根据,不得以广告证明医生或医院曾采用某种治疗方式或实验。广告不可涉及医生或医院的试验,不得刊载文辞夸张的函件样本。广告中不可采用内容过分渲染与文辞夸张的函件影印本作为治疗效果的佐证。禁登催眠治病的广告。广告不可提示采用催眠治疗疾病的方式。疾病需要正常医疗。

⑤ 广告不可对通常应由合格医师治疗的严重疾病、痛楚或症状,不经医师处方,即提供药品、治疗及诊断的意见。

⑥ 对身体衰弱、未老先衰及性衰弱等医药广告的规定。医院广告,不可明示某种药物或治疗方法可以增强性功能,治疗性衰弱,或纵欲所引起的恶疾,或与其有关的病痛;妇科医药广告,在治疗妇女月经不调,或反常的医药广告中不可暗示该药物可治疗或可用于流产。

知识链接

未来社会的广告媒介

未来社会的广告媒介将是最新科学技术的荟萃,其主要媒介形式有新型电视(包括立体电视、超小型电视等)、卫星传播、电子新闻和电子传真等。新的媒介形式将进一步打破地球范围的时空限制,使广告传播无处不及、无时不在。广告将真正成为"第二空气"而伴随着人类社会生活。

案例 12-1

在英国,法国化妆品巨头欧莱雅旗下的美宝莲和兰蔻两部平面广告被禁播,理由是这两部广告在后期制作时有意美化模特,误导消费者。广告分别由朱莉娅·罗伯茨代言的兰蔻奇迹薄纱粉底液,以及由名模克里斯蒂·特林顿代言的美宝莲抗衰老粉底"The Eraser"。欧莱雅集团随后向媒体承认广告经过了后期处理,比如给照片里的特林顿"提亮皮肤、美化妆容、减少阴影、柔滑嘴唇、加深眉毛"。[①]英国广告标准局于 2011 年 7 月发布了一条禁令,英国广告标准局表示,欧莱雅不能证明在杂志上刊登的这两部广告准确表现了产品的效果。问:英国的广告管理与中国的广告管理一样吗?

【解析】

化妆品广告在英国被禁播并不是第一次。2005 年,两部同样来自欧莱雅的护肤品广告在英国电视台被禁播,原因是商家拿不出有力证据来支持广告中所说的功效。尽管佩内洛普·克鲁兹代言的一款睫毛膏和朱莉娅·罗伯茨代言的兰蔻奇迹薄纱粉底液在中国也有销售,但在英国声势浩大的禁播惩罚之后,国内相关部门却没有丝毫动静。

---

① 新华网. http://news.xinhuanet.com/fortune/2011-08/17/c_121866619.htm? fin.

在我国化妆品广告夸大宣传的问题似乎也已见怪不怪,海飞丝、玉兰油、潘婷等多个知名品牌都曾因夸大产品功效而被曝涉嫌违法宣传。化妆品广告通过技术处理进行美化已是通行做法,以美白、祛斑、祛痘为功能诉求的产品广告尤甚。尽管由国家工商总局颁布的《化妆品广告管理办法》规定,化妆品广告必须真实、健康、科学、准确,不得以任何形式欺骗和误导消费者。同时禁止使用他人名义保证,禁止含有"使用××天,色斑全部消失"等断言和保证,但对于代言人形象是否过度修饰等问题并无相关细则。我国也还没有类似英国广告标准局这样专业独立的广告监管机构。

第二节 广告管理的比较研究

有目的地研究外国广告动态,吸收其先进的管理经验和科学技术,是发展我国广告事业一项不可缺少的工作。虽然,西方发达国家与我国的社会制度不同,生产力水平不同,广告发挥作用的范围不同,广告管理法规所调整的经济关系也不同;但是,就其广告发展的道路、经济管理的方式、广告行业管理的原则等方面是值得参考和借鉴的。西方发达国家与我国有密切的经济贸易往来。他们在我国进行了大量的广告宣传,我国在外国也开展广告宣传。所以,了解和研究外国广告具有重要的现实意义。

一、广告在经济领域和政治领域都发挥着重要作用

在西方发达国家,广告业异常兴旺。无论是在政治上,还是在经济中,广告都发挥着重要的作用。兴盛的广告业已成为西方发达国家的显著标志。

在经济活动中,由于资本主义是自由市场经济,价值规律自发地发挥着作用。企业管理者为了推销商品,顺利地实现资本形态变化,加速资本周转,就必须加快流通。只有缩短了流通时间才能把商品尽快地转移到消费者和用户手中,实现商品的价值并获得剩余价值。而完成这一过程,首先是信息的传递。广告是经济中大量和广泛的传递经济信息的最有效的手段,其作用是其他任何事物都无法替代的。

在政治活动中,个人、社会团体和党派等都采用了广告宣传的方式。政治广告是表明个人、社会团体和党派的信念,并以获取支持为目的,有代价的非商品的宣传。在西方发达国家,表明个人意愿,可以在媒体刊登广告;社会团体表示政治观点和召集活动也可以发布广告;甚至总统竞选也要仰仗广告的力量。

二、广告媒体是独立的经济实体、广告费是其经费的主要来源

西方发达国家的新闻媒介单位绝大多数与政府和政党无隶属关系。政府和政党对这些新闻单位无财政拨款。其经费的主要来源是广告费、发行费以及其他收入。例如,按照美国《人权法案》第一号修正案的规定:"国会不得制定任何削弱出版自由的法律。"所以,政府不通过法律限制报纸的内容和发行,因此也不设立专门的管理机构和拨付款项。报社的经费大部分来源于广告客户支付的广告费。政府仅在营业执照的核发上控制新闻媒介。企业领取政府颁发的营业执照,才有经营广告业务的资格。

三、广告管理立法完备

美、日等西方发达国家广告管理立法完备。以日本为例,涉及广告立法的经济法规虽然占经济法规很少一部分,但其绝对数量仍达百种以上。日本经济法律一般由国会制定,施行细则、条例、命令等程序法则分别由内阁总理大臣以及各部大臣制定与发布,从而保证了立法的统一性与权威性。涉及广告的法律主要有《禁止私人垄断及确保公平交易法》《家庭用品质量表示法》《不正当竞争防止法》等。这些法律从不同的角度和方面对广告活动予以限制。

四、广告行业自律较强

西方发达国家的政府和企业之间的关系,没有严格的行政隶属关系。由于生产资料的私有制这一基本原则,造成政府和私人企业的分离,从而促使了企业用行业组织的方式施行自我管理。这种自我管理既是自律,也是自我保护。广告行业内部出现了问题和矛盾,由行业组织调解,非到万不得已不交法庭或政府管理机构审理。

小贴士

广告自控系统

美国广告协会、美国广告公司委员会、全美广告主委员会和最佳商业局委员会四个社会团体于 1971 年 7 月联合创办广告自控系统。该广告自控系统可以受理大量有关广告的投诉,解决涉及广告的纠纷。它还负有监督广告商守法的责任。对于严重违反法律的广告行为,广告自控系统可以提交政府机构解决。

五、重视广告学科理论研究

主要的西方发达国家市场经济发展水平较高,广告业非常盛行。由于广告在社会经济中起着重要的作用,所以他们重视广告理论研究,以增强广告的经济效益,减少无效劳动,更好地发挥广告的作用。他们除了采用计算机、卫星等先进科技武装广告业外,还积极开展广告理论研究。

例如,美、英、日等国每年都有广告学的著作问世,而且许多有影响的广告学著作大都在这些国家出版。20 世纪初,美国创立市场学(或称营销学),广告学是其中重要章节,后广告学单独形成一门学科。从而使广告不仅仅是一种实用艺术,还与市场营销、商品生命周期、消费趋势变化、媒体和产品研究结合起来,形成一门学科。

20 世纪 50 年代,日本从美国引进市场学的理论,使日本对广告学的研究产生了质的飞跃。日本的广告理论研究比较深入。日本十分重视广告理论的引进与研究,正是日本现代广告不断发展的一个重要因素。

近 10 年来,欧美和日本的广告学又推出了整合营销理论"4C 理论""CIS"理论等,引导着广告发展的新潮流。对广告发布新材质、新设备的研究,对于网络广告的开发等都走在世界的前列。

日本的广告理论研究

　　1956年日本商业代表团去美国访问，从美国引进市场销售学说。同年9月，当时的电通社长吉田秀雄出国了解国外广告情况，回国后发表《AE制构想》。1959年引进了企业广告理论，第二年企业的"印象派"广告便盛行于日本。1959年H.A.泽尔斯克对广告再生产率与忘却率有研究成果，后来在日本被广泛地应用。1960年日本推出了有关选择广告媒体和测定广告效果的分析方法。1967年出现了"马古鲁汉"理论热，在日本流行起"热门媒介"和"冷门媒介"的理论。1968年小林太三郎的《广告管理的理论和实践》一书问世。此书重点放在阐述如何提高广告效果方面，有别于其他理论。

六、广告费用开支巨大导致企业和消费者的负担增大

　　西方发达国家的广告费用开支巨大，加重了企业和消费者的负担。

　　对于西方发达国家广告盛行的这一经济现象，应该进行全面的分析和认识。广告对商品经济的发展固然起着不可低估的作用，但是人们也应认识到广告费用膨胀，将会造成巨额的社会浪费。许多企业在广告巨流的裹挟之下，不得已而为之。许多厂商的广告费远远超过商品生产成本。企业增加的负担，最终转嫁到消费者身上。广告费用水平应与经济发展水平保持一个合理的比例，过大或过小都会给社会生产造成损失和破坏，这是一个复杂和深奥的课题，有待于深入研究。

　　巨额的广告费用造成巨大的社会浪费。美国社会各个阶层对广告普遍存在一种厌恶感和逆反心理，这不是广告商通过提高广告的艺术性、知识性和幽默感可以扭转的，其根源是美国的经济结构和社会制度的基本矛盾。

七、国际广告业发展趋势

　　世界广告业的迅速发展反映了世界市场和国际贸易正朝着更为广阔的深层发展，广告作为强大的促销武器，在其地位不断加强的同时，也呈现出一些新的特点。这些特点必将对21世纪中期的世界经济产生极其深远的影响。

（一）广告业发展趋于国际化、全球化

　　20世纪末世界经济结构产生重大变化。商品市场全球化趋势发展迅速，发达经济国家的跨国兼并浪潮此起彼伏，世界资本在全力争夺世界商品市场和投资市场，争夺世界物资和人力资源。世界经济结构出现了投资分散化和经营全球化的特点。有关人士认为，当代的世界经济是"无国界经济"，所有的经济活动都扩大到全球规模。通信技术的飞跃发展，运输手段的高效率，自由贸易思想的普及等，使世界经济越来越呈现出全球化趋势。全球化经济的发展，必然迫使各个国家的广告也走国际化的道路。现代高科技的发展使广告的国际化成为可能。信息通信技术的发展，缩短了人际距离，促使全球化媒介与全球化广告应运而生。

　　发展国际化、集团化、具有规模优势并能提供整体服务的大型广告公司，是跨世纪广告的趋势与要求。部分广告主从多国籍企业向全球企业过渡而发生质的变化。这时，与全球

化市场相对应的达到全球规模的广告效果也被提到议事日程。

大型公司的国际性的广告经营战略

在 20 世纪 70 年代，发达国家许多大型公司就相继走向国际化道路，如美国的李奥贝纳、英国的萨奇、日本的电通等广告公司纷纷在世界各地建立分支机构，以适应开发全球广告的需要。20 世纪 90 年代以来，世界大型广告公司基本上都实施了国际性的广告经营战略。跨国广告经营战略的建立，大大节省了为适应不同消费者群而制作不同广告的费用，使企业品牌的形象在全球范围内保持一致，增强了跨国广告公司的活力，并为之带来了可观的收益。

（二）广告功能内涵进一步扩大

广告功能内涵的拓展，是广告活动从狭隘的传播商品和劳务信息扩展到能为社会、广告主、消费者提供全方位的信息交流服务，从而使广告业成为对社会各方面产生更大影响的信息产业。日本电通广告公司提出的"凡是有信息交流需求的地方，必定存在着电通活跃领域。以全球性的视野来探索和开拓这个领域，提供创造性的卓越的信息交流服务，这就是我们的工作"的方针正是这一趋势的写照。

近年来，盛行于世界广告界的整合营销传播理论，对广告策划、广告创意、广告运作的理论起到了革命性转变的作用。由于广告功能内涵的扩大，在将来的社会中，能够提供全面信息服务的广告公司和提供高度专业化信息服务的广告公司将更显示出其生存和发展的优势。所以，广告也将会与商业情报的调研和市场预测等信息机构相互融合，成为托拉斯式的信息传播行业。

广告表现形式向多样化发展

广告形式一般分为两类：媒介广告，如电视广告、广播广告、印刷广告、路牌广告等；非媒介广告，如公共关系、市场调研等。

近些年来，非媒介广告在广告活动中的影响越来越大，其发展速度和所占比重都超过了媒介广告。如媒介广告的年增长率为 10%～12%，占总营业额的 39%；而非媒介广告的年增长率为 15%～20%，占总营业额的 61%。非媒介广告的增长主要是由于现在及将来的人们不再单纯依靠一种广告形式，而更注重通过采用多种广告形式结合的方式去创造最佳的效果。

（三）广告媒介的现代化、国际化

现代广告业的发展充分证明了这样一个事实，即高尖端技术在广告业中的应用是广告业不断走向繁荣的重要因素。验证了这样一个规律，即广告业的发展紧紧依靠并充分利用人类文明建设的成果。在当代，卫星传送为电视的发展做出了突破性的贡献。众多电视频道的选择，使电视栏目更加专业化、细分化，为国际媒体发展奠定了物质基础。互联网的介入，又使广告产生爆炸性的转变。

未来社会的广告媒介

未来社会的广告媒介将是最新科学技术的荟萃,其主要媒介形式有新型电视(包括立体电视、超小型电视等),卫星传播,电子新闻和电子传真等。新的媒介形式将进一步打破地球范围的时空限制,使广告传播无处不及,无时不在。广告将真正成为"第二空气"而伴随着人类社会生活。

(四)广告诉求追求个人的感觉

随着现代市场经济的发展,消费者日益成熟,人类的消费价值取向发生重大变化:从重视生活水平的提高向重视生活质量的提高转变,由追求物质产品向同时追求服务消费转变。满足人们日益提高的需要为出发点的市场竞争,引导着广告的诉求必须紧紧围绕着人的欲求而展开。广告商面对的不仅仅是消费者,更是现实生活中的人,要求做到"精准营销"。在现实生活中,只有深入个人的生活,研究其现代化的生活方式、生活态度、生活理念,探讨人的行为方式、行为准则,才能为现代人提供更好的生活服务,满足现代化的欲求,实现全效沟通。广告的诉求点应紧紧围绕着现代人的感觉和生活理念去演绎、去说服。广告商对受众扮演着朋友的角色,而不是征服者的角色。

(五)广告主与广告商的关系变化

广告主对营销的态度和对广告代理商的选择,在很大程度上影响并决定了广告的效果。近年来,国际上这方面的主要变化有以下几方面。

1. 重视品牌资产

在产品高度同质化的今天,消费者更多地根据品牌来选择产品,因此品牌成为企业的竞争优势,是企业的资产。这一点虽然早已得到公认,但是由于竞争激烈,为了提高销售额,很多广告主追求短期利益,忽略了对品牌的培育,结果因小失大。在这种情况下,不少广告主重新坚定信念:要以长期的一系列策略来树立和保护自己的品牌。

2. 尝试联合营销

近年来,国际上采用联合营销方式的广告主越来越多。联合营销是具有互补性的广告主基于共同的利益,采取互相合作的营销方式,如共同发布广告、联合进行促销等。联合营销不但可以节省营销费用,更重要的是能起到"1+1>2"的作用。此外,想宣传价格而又不损害品牌形象,联合营销是一个比较好的办法。

3. 代理商成为广告主的合作经营伙伴

在市场竞争更加激烈的条件下,越来越多的广告主强烈希望代理公司能够成为自己真正的合作经营伙伴,帮助企业提供发展方向、企业战略等方面的咨询服务。代理公司开始参与到企业的经营层面,成为企业的智囊。而代理公司由于参与到企业的经营层面,也有可能更牢固地维护已有的客户。因此,广告主与广告代理公司之间确立了这种新型关系。那些不适应这种新型关系的代理公司,将逐渐被其客户抛弃。1997年,美国广告客户挂起所谓"变节风",像柯达与智威汤逊长达67年的合作关系,利维与FCB长达68年的合作关系,美国联合航空公司与李奥·贝纳长达31年的合作关系短期内彻底断裂。不适应这种新型代理关系是其重要原因之一。

4. 国际化广告主选择多家代理商

广告主采用一家或者多家代理模式，并没有一定之规，一般要依据广告主的策略和代理公司的能力而定。当今，国际化跨国广告主却几乎很少使用一家代理公司，而是充分利用代理业之间的竞争，以期得到最佳的广告方案。尽管这种方式也有缺陷，但是许多广告主却屡试不爽。

（六）媒介购买公司改变了传统的广告代理形态

近年来，媒介购买公司成为国内广告业的热门话题。媒介购买公司是指那些独立运作从事媒介信息研究、媒介购买、媒介策划与实施的经营实体。媒介购买公司所提供的服务范围跨越了广告公司媒介业务和媒介的广告经营业务，是联系二者的中介实体。媒介购买公司成为专业从事有关媒介营销活动资源的整合者。媒介购买公司的出现，导致了广告业代理形态的重大变化。

1. 突破了"一对一代理制"——同一媒介购买公司可以为同一行业的不同客户服务

为了避免客户之间的冲突，欧美的广告业普遍实行"一个业主一家公司"的代理形式，通称"一对一代理制"。但是，随着广告业的全球化和广告公司的集团关系，这种代理形式成为广告公司扩大规模的障碍。为了业务竞争的需要，随着业务量的扩大，不同广告公司的媒介部门进行合并，共同购买媒介时间和版面，便成立了媒介购买公司，逐步形成新形式的代理关系。同属奥姆尼康的 DDB 和 BBDO 把双方在欧洲的媒介部门合并，成立"最佳媒介管理公司"就是典型的实例。

2. 引发了广告业界的媒介代理权之争

专业媒介公司所收取的代理费比广告公司低，广告公司的代理费一般是媒介所报总价的 15％，净价的 17.65％，而媒介购买公司一般是净价 3％～5％。因此媒介购买公司成为广告公司的强有力竞争对手。以实力媒体为例，在全球范围内与一些大广告公司争夺全球性客户中取得了胜利，在其强劲的竞争压力下，亿万美元的客户已经从一些世界级的广告代理商悄然地流向实力媒体。[①]

第三节　外国广告管理

一、美国广告管理

（一）广告管理概况

美国是当今世界上广告业最发达的国家之一。为了有效管理庞大的广告业，美国除了完善全国性和地方各州的广告立法之外，在管理机制上，采用了政府管理和行业管理相结合的广告管理模式，即一方面由政府根据国会制定的法律进行管理；另一方面大力提倡行业自我管理。

---

① 新浪网. http://blog.sina.com.cn/s/blog_45a49b5e010006tq.html.

美国广告立法的发展

美国广告的发展是从近代报纸广告开始的。1704 年 4 月 24 日,美国第一份刊登广告的报纸《波士顿新闻通讯》创刊。1841 年,伏尔尼·帕尔默兄弟在宾夕法尼亚的费城开办了第一家广告公司,并自称为"报纸广告代理人"。1869 年开办的"艾尔父子广告公司"是美国第一个安排广告活动的现代广告公司。

随着广告业的繁荣发展,广告立法也随之发展。1906 年,美国通过了《纯食品和药物法案》,涉及医药广告管理问题。纽约是公认的世界广告中心之一,在 1911 年,纽约通过了《普令泰因克广告法案》(又称《印刷物广告法案》),这是美国历史上第一个有关广告管理的专门法律。1913 年美国国会通过《联邦贸易委员会法案》。

此外还有 1938 年的《联邦食品、药物和化妆品法案》、1958 年的《纺织品分类法》、1966 年的《正当包装与商标法》,1968 年制定了《消费者信贷保护法》《控制辐射确保健康法与安全法》《家禽制品批发法》,1969 年制定《玩具安全法》。自 1970 年以来,制定了日臻完善的《订正广告法案》。

(二)美国联邦贸易委员会和联邦通讯委员会对广告的管理

美国政府广告管理的机构主要是联邦贸易委员会和联邦通讯委员会。联邦贸易委员会是最权威、最综合的广告管理部门。它的主要职责和日常工作是制定广告规章并负责监督实施,调查处理消费者对广告的控告,召开听证会,处理各种违法广告等。

联邦贸易委员会在广告管理中特别注重对各类虚假广告和违法商业原则的不道德、不正当的竞争行为的管理。对于这两类广告,联邦贸易委员会有权要求其停止广告播出或做出更正广告。如果广告商或生产者接受委员会的处理决定,则可免予处罚,否则委员会可采取正式的法律程序,广告商或生产者将会受到处罚。

1. 联邦贸易委员会发现虚假广告的途径

联邦贸易委员会发现虚假广告的途径主要有以下 4 种:①由专门人员负责监督管理和发展问题;②从竞争者的客户和消费者信函中发现问题;③依据其他部门和专家学者提供的检验证据;④通过突击性的检查方式发现问题。

2. 处罚措施

对发现的各种违法广告,美国联邦贸易委员会可根据《联邦贸易委员会法案》,实行以下处罚措施:①要求停止播放违法广告,并赔偿损失或接受政府的罚款;②作更正广告;③上诉法院,通过法院发布禁止令、冻结令,情节严重的予以判刑,并将处罚结果公布于众。

美国的联邦通讯委员会主要管理邮寄广告,也有权管理诸如电视广播广告的数量和播出时间。对邮购不实的广告,联邦通讯委员会有权对电视广告进行全面的审查。凡发现属于"不公正、虚假的违法"广告,立即采取要求停止播放、罚款、赔偿损失或作更正广告等措施。若电视台或广告主不执行联邦通讯委员会的决定,委员会还可请求法院强制执行。

为了保护广告商和广告主的合法权益,美国法律还规定,如果广告商和广告主对联邦贸易委员会的处罚不服,可向法院起诉或向国会陈情,法院和国会有权推翻联邦贸易委员会和联邦通讯委员会的决定。

（三）美国广告行业自律

除了政府管理外，美国广告业的行业管理组织也很多，且管理有效，如全美广告公司协会、美国广告联盟、全美广告评议委员会等，其中最有权威的是全美广告评议委员会。该委员会又称为全美广告监察委员会，隶属美国广告联合会。它是由广告主、广告公司、公众代表组成的组织。该委员会负责管理广告主对他们的竞争者所做的广告宣传提出的指控，调查普通公民的指控，并对广告实行监督。其工作程序大致为：当接到某一项指控后，首先让广告主做出说明，如不接受，就把档案交给全国广告工作局；广告工作局审查后，再提交联邦贸易委员会或联邦通讯委员会处理。

在美国，除了政府管理和行业管理外，广告主都有很完善的自律守则。他们有自己的广告律师，负责处理与竞争者的广告纠纷。如美国三大电视公司，即全国广播公司、美国广播公司、哥伦比亚广播公司都有自己的自律守则和律师机构。这样既可以尽量避免与竞争者发生纠纷，又可较好地应付那些不可避免的广告纠纷。

《美国广告公司协会章程》主要内容如下。

1. 广告在美国经济体系和国民生活方式中有双重职责

对于民众，广告是大家了解自由企业的产品与服务的一个基本途径，是大家了解符合自己愿望与需求的商品与服务的基本途径，民众享有期望广告内容可靠、表现真实的权利。对于广告主，广告是他们在生活激烈竞争中劝说消费者购买其产品或服务的一种基本手段。他们享有将广告作为一种促进业务、获取利润的表现手段的权利。

2. 广告与美国民众的日常生活密不可分

广告已成为广播电视节目的组成部分而进入家庭，在最受欢迎的报纸、杂志中也占一席之地，还向游客和居民展示自己。在上述种种展示中，广告都必须尊重大家的趣味和兴趣。

3. 广告针对的人数众多、目标广泛且人人口味不同、兴趣各异

因而，广告也难以讨得每一个人的喜爱。因此，广告人公认，他们必须在美国的传统限制下运作，为多数人的利益服务，同时尊重少数人的权利。

的确有些地区会对广告做出虽真实但却不同的理解与判定。口味是很主观的东西，因时因人都会有很大的差异，而每个人接触广告信息的频率也不大相同。尽管如此，协会成员仍一致赞成，不向广告主推荐使用低级趣味或不健康的广告和由于内容、表现形式或过于重复而令人不快的广告。

小贴士

美国广告公司协会的成员不得制作的广告

协会的成员，不仅要求支持并尊重有关广告的法律和规章，还要自觉地扩大伦理范围，提高伦理标准。不得故意制作含有以下内容的广告：①以视觉或语言的形式，进行错误或误导性的说明或夸大；②不能反映证言人真实选择的证言；③误导性的价格承诺；④不正当地贬低竞争对手产品或服务的对比；⑤证据不充分的承诺，或由专业人员或实际应用的承诺；⑥有悖社会行为标准的说明、建议和图像。

二、英国广告管理

(一)广告管理概况

在欧洲各国中,英国在广告管理方面是较为成功的。1907年,英国颁布了《广告法》,禁止广告妨碍公园以及娱乐场所或风景地带的自然美。1925年,对该法进行了修改,进一步扩大了禁止范围:禁止损害乡村风景、公路、铁路、水道、公共场所,以及任何有历史价值的街市;禁止损害闹市中居民的利益,阻碍行人及乘车人的行动。这是关于户外公共的法律规范。

1968年英国颁布了《医药条例》。它规定在为医药品做广告时,凡涉及的每个产品都必须与医药委员会颁发的许可证相符合。1975年英国制定了《香烟法规》,1979年修订。该法规是英国卫生和社会保障部、制造商和进口商以及广告标准局共同讨论的结果。英国广告法制管理的最重要法规是独立广播局1973年制定的《独立广播局广告标准和实务法》,该法主要管理广播、电视广告,具有法律效力,非常严格。除了上面提到的法律外,英国还颁布了很多设计广告管理的法律、法规。正是英国立法方面卓有成效的工作使其广告活动一开始就纳入了法制的轨道。

(二)广告行业自律

在广告管理中作用最大的是广告自我管理系统。该系统由两大部分组成。

1. 对非广播媒介广告的管理系统

它由20多个广告业协会联合组成,负责制定非广播媒介的规范;受理和查处来自广告业内和所有公众的申诉;为广告主提供法律服务;联络政府部门和行业外的其他组织。该系统对所有包括香烟在内的各种类型的商品广告进行事前审查,并在广告发布前提出意见,并对来自公众方面的申诉进行调查。

2. "独立广播权威"

它主要负责对电视、广播广告进行事前审查。根据该系统规则的规定,所有电视和广播所做的广告必须由"独立广播权威"进行两次审查。第一次是剧本审查,主要审查广告的内容及所用语言;第二次是制作完成后的审查,主要审查制作完成的作品与第一次审查的内容有无出入,若有较大出入或违法现象,该系统可令其停止播放。

3.《英国广告职业行为准则》

英国广告自律的主要法则是《英国广告职业行为准则》(*British Code of Advertising Practice*,BCAP)。该法于1962年制定,1979年出了第6版,由广告标准局实施。制定该准则有双重目的:一是提出广告从业者共同遵守的具体准则。二是通过一系列自律措施,向外界证明广告是可以信赖的。该法的基本原则是,一切广告应合法、正派、诚恳、真实。该准则主要限于印刷广告、电影广告的管理,而不适用于广播广告、凭处方销售的药品广告以及邮购产品目录广告。对酒类广告、头发产品广告、维生素和矿物质广告、免费字眼的使用、广告中的王室成员、不予承认的广告权、儿童与BCAP、毁誉广告、诱饵广告、迷信、保证、宗教、授权发表的证书等做出了说明和规定。

4.《英国促销职业行为准则》

英国广告自律的另一个重要规则是《英国促销职业行为准则》(*The British Code of*

Sales Promotion，BCSP）。该准则草创于 20 世纪 20 年代，1980 年、1984 年经两次修订，是 BCAP 的补充准则，由广告标准局和广告实务准则委员会联合负责实施。其签约组织与 BCAP 相似，食品制造商联盟和英国市场营销协会也加盟。该准则宗旨是确保"各种促销活动做到合法、正当、诚实与可信"。主要涉及以下方面：贴水价（premium offers）、减价和免费、附单和赠券的分发、个性化促销、慈善性促销、样品和奖品的宣传、刺激性促销和贸易、编辑促销建议等。

由于英国广告自律系统工作成效卓著，现在越来越获得广大公众的信任，已成为广告管理中不可缺少的组成部分。

案例 12-2

日本索尼音响曾做过一个创意广告，用来开拓泰国市场。索尼音响中播放一支动听的乐曲，佛祖释迦牟尼随着音乐节拍全身扭动起来，后来居然睁开了慧眼。这是"连佛祖都会动心"的功效定位，创意也很成功。问：为什么在泰国被停播了？

【解析】

由于日本索尼公司没有考虑泰国是佛教之国，泰国全国上下一片哗然，遭到虔诚的佛教徒的强烈抗议，认为这是对泰国的公然挑衅。泰国政府忍无可忍，最后通过外交途径向索尼提出强烈抗议。至此，索尼公司才大彻大悟，立即停播广告，并公开赔礼道歉。

三、日本广告管理

（一）广告管理概况

在日本，通过国家立法对广告进行直接或间接限制是很普遍的。宪法是其他法规的基础。日本广告法制体系是以宪法为出发点的。日本宪法与广告有直接关联的是表现自由的规定，在不违反公共秩序和良好风俗也不违反消费者的利益和不违反各种法制条件下保障广告表现的自由。日本《民法》第 529～532 条规定了广告主、广告代理公司及媒介三者之间的权利与义务，为调节这三者之间的关系确立了基本法律规范。

知识链接

日本的广告限制的法律

日本限制的法律按类别分类，可分成下列 6 种：①公法——宪法；②民事法——民法等；③刑事法——轻微犯罪法、禁止卖淫法等；④经济法——独禁法、不正当竞争防止法、赠表法；⑤社会法——消费者保护基本法、药物法、食品卫生法等；⑥无形财产法——商标法、专利法、图案设计（专利）法、新产品专利法、版权法等。

（二）主要的广告管理法律和法规

1968 年 5 月，日本政府颁布了《消费者保护基本法》。该法对国家、地方公共团体、企业经营者和消费者 4 方面所负责任和各尽义务，予以明确规定，对虚假广告也制定惩罚措施。

1953 年，日本政府颁布了广告管理的直接性重要法律《禁止私人独占及保证公正交易的有关法律》。这是为了维持和发展合理自由的竞争，排除限制竞争的不合理交易和私人独占；以保证一般消费者的利益，促进国民经济民主、健全发展。该法规定禁止下列几种不合理的交易方法。

（1）对其从业者采取不适当的差别对待。

（2）不等价的交易。

（3）采取不正当的手段将竞争对手的顾客引诱过来与自己做交易，或者强制进行。

（4）让对手的事业活动在不正当的约束条件下进行。

（5）不正当地利用自己交易上的地位与对手进行交易。

（6）对竞争公司的股东或主要负责人采取引诱、唆使或者强制他们做不利于自己公司的行为。

对不正当交易方法的限制有以下两种规定。

（1）以特殊事业范围为对象的"特殊规定"。

（2）以特殊事业范围以外的一般的广泛事业为对象的"一般规定"。其中第 8 项"欺骗性地引诱顾客"与广告直接有关。它禁止"把自己的商品或劳务内容，以及有关的这些交易事项，说成比竞争者有显著的优良和有利，使顾客误认，以便把竞争者的顾客拉到自己这边来进行交易，作这种不正当的引诱"。

1962 年，日本政府制定了管理广告的另一个直接性法律——《不正当赠品及不正当表示防止法》，简称《赠表法》。"本法是为了防止在有关商品和劳务交易中，用不正当的赠品及表示引诱顾客的行为……目的是确保公正的竞争，保护一般消费者的利益。"该法对不正当的表述作了下列认定。

（1）该事业者对于商品或者劳务的重量、规格和其他内容与社会上的东西或者和自己有竞争关系的其他事业者的东西相比较，表明自己的比别人的显著优良，使消费者误解，以此来引诱顾客。

（2）该事业者对于商品或者劳务的价格和其他交易条件与社会上实际的价格，或者与自己有竞争关系的其他事业者的东西的价格相比较，在交易时比其他有显著的优惠，给消费者造成误解。

（3）除前两项以外，对有关产品和劳务的内容进行使一般消费者发生误认的表示。该法规定，广告表示是否正当有日本公正交易委员会认定，并发出限制或禁止令，标准是"对有了注意力和判断力的消费者是否有意地造成他们的误解"。

1975 年，日本又公布实施了《不正当竞争防止法》，从制止经济活动中不正当竞争行为角度规定了禁止的广告。

（1）在广告上对商品的质量、内容、制作方法、用途或数量做出可以产生错误的表示。

（2）在广告上对商品原产地做出虚假表示。

（3）在广告上做出可以使人错认为该产品是出产、制作或加工地以外的地方出产、制作或加工的表示。

（4）陈述虚假事实、妨害有竞争关系的他人信用。对实施上述行为的处 3 年以上劳役或 20 万日元以下的罚金，给他人造成损害的，承担赔偿责任。

此外，《户外广告物法》规定，广告牌、招牌等户外广告不得影响市容美观，在公园、绿化地、纪念地、坟墓等地不得安设广告牌,地上广告的高度不得超过 10 米等,违者除取缔外同时予以罚款。《药物法》《食品卫生法》规定,药品或食品卫生广告做了言过其实的夸大或虚伪表示,分别处 3 年以下劳役或 50 万日元的罚款,6 个月以下劳役或 3 万日元罚款。

上述对广告的立法限制主要是对已表现出来的广告违法行为的处罚,同时也要求在广告表现之前,进行自我约束。这些法律对推动广告事业的发展起着积极的作用。

(三) 广告行业自律

日本广告界建立有各种各样的行为组织,每个组织都制定了各种广告伦理纲领、业务准则、条例、公约等作为自己的行为规范。这些文件虽然不是法律,但有很强的约束力。广告业界称为"半法"的效力。其体系构成可分为 4 个部分:①广告业界共同的伦理纲领;②有关媒介的伦理纲领和广告刊登标准;③有关广告业界的伦理纲领和规则;④广告主同行业之间的自主限制。

1. 《广告净化纲要》

成立于 1947 年 2 月的"日本广告会"吸收了广告客户、媒介和广告业者为会员,把广告净化、道德化作为事业重点并开展了各种活动。1950 年 3 月,广告净化委员会成立,拟定了《广告净化纲要》。内容如下:①广告必须以社会道德为基础,为公共福利事业做贡献;②广告必须真实,要公正真实地向社会传达商品信息,对广告的社会反应要正确对待,并承担有关责任;③广告不能有诽谤内容,要回避过高评价自己的内容。对虚假、夸大的不良广告要坚决制止。

2. 《广告伦理纲领》

1953 年 10 月,"全日本广告联盟"成立,制定了《广告伦理纲领》。内容如下:①广告应顺应既有之社会道德,并牢记大众之利益;②广告若能本着事实真相,避免夸大或歪曲,将得到大众对它的信任;③广告对商品应避免作夸大不实的陈述;④广告绝不能借诋毁他人而获利;⑤广告绝不可利用部分公众之迷信和无知;⑥绝对要避免剽窃或模仿别人的意念、技术、名称、包装和设计;⑦广告媒体以及广告主、广告代理,都必须认清他们对广告的责任。

3. 《日本公正真实广告的协定》

日本广告主协会制定了《日本公正真实广告的协定》:广告应当是真实不欺的、高雅的,并赢得一般大众的信心。下列各信条绝对不可触犯:①会引起人怀疑广告威信与尊严的措施;②利用法律法规漏洞的措辞;③欺诈夸大的措辞;④会引起不正当投机心理的措辞;⑤借诽谤或贬抑他人以图己利的措辞;⑥可能会被认为是剽窃他人或是出处不明的措辞;⑦其正确性未经主管局认可的措辞;⑧会导致不当交易的措辞;⑨强迫人购买,或使对其产品或服务不熟悉的人导致错误认识的措辞;⑩对公认善良行为有害的措辞。

4. 广告界应恪守的原则

在销售与广告方面,为了要获得消费者的信心与谅解,日本广告主协会确定了广告界均应恪守的原则:①我们广告业者的责任,就是要把商品的正确知识传播给消费者,以使人们获得更好的生活;②我们广告业者应不断研究经营方法、公正的销售方法与更经济有效的广告方法,以便将更廉价的产品与服务提供给消费者;③我们广告业者应致力研讨消费者问题,这样,他们的要求才能从市场里获得解答。我们也应积极参加政府与民间组织主办的消费者关系活动;④关于广告活动,消费者所提出对产品、服务或销售的建设性意见,我们表示诚意的接受。

四、加拿大广告管理

加拿大是世界广告大国之一。加拿大政府的有关部门制定了各种规章制度,对广告主和广告商的广告制作、广告宣传活动提出了严格的要求。根据广播法和其他法律有关规定编制成的《广告准则》强调,在广播电视节目中播出商品广告,必须符合货真价实的原则;广告中的商品必须与市场上销售的完全一样;不允许广播中出现虚假的、欺骗性的或导向错误的广告。在描写商品的特征时,使用的语言必须准确,不许随意夸张;说话的声音应该顺耳,不许放大嗓门;不能将色情、裸体和凶杀的表演加入广告。

在儿童商品广告中,不准使用诸如"只有"多少钱,"才"多少钱或者"花钱很少"等具有诱惑性的语言。在儿童专题节目中出现过的演员和播音员,不许出现在儿童商品广告中。在儿童专题节目中也不能播广告。

对药品、医疗用具和化妆品的商业广告管理更加严格。有关这类的广告,必须在制作前送国家卫生福利部审查。同时,对医疗广告的设计要求也极严,对违反规定者的处罚更重。

在加拿大,不许在广播电视节目中播放香烟和烈性酒广告,目的是广大消费者的健康和控制或减少由于喝烈性酒后开车所造成的交通事故。

其他商品如地毯、家庭用品和手表等的广告设计不需要送审,但是如果广告播出后发现有假冒商品广告,仍可按情节轻重给予处罚,如批评、警告、扣押商品、顾客退货、罚款直至坐牢等。电视台播放的商业广告出了问题,首先要受到追查。如果电视台事先知道是假冒商品的广告,则将受到严厉的处罚。电视电信委员会有权吊销出错电视台的营业执照,或在下一次发新的执照时缩短有效期。如果查明电视台的确事先不知道,则依法处罚广告商。

加拿大对商业广告的时间也有限制,每小时不能超过 12 分钟。

由于加拿大政府严厉的管理措施,虽然商品广告名目繁多,但一般都措辞严谨,不敢随意夸大商品的使用价值。

五、澳大利亚广告管理

(一)广告管理概况

澳大利亚政府广告管理机构主要是澳大利亚贸易实践委员会、澳大利亚广播电视局和各地方政府的有关部门。澳大利亚贸易实践委员会的任务是促进企业间的竞争;保护消费者的利益;对广告内容进行事后监督管理;对违反法律规定的广告行为向法院起诉。澳大利亚广播电视局的任务是审批、颁发广播,电视台的开业执照;制定电视广播节目标准和广告标准;处理违反广播电视标准的案件。各地方政府有关部门的任务是贯彻执行国家有关广告管理的法规;制定地方广告法规;管理户外广告。

澳大利亚在对广告的管理方法上采取重点产品、重点媒介分工负责,并相应地制定了很多单行法规,如《广告道德法》《香烟广告法》《药品广告法》等。同时,侧重电视、广播、印刷出版物三大媒介的重点管理。

(二)广告行业自律

澳大利亚广告业的行为自律的效果较好,具有如下特点。

1．机构完善

澳大利亚广告业自我管理的机构主要有：澳大利亚广告主协会、澳大利亚广告公司联合会、澳大利亚媒介委员会以及由这三个组织发起成立的澳大利亚广告业委员会和广告标准局。

小贴士

澳大利亚广告业自我管理的机构

根据澳大利亚法律规定，澳大利亚广告业委员会对内负责协调广告主，广告公司与广告媒介三方的关系；对外向公众宣传广告的作用。

广告标准局是广告自我管理体系的仲裁机关，由 11 名成员组成。主席由国家调解仲裁委员会主席担任，5 名是广告界的代表，另 5 名是来自非广告界的知名人士。

媒介委员会是澳大利亚广告业自我管理体制的核心机构，它的成员来自澳大利亚所有的民办商业媒介，它的主要工作是：①进行事前审查；②监督广告商和广告客户的广告行为是否合法。

2．职能广泛

澳大利亚广告业自我管理机构都有其广泛的职能，尤其是在整个广告业管理中起关键作用的媒介委员会的职能更为广泛。

由于澳大利亚对广告实行政府管理与行业管理互相配合，广告主和广告经营者一般都能自觉遵守广告法规，各类虚假广告出现的也较少。

六、法国广告管理

（一）广告管理概况

法国广告事业比较发达。法国的广告以突出广告的艺术性著称于世。

在法国，电视广告受到国家的限制，报纸和杂志媒介是构成广告主传播信息的主要手段（占总广告费的 60% 以上）。此外，法国的户外广告、地铁广告、公共汽车广告、火车广告、灯箱广告、霓虹灯广告、橱窗广告等比较发达。

法国对电视广告控制比较严，共有 3 家国家电视台。政府只允许一台和二台做广告，每天播放广告的时间不得超过 24 分钟；不允许把广告插播在节目中；烟草及与烟草有关的产品以及酒类禁止做电视广告；禁止广告出现低级趣味、过于猥亵和导致身心不安等类的内容。对电视广告实行事先审查的制度，未经审批的广告不得发布。

法国有关广告方面的法规主要有：《关于防止的商品销售中欺骗和有关防止食品、农产品质量下降的法律》《不正当行为防止法》《彩票禁止法》《禁止带有赠品的销售法》《消费品价格表示法》《不正当广告禁止法》《利用诱惑物销售及欺骗广告的限制法》《商业、手工业引导法》等。

知识链接

法国广播电视广告审查机构

法国负责广播、电视审查的机构叫法国广播电视广告审查机构，由政府和三家国家电视台、法国消费者协会、广告公司等单位集资组成，其中政府投资占

51%。它实际上是一个半官方的组织。广告审查不收费,但广告公司、电台、电视台需从年营业额中按比例提取费用。

该机构的主要职责是审查全国所有广播、电视广告内容,以保障广告的真实性,防止虚假广告。广告通过审查之后,广告才能开始制作。制作完成后,广告的标准还要交审查机构进行复审,以查验是否与批准的脚本相一致。没有审查机构的批准证明,任何媒介都不得播放。

(二)广告行业自律

法国广告业自律团体是广告审查协会(BVP)。它是为了消费者利益,促进广告的健康发展,1953 年由法国广告联盟(FTP)、消费者协会和主要的广告经营者组织而成。该机构站在消费者立场上,对除广播、电视外的所有媒介的广告进行审查。它可以在广告发布前提供咨询,并处理所有消费者和行业关于广告申诉,并监督广告法规的实施情况。

法规早在 1920 年便建立起开展国际广告活动的机构——国际商会(ICC),制定了《广告活动国际标准纲领》,以此作为净化广告活动的准则。该纲领在施行的过程中多次修订,并成为许多国家制定广告规则的依据。

一、选择题

1.《国际商会广告自律规则》一般标准有(   )。

    A. 公平   B. 诚实   C. 比较   D. 证明

2.《国际广告从业准则》要求该准则应由(   )当事人共同遵守。

    A. 刊登广告的客户

    B. 负责撰拟广告文稿的广告客户、广告商

    C. 广告代理人

    D. 发行广告的出版商或承揽广告的媒介商

3. 药物及治疗的广告的规定有(   )。

    A. 应避免误人或夸张的宣传   B. 不宜采用恐吓手段

    C. 广告不可揭示以通信方式诊治疾病   D. 应避免夸大治疗效果的宣传

4. 法国广告业自律团体是(   )。

    A. 广告审查协会(BVP)   B. 广告联盟(FTP)

    C. 广告主协会   D. 媒介委员会

5. 对发现的各种违法广告,美国联邦贸易委员会可根据《联邦贸易委员会法案》,实行(   )处罚措施。

    A. 要求停止播放违法广告,并赔偿损失或接受政府的罚款

    B. 作更正广告

    C. 上诉法院,通过法院发布禁止令、冻结令,情节严重的予以判刑,并将处罚结果公布于众

    D. 停业整顿

二、简答题

1. 简述国际广告行为规范。
2. 简述美国广告管理制度。
3. 简述英国广告管理制度。
4. 简述日本广告管理制度。
5. 简述澳大利亚广告管理制度。

三、案例分析题

日本广告公司在澳大利亚也碰过壁。丰田汽车的广告画上有一位大肚子的怀孕妇女，坐在丰田汽车里，本来是表示车体宽大平稳，乘坐舒适。但澳大利亚有100多名妇女投诉，认为这是不尊重妇女的挑衅行为。日本只好重新设计该车的广告，并诚恳道歉。

分析：世界上其他国家的广告都有哪些禁忌，试列举出3种。

参 考 文 献

［1］吕蓉.广告法规管理［M］.上海：复旦大学出版社，2006.

［2］崔银河.广告法规与职业道德［M］.北京：中国传媒大学出版社，2007.

［3］张龙德，姜智彬.中外广告法规研究［M］.上海：上海交通大学出版社，2008.

［4］王健.广告经营与管理［M］.北京：中国建筑工业出版社，2008.

［5］何修猛.现代广告学［M］.上海：复旦大学出版社，2008.

［6］宋玉书，张晓东.广告管理法规［M］.长沙：中南大学出版社，2008.

［7］哈里·G.法兰克福.论真实［M］.孙涤，等译.南京：译林出版社，2009.

［8］李明伟.广告法规与管理［M］.长沙：中南大学出版社，2009.

［9］刘林清.广告法规与管理［M］.北京：高等教育出版社，2009.

［10］李明合，史建.国外广告自律研究［M］.郑州：河南人民出版社，2010.

［11］王悦彤，李明合.广告法规与管理［M］.开封：河南大学出版社，2011.

［12］吴汉东.知识产权法［M］.6版.北京：中国政法大学出版社，2012.

［13］姜智彬，葛洪波，等.广告学概论［M］.上海：上海人民美术出版社，2012.

［14］倪嵎.广告法规与管理［M］.上海：上海人民美术出版社，2012.

推荐网站：

［1］中国法学网. http://www.iolaw.org.cn/.

［2］中国民商法律网. http://www.civillaw.com.cn/.

［3］找法网. http://china.findlaw.cn/.

［4］中国大律师网. http://www.maxlaw.cn/.

［5］中华人民共和国国家工商行政管理总局. http://www.saic.gov.cn/.

［6］中国广告协会网. http://www.cnadtop.com/.

［7］中国广告主协会网. http://www.zggz.org.cn/.

［8］中国消费者协会网. http://www.cca.org.cn/.

一、法律和国际条约

- 《中华人民共和国商标法》
- 《中华人民共和国产品质量法》
- 《中华人民共和国广告法》
- 《中华人民共和国反不正当竞争法》
- 《中华人民共和国消费者权益保护法》
- 《中华人民共和国药品管理法》
- 《中华人民共和国食品安全法》
- 《中华人民共和国烟草专卖法》
- 《中华人民共和国行政处罚法》
- 《中华人民共和国合同法》
- 《中华人民共和国物权法》
- 《中华人民共和国著作权法》
- 《中华人民共和国专利法》
- 《中华人民共和国侵权责任法》
- 《国际广告行为准则》
- 《中华人民共和国广告法（修订草案）》

二、行政法规

- 《广告管理条例》
- 《食品安全法实施条例》
- 《产品质量监督抽查管理办法》
- 《出版管理条例》
- 《公司登记管理条例》
- 《著作权集体管理条例》
- 《专利法实施细则》
- 《乳品质量安全监督管理条例》

三、部门规章及规范性文件

- 《广告经营资格检查办法》
- 《广告经营许可证管理办法》
- 国家工商行政管理局《关于规范广告监测工作的通知》
- 《房地产广告发布暂行规定》
- 《化妆品广告管理办法》
- 《酒类广告管理办法》
- 《广告审查标准》
- 《药品广告审查发布标准》
- 《药品广告审查办法》
- 《医疗广告管理办法》
- 《烟草广告管理暂行办法》
- 《广告服务收费管理暂行办法》
- 《户外广告登记管理规定》
- 《店堂广告管理暂行办法》
- 《广播电视广告播出管理办法》
- 《报纸出版管理规定》
- 《出版物市场管理规定》
- 《广告管理条例施行细则》
- 《北京市网络广告管理暂行办法》
- 《广告经营者、广告发布者资质标准及广告经营范围核定用语规范》
- 《计算机信息网络国际联网安全保护管理办法》

四、行业协会规范

- 《中国广告行业自律规则》
- 《广告自律劝诫办法》
- 《奶粉广告自律规则》
- 《卫生巾广告自律规则》